国家出版基金资助项目

全国高校出版社主题出版项目

重庆市出版专项资金资助项目

第一动力

——创新驱动发展

李娜　刘钒　著

许欣　审稿

DIYI DONGLI

CHUANGXIN QUDONG

FAZHAN

重庆大学出版社

内容提要

本书分上下两编,上编回顾了新中国成立以来我国自主创新发展的演进历程,并从区域创新角度和不同创新主体的角度切入,总结了我国创新发展的典型特征和经验;下编以此为基础,分析了"十四五"时期创新驱动发展的机遇与挑战,针对新时代我国创新驱动发展的新形势、新任务进行深入分析,并从政策体系、管理体制、要素配置机制等方面出发,为我国推进创新驱动发展提出了针对性的建议,阐述了"十四五"时期创新驱动发展的总体思路。最后总结了主要发达国家创新驱动发展的主要经验以及对我国的启示。希望本书能为从事创新驱动发展理论和实践工作的读者提供参考,对共同促进"十四五"时期创新驱动发展发挥积极作用。

图书在版编目(CIP)数据

第一动力:创新驱动发展 / 李娜,刘钒著. --重庆:重庆大学出版社,2022.3
(改革开放新实践丛书)
ISBN 978-7-5689-2840-3

Ⅰ.①第… Ⅱ.①李… ②刘… Ⅲ.①国家创新系统—发展战略—研究—中国 Ⅳ.①F204②G322.0

中国版本图书馆 CIP 数据核字(2021)第 134061 号

改革开放新实践丛书

第一动力

——创新驱动发展

李 娜 刘 钒 著

策划编辑:马 宁 尚东亮 史 骥
责任编辑:柏子康 版式设计:尚东亮
责任校对:姜 凤 责任印制:张 策

*

重庆大学出版社出版发行
出版人:饶帮华
社址:重庆市沙坪坝区大学城西路 21 号
邮编:401331
电话:(023) 88617190 88617185(中小学)
传真:(023) 88617186 88617166
网址:http://www.cqup.com.cn
邮箱:fxk@ cqup.com.cn(营销中心)
全国新华书店经销
重庆升光电力印务有限公司印刷

*

开本:720mm×1020mm 1/16 印张:20.75 字数:297 千
2022 年 3 月第 1 版 2022 年 3 月第 1 次印刷
ISBN 978-7-5689-2840-3 定价:99.00 元

丛书编委会

主　任：

王东京　中央党校（国家行政学院）原副校（院）长、教授

张宗益　重庆大学校长、教授

副主任：

王佳宁　大运河智库暨重庆智库创始人兼总裁、首席研究员

饶帮华　重庆大学出版社社长、编审

委　员（以姓氏笔画为序）：

车文辉　中央党校（国家行政学院）经济学教研部教授

孔祥智　中国人民大学农业与农村发展学院教授、中国合作社研究院院长

孙久文　中国人民大学应用经济学院教授

李　青　广东外语外贸大学教授、广东国际战略研究院秘书长

李　娜　中国国际工程咨询有限公司副处长

肖金成　国家发展和改革委员会国土开发与地区经济研究所原所长、教授

张志强　中国科学院成都文献情报中心原主任、研究员

张学良　上海财经大学长三角与长江经济带发展研究院执行院长、教授

陈伟光　广东外语外贸大学教授、广东国际战略研究院高级研究员

胡金焱　青岛大学党委书记、教授

以历史视角认识改革开放的时代价值

——《改革开放新实践丛书》总序

改革开放是决定当代中国命运的关键一招。在中国共产党迎来百年华诞、党的二十大将要召开的重要历史时刻,我们以历史的视角审视改革开放在中国共产党领导人民开创具有中国特色的国家现代化道路中的历史地位和深远影响,能够更深刻地感悟改革开放是我们党的一个伟大历史抉择,是我们党的一次伟大历史觉醒。

改革开放是中国共产党人的革命气质和精神品格的时代呈现。纵观一部中国共产党历史,实际上也是一部革命史。为了实现人类美好社会的目标,一百年来,中国共产党带领人民坚定理想信念,艰苦卓绝,砥砺前行,实现了中华民族有史以来最为广泛深刻的社会变革。这一壮美的历史画卷,展示的是中国共产党不断推进伟大社会革命同时又勇于进行自我革命的非凡过程。

邓小平同志讲改革开放是中国的"第二次革命",习近平总书记指出,"改革开放是中国人民和中华民族发展史上一次伟大革命"。改革开放就其任务、性质、前途而言,贯穿于党领导人民进行伟大社会革命的全过程,既是对具有深远历史渊源、深厚文化根基的中华民族充满变革和开放精神的自然传承,更是中国共产党人内在的革命气质和精神品格的时代呈现,因为中国共产党能始终保持这种革命精神,不断激发改革开放精神,在持续革命中担起执政使命,在长期执政中实现革命伟业,引领中华民族以改革开放的姿态继续走向未来。

改革开放是实现中国现代化发展愿景的必然选择和强大动力。一百年来,我们党团结带领人民实现中国从几千年封建专制向人民民主的伟大飞跃,实现中华民族由近代不断衰落到根本扭转命运、持续走向繁荣富强的伟大飞跃,实现中国大踏步赶上时代、开辟中国特色思想道路的伟大飞跃,都是致力于探索中国的现代化道路。

改革开放,坚决破除阻碍国家和民族发展的一切思想和体制障碍,让党和人民事业始终充满奋勇前进的强大动力,孕育了我们党从理论到实践的伟大创造,走出了全面建成小康社会的中国式现代化道路,拓展了发展中国家走向现代化的途径,为解决人类现代化发展进程中的各种问题贡献了中国实践和中国智慧。党的十九大形成了从全面建成小康社会到基本实现现代化,再到全面建成社会主义现代化强国的战略安排,改革开放依然是实现中国现代化发展愿景的必然选择和前行动力,是实现中华民族伟大复兴中国梦的时代强音。

改革开放是顺应变革大势集中力量办好自己的事的有效路径。习近平总书记指出,"今天,我们比历史上任何时期都更接近、更有信心和能力实现中华民族伟大复兴的目标。中华民族伟大复兴,绝不是轻轻松松、敲锣打鼓就能实现的。"当前,我们面对世界百年未有之大变局和中华民族伟大复兴战略全局,正处于"两个一百年"奋斗目标的历史交汇点。

改革开放已走过千山万水,但仍需跋山涉水。我们绝不能有半点骄傲自满,固步自封,也绝不能有丝毫犹豫不决、徘徊彷徨。进入新发展阶段、贯彻新发展理念、构建新发展格局,是我国经济社会发展的新逻辑,站在新的历史方位的改革开放面临着更加紧迫的新形势新任务。新发展阶段是一个动态、积极有为、始终洋溢着蓬勃生机活力的过程,改革呈现全面发力、多点突破、蹄疾步稳、纵深推进的新局面,要着力增强改革的系统性、整体性、协同性,着力重大制度创新,不断完善和发展中国特色社会主义制度,推进国家治理体系和治理能力现代化;开放呈现全方位、多层次、宽领域,要着力更高水平的对外开放,不断推动共建人类命运共同体。我们要从根本宗旨、问题导向、忧患意识,完整、准确、全面贯彻新发展理念,以正确的发展观、现代化观,不断增强人民群众的获得感、幸福感、安全感。要从全局高度积极推进构建以国内大循环为主体、国际国内双循环相互促进的新发展格局,集中力量办好自己的事,通过深化改革打通经济循环过程中的堵点、断点、瘀点,畅通国民经济循环,实现经济在高水平上的动态平衡,提升国民经济整体效能;通过深化开放以国际循环提升国内大循环效率和水平,重塑我国参与国际合作和竞争的新优势。

由上观之,改革开放首先体现的是一种精神,始终保持改革开放的革命精神,我们才会有清醒的历史自觉和开辟前进道路的勇气;其次体现的是一种方略,蕴藏其中的就是鲜明的马克思主义立场观点方法,始终坚持辩证唯物主义和历史唯物主义,才会不断解放思想、实事求是,依靠人民、服务人民;再次体现的是着眼现实,必须始终从实际出发着力解决好自己的问题。概而言之,改革开放既是方法论,更是实践论,这正是其时代价值所在,也是其永恒魅力所在。

重庆大学出版社多年来坚持高质量主题出版,以服务国家经济社会发展大局为选题重点,尤其是改革开放伟大实践。2008年联合《改革》杂志社共同策划出版"中国经济改革30年丛书"(13卷),2018年联合重庆智库共同策划出版国家出版基金项目"改革开放40周年丛书"(8卷),在2021年中国共产党成立100周年、2022年党的二十大召开之际,重庆大学出版社在重庆市委宣传部、重庆大学的领导和支持下,联合大运河智库暨重庆智库,立足新发展阶段、贯彻新发展理念、构建新发展格局,以"改革开放史"为策划轴线,持续聚焦新时代改革开放新的伟大实践,紧盯中国稳步发展的改革点,点面结合,创新性策划组织了这套"改革开放新实践丛书"(11卷)。丛书编委会邀请组织一批学有所长、思想敏锐的中轻年专家学者,围绕长三角一体化、粤港澳大湾区、黄河流域生态保护和高质量发展、海南自由贸易港、成渝地区双城经济圈、新时代西部大开发、脱贫攻坚、乡村振兴、创新驱动发展、中国城市群、国家级新区11个选题,贯穿历史和现实,兼具理论与实际,较好阐释了新时代改革开放的时代价值、丰硕成果和实践路径,更是习近平新时代中国特色社会主义思想在当代中国现代化进程中新实践新图景的生动展示,是基于百年党史背景下对改革开放时代价值的新叙事新表达。这是难能可贵的,也是学者和出版人献给中国共产党百年华诞、党的二十大的最好礼物。

中央党校(国家行政学院)原副校(院)长、教授　　　重庆大学校长、教授

2021年7月　　　　　　　　　　　　　　2021年7月

前　言

习近平总书记多次强调指出，"创新是引领发展的第一动力，抓创新就是抓发展，谋创新就是谋未来；适应和引领我国经济发展新常态，关键是要依靠科技创新转换发展动力"①。党的十九届五中全会指出，"坚持创新在我国现代化建设全局中的核心地位，把科技自立自强作为国家发展的战略支撑。面向世界科技前沿、面向经济主战场、面向国家重大需求、面向人民生命健康，深入实施科教兴国战略、人才强国战略、创新驱动发展战略，完善国家创新体系，加快建设科技强国"②。当今世界面临百年未有之大变局，我国已开启社会主义现代化国家建设新征程。创新从来没有像今天这样深刻影响着国家前途命运，从来没有像今天这样深刻影响着人民幸福安康。我国经济社会发展比过去任何时候都更加需要科技自立自强，更加需要增强创新这个第一动力。

本书的选题立意、篇章结构是由许欣、李娜和刘钒共同讨论确定和完成的，全书共分10章50节。向叙昭负责第一章的资料收集，马祎负责第二章和第三章的资料收集，马成龙负责第四章的资料收集，吴蓉负责第五章的资料收集，韩戈负责第六章的资料收集，张文格负责第七章和第八章的资料收集，余明月负责第九章和第十章的资料收集，李泽坤参与了全书有关数据和图表的校对，李娜、刘钒负责全书的统稿工作，许欣对全书做了进一步审读定稿，重庆大学出版社为书稿审读和出版提供了大力支持。

通过深入学习领会习近平总书记关于创新驱动发展的重要论述，本书总结了党的十八大以来特别是"十三五"时期创新驱动发展取得的历史性成就，分析了"十四五"时期创新驱动发展的机遇与挑战，阐述了"十四五"时期创新驱动

① 习近平.在参加十二届全国人大三次会议上海代表团审议时的讲话［N］.人民日报,2015-03-05.
② 中国共产党第十九届中央委员会第五次全体会议公报［EB/OL］.新华网,2020-10-19.

发展的总体思路。希望本书能为从事创新驱动发展理论和实践工作的读者提供一些参考,为谋划"十四五"时期创新驱动发展提供一些借鉴。

李　娜

2021 年 5 月

目　录

上编　回顾篇

下编　展望篇

上编　回顾篇

1

我国推动自主创新和创新
驱动发展的演进历程

新中国成立之后,尤其是随着改革开放的持续推进,我国逐步探索出了一条中国特色自主创新道路。这是中国特色社会主义的重要成果,是中国共产党领导科技事业发展的重要经验,也是实现创新型国家的重要支撑。党的十八大以来,党中央进一步加大了对创新驱动发展的重视,将其作为一项国家战略,要求结合我国基本国情,实现中国特色自主创新发展的目标。这既是对创新做出的全新定位,也是党中央对国家发展的深谋远虑,更是在新时代背景下对创新驱动发展战略的总体规划。回顾新中国成立 70 多年的历程,新中国的自主创新之路,不仅是新中国工业化、城镇化建设的必然产物,也有赖于中国特色社会主义制度,同时也与特定阶段的科技水平与国际环境存在密切关系。全面梳理和分析我国自主创新和创新驱动发展的形成基础与演进历程,既是科学界定创新驱动发展战略内涵的需要,也有利于展望分析创新驱动发展战略的演进规律。

第一节　新中国成立后加强自主创新的探索

新中国成立之后,国家的首要任务是尽快恢复经济,改善人民生活,促进经济发展。彼时,国家百废待兴,面临着许多困境与挑战。为了促进社会主义建设,全社会必须要提高对科学技术的重视,将其摆在重要位置,并且要建立相应的科学技术队伍。然而,新中国成立初期我国的科技力量非常薄弱。1949 年,我国各个科技领域均处于落后状态,成立的专门研究所仅有 30 多个,从事相关工作的科研人员尚未达到 500 人。在全国范围内,科技人才的数量甚至不足 5 万人。除此之外,教育事业发展也比较落后,高校在校生数量仅有 11.7 万人,中等专业学校的学生数量仅有 22.9 万人。面对这种情况,毛泽东同志曾说过:"现在我们能造什么呢? 能造桌子椅子,能造茶碗茶壶,能种粮食,还能磨成面粉,还能造纸,但是,一辆汽车、一架飞机、一辆坦克、一辆拖拉机都不能造。"

结合实际情况和新中国成立初期的发展需要,1949 年 9 月《中国人民政治协商会议共同纲领》明确提出，"努力发展自然科学，以服务于工业农业和国防的建设"。此后，中央政府不断完善各项法律法规，促进科学技术事业发展，陆续建立了一批科研机构。特别是，中央政府将在政务院之下设立科学院明确写入《中华人民共和国中央人民政府组织法》，并且成立了中国科学院。中国科学院建立伊始就被赋予两个主要职能：第一，从事科研活动，并以新中国经济发展作为主要目标；第二，赋予行政职能，负责对自然科学与社会科学的各项工作做好监督管理。到1955年，我国的科研机构数量已经达到840多个，拥有的科技人员数量达到了40多万人[①]。

1956年1月，毛泽东同志等党和国家领导人以及1 300多名领导干部，在中南海怀仁堂听取了中国科学院4位学部主任关于国内外科技发展的报告，党中央向全党全国发出"向科学进军"的号召[②]，要求"全党努力学习科学知识，同党外知识分子团结一致，为迅速赶上世界科学先进水平而奋斗"，明确指出在我国的社会发展中，知识分子早已成为非常重要的因素，必须要积极体现出知识分子的力量，鼓励其为社会主义发展贡献力量。与此同时，中央政府成立了国家科学规划委员会，制定出"十二年科技规划"。1962年，《科研工作十四条》的发布，标志着我国科技管理体系得以逐步确立。在党中央的领导下，全国科技人员艰苦奋斗，充分发挥社会主义制度优势，提前5年时间，基本完成这项计划，在多个领域尤其是科学研究体系、国防科技体系等方面，取得了以"两弹一星"为标志的许多重大科研成果。这些成果为工农业等领域的发展打下了坚实的基础，推动产生了更多新兴工业部门，显著提升了我国的国防实力，而且也让我国在国际社会拥有了更多话语权，甚至在一些核心技术领域达到了国际先进水平。

我国这一时期的创新发展有两个突出特点：

---

① 查英青.科技创新与中国现代化[M].北京:中共中央党校出版社,2004:167.
② 习近平.为建设世界科技强国而奋斗——在全国科技创新大会、两院院士大会、中国科协第九次全国代表大会上的讲话[N].光明日报,2016-05-31.

第一，坚持"工业为重、国防优先"。这一时期的科技事业以国家重大生产力布局为牵引，逐步形成了以军工为主、以维护国家安全为目标的科技研发体系。国家科技发展政策层面所提出的指导依据为"军事应用为主、民用为辅"。在"十二年科技规划"中，国家提出了十三个方面的五十七项科技工作。除专列出国防这一方面以外，第一项"自然条件及自然资源"、第二项"矿冶"、第三项"燃料和动力"、第四项"机械制造"、第五项"化学工业"、第七项"运输和通讯"、第八项"新技术"和第十二项"仪器、计量和国家标准"都是直接或部分与国防相关的。在此过程中，也涉及多个先进技术领域的科研工作，包括自动化、电子学以及计算机等。在此期间，还开展了"两弹一星"工程，将国防工业作为首要目标。这一特点和新中国成立之初所处的发展环境是紧密相关的[①]。

第二，提倡"自力更生，计划协同"。这一时期的科技事业主要采用国家统筹、计划协同的方式展开。科学研究工作主要以国家意志为主导，以高度计划作为发展目标，形成了相应的集中组织、纵横协同、互为支撑的科研组织模式。这一特点不仅受国际因素以及传统因素的影响，也是由国内的现实环境而导致的。新中国成立初期，我国科技综合实力落后，缺少强大的科技力量，缺乏充足的科技人才。面对这一现状，国家必须要加强科学技术的统筹协调，将有限的科研经费、仪器设备、科研人员集中到一起，集中力量打歼灭战，在事关国家经济命脉、国防军事、工业基础等方向上取得重点突破，以点带面提升国家整体科技水平。在此过程中，由于科技资源有限，不管是科技研发，或是经济发展，均需要按照严格的指令计划来执行，必须以国家意志为主，必须对重点发展的科技领域进行缜密规划，必须实行高度的集中统一，通过计划命令，而不是经济或其他手段来实现科技资源的协调调配。[②]历史证明，这一条道路有效解决了国计民生中的重大科技创新问题，为建立独立的工业体系和国民经济体系做出了重大贡献，是一条符合当时实际的成功的科技发展道路。

---

①② 林涵."两弹一星"工程对新中国科学传统的影响研究[D].长沙:国防科学技术大学,2011.

第二节　改革开放以来国家创新战略的演进

20 世纪 70 年代末,面对国际国内形势和我国当时的发展状况,党中央提出了改革开放的重大决策,把工作重心转移到经济建设上来。1977 年 7 月,邓小平同志提出,当今社会的两大主题是和平与发展。在和平与发展的大背景下,若想完成现代化的发展进程,则必须要专心搞建设,其中的关键就是提升科技水平。1978 年 3 月,邓小平同志在全国科学大会上全面阐述了科学技术的重要地位、发展趋势、战略重点、科技人员的政治地位、人才培养等重大问题,指出"四个现代化,关键是科学技术的现代化""知识分子是工人阶级的一部分",明确"科学技术是生产力"。此外,国家还出台了《1978—1985 年全国科学技术发展规划纲要》。1978 年的全国科学大会确立了正确的科学技术工作指导思想,积极促进了科技事业发展。

1978 年,党的十一届三中全会揭开了我国改革开放的序幕,自此之后,我国科技领域迈向了全新的发展阶段。1982 年 10 月,全国科学技术奖励大会提出,"科学技术工作必须面向经济建设,经济建设必须依靠科学技术"。1985 年,《中共中央关于科学技术体制改革的决定》颁布,提出"经济建设要依赖于科技发展,科技发展所面向的则是经济建设"。1986 年,《1986—2000 年科学技术发展规划》出台,明确了科技发展的战略方针。1988 年,邓小平同志作出了"科学技术是第一生产力"的重要论断。在这一重要论断的指导下,我国逐步恢复国家科委、重建科研机构、完善政策法规体系、完善知识产权制度、激发人才活力、制定科技发展新方针、开展国际科技合作,尤其是组织实施了科技攻关计划、火炬计划等国家层面的科技计划项目,建设了国家重点实验室等科技创新平台,为科技事业的长远发展打下了坚实基础。

党的十四大报告提出,"科学技术是第一生产力,经济建设必须依靠科技进步和劳动者素质的提高"。1995 年 5 月,全国科学技术大会明确提出大力实施科教兴国战略,指出科教兴国是指全面落实科学技术是第一生产力的思想,坚持教育为本,把科技和教育摆在经济、社会发展的重要位置,增强国家的科技实力及向现实生产力转化的能力,提高全民族的科技文化素质,把经济建设转移到依靠科技进步和提高劳动者素质的轨道上来,加速实现国家的繁荣强盛。实施科教兴国战略,必将大大提高我国经济发展的质量和水平,使生产力有一个新的解放和更大的发展。[①] 在这一方针的指引下,知识创新工程以及国家技术创新工程等多个项目全面推进,基础研究力度进一步强化,院士制度进一步完善,宏观层面的科技布局显著优化。随着科技体制改革的持续推进,国家和地方层面陆续开始调整、修改、完善科技发展法律法规,推行"3+2"科技计划管理机制,积极促进科技型企业发展,高度重视并积极推进产学研合作,重视并促进提高科技成果的转化率。这一时期科技体制改革得以有序推进,我国科技创新实力取得明显提升。

党的十六大报告提出,大力实施科教兴国战略和可持续发展战略。2006 年 1 月,全国科学技术大会明确提出了"自主创新、重点跨越、支撑发展、引领未来"的科技工作指导方针,出台了《国家中长期科学和技术发展规划纲要(2006—2020 年)》,全面规划部署了未来 15 年我国科技事业改革与发展的蓝图。

党的十七大报告指出,应积极推动自主创新能力提升,实现创新型强国的建设目标。按照这一要求,国家制定了相应的政策方针与制度体系,以深入贯彻落实知识产权与人才强国战略方针。例如,努力建设以企业为主体、产学研相结合的技术创新体系;建设科学研究与高等教育相结合的知识创新体系;鼓励各地区构建各具特色和优势的区域创新体系;完善社会化、网络化的科技中

---

① 江泽民.在全国科学技术大会上的讲话[N].中国教育报,1995-06-05.

介服务体系;着力提高农村地区整体科技水平;更大力度推进科研成果有效转化;在扩大开放中强化国际科技合作等。在此期间,随着"科教兴国"战略的贯彻落实,国家创新体系建设和创新型国家建设取得阶段性成果,全国上下的自主创新意识不断提高,科学文化氛围不断增强,科技实力和科学文化软实力明显提升。

这一时期的国家创新战略,开始对创新与经济相结合、建设创新体系予以高度重视,与此同时,在引进消化吸收的前提下,更加重视自主创新。

第三节　党的十八大以来创新驱动发展战略的实施

党的十八大以来,以习近平同志为核心的党中央高瞻远瞩,统筹谋划,将创新摆在国家发展全局的重要位置,提出了一系列新思想、新论断、新要求。习近平总书记明确提出,"创新是引领发展的第一动力,抓创新就是抓发展,谋创新就是谋未来。适应和引领我国经济发展新常态,关键是要依靠科技创新转换发展动力"。[1]

第一,进一步明确了创新驱动发展战略。2013 年 9 月 30 日,习近平总书记在十八届中央政治局第九次集体学习时讲话指出,"创新驱动是形势所迫","我国经济总量已经跃居世界第二位,社会生产力、综合国力、科技实力迈上了一个新的大台阶。同时,我国发展中不平衡、不协调、不可持续问题依然突出,人口、资源、环境压力越来越大。我国现代化涉及十几亿人,走全靠要素驱动的老路难以为继。物质资源必然越用越少,而科技和人才却会越用越多,因此我们必须及早转入创新驱动发展轨道,把科技创新潜力更好释放出来"。2014 年6 月 9 日,习近平总书记在中国科学院第十七次院士大会、中国工程院第十二次院士大会上讲话指出,"科技是国家强盛之基,创新是民族进步之魂。自古以

---

[1]　习近平.在参加十二届全国人大三次会议上海代表团审议时的讲话[N].人民日报,2015-03-05。

来,科学技术就以一种不可逆转、不可抗拒的力量推动着人类社会向前发展,深刻改变世界发展面貌和格局"。

第二,坚持以科技创新为核心的全面创新。2014 年 8 月 18 日,习近平总书记在中央财经领导小组第七次会议上强调指出,"党的十八大提出的实施创新驱动发展战略,就是要推动以科技创新为核心的全面创新";"在国际竞争日趋激烈和我国发展动力转换的形势下,必须把发展基点放在创新上,必须推进以科技创新为核心的全面创新,形成促进创新的体制架构,使创新成果加快转化为现实生产力"。

第三,坚持科技创新与体制机制创新双轮驱动。2016 年 5 月 30 日,习近平总书记在全国科技创新大会、两院院士大会、中国科协第九次全国代表大会上讲话指出,"创新是一个系统工程,创新链、产业链、资金链、政策链相互交织、相互支撑,改革只在一个环节或几个环节搞是不够的,必须全面部署,并坚定不移推进";"科技创新、制度创新要协同发挥作用,两个轮子一起转"。

第四,坚持推进开放条件下的自主创新。2013 年 3 月 4 日,习近平总书记在参加全国政协十二届一次会议科协、科技界委员联组讨论时指出,"坚定不移走中国特色自主创新道路,深化科技体制改革,不断开创国家创新发展新局面,加快从经济大国走向经济强国";"我们要结合社会主义市场经济新条件,发挥好我们的优势,加强统筹协调,促进协同创新,优化创新环境,形成推进创新的强大合力"。2013 年 9 月 30 日,习近平总书记在十八届中央政治局第九次集体学习时强调指出,"我们强调自主创新,绝不是要关起门来搞创新";"在经济全球化深入发展的大背景下,创新资源在世界范围内加快流动,各国经济科技联系更加紧密,任何一个国家都不可能孤立依靠自己力量解决所有创新难题";"要深化国际交流合作,充分利用全球创新资源,在更高起点上推进自主创新,并同国际科技界携手努力,为应对全球共同挑战作出应有贡献"。2020 年 8 月24 日,习近平总书记在经济社会领域专家座谈会上指出,"要坚持开放创新,加强国际科技交流合作"。

第五,坚持创新驱动的实质是人才驱动。2013 年 7 月 17 日,习近平总书记在中国科学院考察时指出,"我国科技队伍规模是世界上最大的,主要问题是水平和结构,世界级科技大师缺乏,领军人才、尖子人才不足,工程技术人才培养与生产和创新实践脱节,人才政策需要完善,教育方面也需要进一步改革,以更好培养青少年的创新意识和能力";"我国要建设世界科技强国,关键是要建设一支规模宏大、富有创新精神、敢于承担风险的创新型人才队伍";"要极大调动和充分尊重广大科技人员的创造精神,激励他们争当创新的推动者和实践者,使谋划创新、推动创新、落实创新成为自觉行动"。

第四节 党的十八大以来创新驱动发展战略的伟大成就

在以习近平同志为核心的党中央坚强领导下,党的十八大以来,特别是"十三五"时期,我国创新驱动发展取得了显著成就,极大提高了我国的自主创新实力。

第一,创新投入持续增加。随着经济综合实力不断增强,我国研发经费投入持续增加,研发创新能力明显提升。"一五"期间,国家科研经费共计为 14.37 亿元,在财政支出总额中所占比例不到 1%。国家统计局发布的《2019 年全国科技经费统计公报》显示,2019 年国家科研经费支出总额累计为 2.2 万亿元,排在全球第二位,相比 2015 年显著提高了 56.3%,研发经费占国内生产总值比例达到了 2.23%。见表 1-1,我国的创新指数已经名列前茅,但与欧美发达国家还有一定差距。

表 1-1　2019 年世界主要国家（地区）创新指数（GII）

国家（地区）	全球创新指数	国家（地区）	全球创新指数
瑞士	67.24	德国	58.19
瑞典	63.65	以色列	57.43
美国	61.73	韩国	56.55
荷兰	61.44	爱尔兰	56.1
英国	61.3	中国香港	55.54
芬兰	59.83	中国	54.82
丹麦	58.44	日本	54.68
新加坡	58.37	法国	54.25

资料来源：中华人民共和国国家统计局.国际统计年鉴［M］.北京：中国统计出版社,2019.

在日益庞大的科研经费支持下,我国的科技活动蓬勃发展,取得了十分显著的创新成果,创新对经济增长的引领支撑作用不断增强。结合表 1-2 可知,创新能力越强的国家,其经济发展越好。

表 1-2　1980 年以来世界主要国家经济增长情况

单位：%

年份	世界*	欧元区	美国	日本	巴西	印度	俄罗斯	南非
1980	2.1		−0.3	3.2	9.2	5.3		6.6
1981	1.9		2.5	4.2	−4.4	6.0		5.4
1982	0.6		−1.8	3.3	0.6	3.5		−0.4
1983	2.8		4.6	3.5	−3.4	7.3		−1.9
1984	4.6		7.2	4.5	5.3	3.8		5.1
1985	3.6		4.2	5.2	7.9	5.3		−1.2
1986	3.7		3.5	3.3	7.5	4.8		0.0

续表

年份	世界*	欧元区	美国	日本	巴西	印度	俄罗斯	南非
1987	3.9		3.5	4.7	3.6	4.0		2.1
1988	4.6		4.2	6.8	0.3	9.6		4.2
1989	3.8		3.7	4.9	3.2	6.0		2.4
1990	3.4		1.9	4.9	−4.2	5.5		−0.3
1991	2.6		−0.1	3.4	1.0	1.1		−1.0
1992	2.3	1.4	3.5	0.9	−0.6	5.5		−2.1
1993	2.1	−0.8	2.8	−0.5	4.9	4.8	−8.7	1.2
1994	3.3	2.5	4.0	1.0	5.8	6.7	−12.7	3.2
1995	3.3	2.9	2.7	2.7	4.2	7.6	−4.1	3.1
1996	3.9	1.6	3.8	3.1	0.2	7.6	−3.6	4.3
1997	4.0	2.6	4.5	1.1	3.4	4.1	1.4	2.7
1998	2.6	3.0	4.5	−1.1	0.4	6.2	−5.3	0.5
1999	3.6	2.9	4.8	−0.3	0.5	8.5	6.4	2.4
2000	4.8	3.8	4.1	2.8	4.4	4.0	10.1	4.2
2001	2.5	2.2	1.0	0.4	1.4	4.9	5.1	2.7
2002	3.0	0.9	1.7	0.1	3.1	3.9	4.7	3.7
2003	4.3	0.6	2.9	1.5	1.1	7.9	7.4	3.0
2004	5.4	2.3	3.8	2.2	5.8	7.9	7.2	4.6
2005	4.9	1.7	3.5	1.7	3.2	9.3	6.4	5.3
2006	5.5	3.2	2.9	1.4	4.0	9.3	8.2	5.6
2007	5.6	3.0	1.9	1.7	6.1	9.8	8.5	5.4
2008	3.0	0.4	−0.1	−1.1	5.1	3.9	5.3	3.2
2009	−0.1	−4.5	−2.5	−5.4	−0.1	8.5	−7.8	−1.5

续表

年份	世界*	欧元区	美国	日本	巴西	印度	俄罗斯	南非
2010	5.4	2.1	2.6	4.2	7.6	10.3	4.5	3.0
2011	4.3	1.7	1.6	−0.1	4.0	6.6	5.1	3.3
2012	3.5	−0.9	2.3	1.5	1.9	5.5	3.7	2.2
2013	3.5	−0.3	1.8	2.0	3.0	6.4	1.8	2.5
2014	3.6	1.4	2.5	0.4	0.5	7.4	0.7	1.9
2015	3.5	2.1	2.9	1.2	−3.6	8.0	−2.0	1.2
2016	3.4	1.9	1.6	0.5	−3.3	8.3	0.3	0.4
2017	3.9	2.5	2.4	2.2	1.3	7.0	1.8	1.4
2018	3.6	1.9	2.9	0.3	1.3	6.1	2.5	0.8
2019	2.9	1.2	2.3	0.7	1.1	4.2	1.3	0.2

注:*表示世界经济增长值,是按购买力平价方法计算的国内生产总值进行加权汇总得出的。

资料来源:国际货币基金组织 WEO 数据库及各国官方统计网站。

第二,创新主体地位更加突出。企业在创新中的主体地位不断强化,以企业为主体、研究与开发机构为支撑的科技创新模式进一步凸显。根据历年的《中国科技统计年鉴》可见,1985 年,我国企业研发经费支出总额仅为 116 亿元,占总研发经费的比例仅为 34%。2000 年,我国企业研发经费占比已经超过60%。2019 年,企业 R&D 经费达 16 921.8 亿元,比上年增长 11.1%,占全国R&D 经费的比重达 76.4%,对其增长的贡献达 68.5%。从研发人员规模及结构来看,2017 年,我国人才资源总量总计达到 1.75 亿人,人力资本投资占国内生产总值的比例达到 15.8%,研究人员达到 621.4 万人,学历为硕士及以上的人才共计为 133.7 万人。2010 年以后,相比于研发机构与各大高校来说,企业研发人员数量不断增加。截至 2017 年,全国企业研发人员已经达到 462.7 万人,大中型企业的研发人员数量为 404.5 万人,比 2010 年增加 332.5 万人,高校和研究机构的研发人员数量分别为 91.4 万人和 46.2 万人，比 2010 年分别增加了 62.4 万人与 16.9 万人。结合表 1-3 中的具体数据可知，不断优化的创新生态推动了协同创新的持续发展，推动了创新资源和要素的有效汇聚。2019 年，《财富》公布的"世界 500 强"名单中，中国有 129 家位列榜上，一举超越美国的企业数量。我国专利申请受理量也遥遥领先，连续 8 年排在全球第一位。2019 年，我国发明专利申请量为 140.1 万件，专利申请授权量也呈现逐年递增趋势，2019 年数量达到 45.3 万件以上，其中，国内发明专利授权 36.1 万件。2019 年，每万人口拥有的发明专利数量达到 13.3 件，比 2015 年增长了 7 件。随着经济实力的不断增强以及国家科技投入力度和强度的不断加大，企业创新主体地位将更加突出。

表 1-3　2000 年以来我国科技事业发展情况

指标	单位	2000 年	2010 年	2018 年	2019 年
研究与试验发展（R&D）活动					
R&D 人员全时当量	万人年	92.2	255.4	438.1	461.0
R&D 经费支出	亿元	896	7 063	19 678	21 737
R&D 经费支出与国内生产总值之比	%	0.89	1.71	2.14	2.19
技术成果					
科技成果登记数	项	32 858	42 108	65 720	66 520
应用技术成果	项	28 843	37 029	57 618	59 434
国家奖励					
国家自然科学奖	项	15	30	38	46
国家技术发明奖	项	23	46	67	65
国家科技进步奖	项	250	273	173	185
国际科学技术合作奖	项	2	5	5	10
技术市场成交额	亿元	651	3 907	17 697	22 398

续表

指标	单位	2000 年	2010 年	2018 年	2019 年
成功完成宇航发射	次	6	15	38	32
科技服务					
气象观测站点	个	5 117	37 992	66 965	68 439
商标申请	万件			737.1	783.7
商标注册	万件			500.7	640.6
有效商标注册	万件			1 956.4	2 521.9
专利					
专利申请量	万件	17.1	122.2	432.3	438.0
境内	万件	12.8	108.4	412.1	417.2
境外	万件	4.3	13.8	20.2	20.8
专利授权量	万件	10.5	81.4	244.7	259.2
境内	万件	8.5	71.9	231.9	245.8
境外	万件	2.0	9.5	12.8	13.4

资料来源:2011—2020 年《中国科技统计年鉴》。

第三,创新效率逐步提高。随着知识溢出水平与创新产业化水平越来越高,企业创新活力明显增强,极大提高了行业技术发展水平,产业国际竞争力得到了较快提升。2009 年以来,我国工业机器人保有量逐年递增,增幅超过 15%;在生物、航空、航天等领域,3D 打印技术的应用越来越广泛,缩短了与发达国家之间的差距;高铁建设取得巨大成就,由最开始的"中国制造"顺利转型为"中国标准",在国际市场上占据比较重要的份额;航空航天技术在国际上遥遥领先,多次将航天员成功送上太空,"嫦娥工程"完成月球登陆及返回;在新材料领域取得了许多重要成果;以 5G 为代表的新一代信息技术发展迅速,人工智能应用、物联网推广等在一定程度上改变了人们的生活方式。《中国高技术产业统计年鉴》表明,2018 年我国高技术产业利润总额增长至 10 293 亿元,高技术出口总额增长至 5 043 亿美元。2010 年至 2019 年,我国国内生产总值翻了一番,人均国内生产总值超过 1 万美元,城镇人口增加近 4 亿人,高技术产业增加值占全球的 30% 以上,汽车、计算机、手机等 220 多种产品的产量跃居世界第一位。我国已经拥有世界上规模最大的城镇人口、中等收入群体和技能人才队伍,成为全球第一生产制造大国和消费品市场大国,见表 1-4。

表 1-4 改革开放以来我国主要经济指标和主要工农业产品在世界上的位次

指标	1978 年	1990 年	2000 年	2010 年	2016 年	2017 年	2018 年
国内生产总值	11	11	6	2	2	2	2
人均国民总收入[①]	175(188)	178(200)	141(207)	120(215)	93(217)	70(189)	71(192)
货物进出口额	29	16	8	2	2	1	1
外汇储备	38	10	2	1	1	1	1
主要工业产品产量							
粗钢	5	4	1	1	1	1	1
煤	3	1	1	1	1	1	1
原油	8	5	5	4	5	5	6
发电量	7	6	2	1	1	1	1
水泥	4	1	1	1	1	1	1
化肥	3	3	1	1	1	1	1
棉布	1	1	2	1	1	1	1
主要农业产品产量							
谷物	2	1	1	1	1	1	1
肉类[②]	3	2	1	1	1	1	1
籽棉	2	1	1	1	1	2	1
大豆	3	3	4	4	5	4	4
花生	2	2	1	1	1	1	1

续表

指标	1978 年	1990 年	2000 年	2010 年	2016 年	2017 年	2018 年
油菜籽	2	1	1	1	2	2	2
甘蔗	10	4	3	3	3	3	3
茶叶	2	2	2	1	1	1	1
水果	6	1	1	1	1	1	1

注:①括号中为参加排序的国家和地区数。②1990 年以前为猪、牛、羊肉产量的位次。

资料来源:联合国粮农组织数据库、联合国《统计月报》数据库及世界银行数据库。

第四,创新服务全面升级。创新服务平台是加速创新资源共享、吸引创新投资增加、加快创新成果转化、融通企业创新合作的重要支撑力量。首先,我国技术市场功能不断完善,显著提升了创新服务的效能。《中国统计年鉴》显示,2019 年,全国技术市场成交合同金额已经达到了 22 398.4 亿元,其中尤以技术服务和技术开发为主。技术市场的高速发展,促使科技投入结构多样化,扩大了技术转移和成果转化的规模。其次,创新服务机构发展迅速,不仅数量众多而且服务方式日益多样化。企业日趋成为参与技术市场的主要力量,全国技术合同成交额中近 90% 来自企业输出技术合同。科研机构和高校采用多种方式方法,例如技术入股、技术转让等形式参与技术市场运营,产学研合作的深度和广度不断拓展。最后,技术市场的专业化服务体系不断完善,新型技术交易市场和服务机构不断涌现。技术转移与成果转化的手段日渐多样,除了技术开发、转让、入股等传统服务手段之外,还衍生出技术成果拍卖、技术集成经营、专利运营等新型服务模式,将创新服务渗透到研发、孵化、金融等创新链的各个环节。与此同时,随着互联网、电子商务、物流业的加快发展,新型消费业态逐渐兴起,网络购物、直播带货等线上消费成为业态创新、模式创新的又一典型代表,推动了网上零售额大幅增长。《中国农村电商物流发展报告》显示,2019年,电商带动农产品进城和工业品下乡总销售额超过 7 000 亿元。

　　第五,创业创新飞速发展。党的十八大以来,我国已经基本上形成了大众创业、万众创新的良好生态。在经济发展新动能的培育过程中,万众创新与大众创业均为不可缺少的重要条件。党的十九大后,我国着重培养企业家精神,对企业家开展"双创"予以大力支持。2019 年,国内新登记企业数量呈现持续增长趋势,企业创新活力不断释放。随着我国研究生和留学生数量的增加(见表 1-5),越来越多的科技人员、大学生、海归人才以及回乡创业者等加入到"双创"行列中,大规模创业资本注入人工智能、生物医药等新兴产业,实质性减税以及普惠性税收减免等政策真正为创新创业提供了"真金白银"的支持。《2018年中国火炬统计年鉴》显示,作为创新创业活动的重要空间载体,到 2017 年末,全国范围内纳入火炬计划的共有 5 379 家众创空间、4 063 个科技企业孵化器,广东、江苏、浙江等省的众创空间数量均达到 200 家以上,发展势头十分迅猛。众创空间为培养和塑造企业家精神、营造优质创新创业生态、涵养全社会创新创业氛围做出了突出贡献。

表 1-5　改革开放以来我国培养研究生和留学人员情况

单位:人

年份	研究生数			出国留学人员	学成回国留学人员
	招生数	在校生数	毕业生数		
1978	10 708	10 934	9	860	248
1979	8 110	18 830	140	1 777	231
1980	3 616	21 604	476	2 124	162
1981	9 363	18 848	11 669	2 922	1 143
1982	11 080	25 847	4 058	2 326	2 116
1983	15 642	37 166	4 497	2 633	2 303
1984	23 181	57 566	2 756	3 073	2 290
1985	46 871	87 331	17 004	4 888	1 424

续表

年份	研究生数			出国留学人员	学成回国留学人员
	招生数	在校生数	毕业生数		
1986	41 310	110 371	16 950	4 676	1 388
1987	39 017	120 191	27 603	4 703	1 605
1988	35 645	112 776	40 838	3 786	3 000
1989	28 569	101 339	37 232	3 329	1 753
1990	29 649	93 018	35 440	2 950	1 593
1991	29 679	88 128	32 537	2 900	2 069
1992	33 439	94 164	25 692		
1993	42 145	106 771	28 214		
1994	50 864	127 935	28 047		
1995	51 053	145 443	31 877	20 381	5 750
1996	59 398	163 322	39 652	20 905	6 570
1997	63 749	176 353	46 539	22 410	7 130
1998	72 508	198 885	47 077	17 622	7 379
1999	92 225	233 513	54 670	23 749	7 748
2000	128 484	301 239	58 767	38 989	9 121
2001	165 197	393 256	67 809	83 973	12 243
2002	202 611	500 980	80 841	125 179	17 945
2003	268 925	651 260	111 091	117 307	20 152
2004	326 286	819 896	150 777	114 682	24 726
2005	364 831	978 610	189 728	118 515	34 987
2006	397 925	1 104 653	255 902	134 000	42 000
2007	418 612	1 195 047	311 839	144 000	44 000
2008	446 422	1 283 046	344 825	179 800	69 300

续表

年份	研究生数			出国留学人员	学成回国留学人员
	招生数	在校生数	毕业生数		
2009	510 953	1 404 942	371 273	229 300	108 300
2010	538 177	1 538 416	383 600	284 700	134 800
2011	560 168	1 645 845	429 994	339 700	186 200
2012	589 673	1 719 818	486 455	399 600	272 900
2013	611 381	1 793 953	513 626	413 900	353 500
2014	621 323	1 847 689	535 863	459 800	364 800
2015	645 055	1 911 406	551 522	523 700	409 100
2016	667 064	1 981 051	563 938	544 500	432 500
2017	806 103	2 639 561	578 045	608 400	480 900
2018	857 966	2 731 257	604 368	662 100	519 400
2019	916 503	2 863 712	639 666		

注:2017年起,研究生招生、在校生指标内涵发生变化,招生包含全日制和非全日制研究生;在校生包
含全日制、非全日制研究生和在职人员攻读硕士学位学生。

资料来源:中国统计年鉴。

第六,区域创新能力显著提高。经过多年建设发展,见表1-6和表1-7,我国
各省在生产力发展上取得了显著的成就。基于城市发展竞争力来看,区域创新
很大程度上提高了我国城市发展水平。由全球城市实验室(Global City Lab)编
制的《全球城市500强》分析报告显示,2019年,世界城市500强榜单中,我国有
37个城市上榜,数量位列全球第二位。2015年,我国主要城市的科技进步贡献
率已经达到60%以上。深圳是我国区域创新能力快速提升的典型城市,其创新
能力进一步引起了全世界瞩目。随着深圳创新型经济的不断发展,其战略性新
兴产业发展迅速,年均增长率超过20%;其中先进制造业研发投入强度超过
4.5%,新材料、5G技术等许多领域处于国际领先行列。

表 1-6　2019 年我国各地区生产总值

地区	地区生产总值/亿元	第一产业	第二产业	第三产业	地区生产总值指数（上年＝100）	人均地区生产总值/元
北京	35 371.3	113.7	5 715.1	29 542.5	106.1	164 220
天津	14 104.3	185.2	4 969.2	8 949.9	104.8	90 371
河北	35 104.5	3 518.4	13 597.3	17 988.8	106.8	46 348
山西	17 026.7	824.7	7 453.1	8 748.9	106.2	45 724
内蒙古	17 212.5	1 863.2	6 818.9	8 530.5	105.2	67 852
辽宁	24 909.5	2 177.8	9 531.2	13 200.4	105.5	57 191
吉林	11 726.8	1 287.3	4 134.8	6 304.7	103.0	43 475
黑龙江	13 612.7	3 182.5	3 615.2	6 815.0	104.2	36 183
上海	38 155.3	103.9	10 299.2	27 752.3	106.0	157 279
江苏	99 631.5	4 296.3	44 270.5	51 064.7	106.1	123 607
浙江	62 351.7	2 097.4	26 566.6	33 687.8	106.8	107 624
安徽	37 114.0	2 915.7	15 337.9	18 860.4	107.5	58 496
福建	42 395.0	2 596.2	20 581.7	19 217.0	107.6	107 139
江西	24 757.5	2 057.6	10 939.8	11 760.1	108.0	53 164
山东	71 067.5	5 116.4	28 310.9	37 640.2	105.5	70 653
河南	54 259.2	4 635.4	23 605.8	26 018.0	107.0	56 388
湖北	45 828.3	3 809.1	19 098.6	22 920.6	107.5	77 387
湖南	39 752.1	3 647.0	14 947.0	21 158.2	107.6	57 540
广东	107 671.1	4 351.3	43 546.4	59 773.4	106.2	94 172
广西	21 237.1	3 387.7	7 077.4	10 772.0	106.0	42 964
海南	5 308.9	1 080.4	1 099.0	3 129.5	105.8	56 507
重庆	23 605.8	1 551.4	9 496.8	12 557.5	106.3	75 828
四川	46 615.8	4 807.2	17 365.3	24 443.3	107.5	55 774

续表

地区	地区生产总值/亿元	第一产业	第二产业	第三产业	地区生产总值指数（上年=100）	人均地区生产总值/元
贵州	16 769.3	2 280.6	6 058.5	8 430.3	108.3	46 433
云南	23 223.8	3 037.6	7 961.6	12 224.6	108.1	47 944
西藏	1 697.8	138.2	635.6	924.0	108.1	48 902
陕西	25 793.2	1 990.9	11 980.8	11 821.5	106.0	66 649
甘肃	8 718.3	1 050.5	2 862.4	4 805.4	106.2	32 995
青海	2 966.0	301.9	1 159.8	1 504.3	106.3	48 981
宁夏	3 748.5	279.9	1 584.7	1 883.8	106.5	54 217
新疆	13 597.1	1 781.8	4 795.5	7 019.9	106.2	54 280

注：本表绝对量按当年价格计算，指数按不变价格计算。

资料来源：中国统计年鉴。

表1-7　2019年各省区市（不含港澳台）主要制造业产品产量

地区	钢材/万吨	汽车/万辆	家用电冰箱/万台	程控交换机/万线	移动通信手持机/万台	微型计算机设备/万台	发电量/亿千瓦时
全国总计	120 477.4	2 552.8	7 904.3	790.5	170 100.6	34 163.2	75 034.3
北京	170.7	164.0			8 373.3	513.2	464.1
天津	5 455.0	104.1	44.6		11.5		733.0
河北	28 409.6	105.0		38.4			3 297.7
山西	5 594.2	6.5			1 862.2		3 361.7
内蒙古	2 563.8						5 495.1
辽宁	7 254.4	79.2	178.2	3.5	46.1	3.0	2 072.9
吉林	1 544.2	288.9					946.4
黑龙江	782.0	18.9			259.5		1 111.9

续表

地区	钢材/万吨	汽车/万辆	家用电冰箱/万台	程控交换机/万线	移动通信手持机/万台	微型计算机设备/万台	发电量/亿千瓦时
上海	1 819.7	274.9	33.8	4.2	4 173.2	1 121.7	822.1
江苏	14 211.4	82.8	1 068.1		5 003.8	6 032.3	5 166.4
浙江	3 468.2	99.1	567.9	104.6	4 652.6	277.7	3 537.6
安徽	3 158.4	77.6	2 505.9		81.7	2 253.8	2 886.7
福建	3 737.7	16.9			1 802.9	2 192.4	2 578.0
江西	2 795.7	49.1	93.3		4 897.6		1 375.9
山东	9 289.4	77.7	732.5		1 177.2	0.9	5 897.2
河南	3 838.0	60.9	251.6		21 744.1		2 888.3
湖北	3 771.6	224.0	539.9		3 920.0	1 270.2	2 957.5
湖南	2 451.6	56.1			1 262.9	128.8	1 559.4
广东	4 510.5	311.7	1 631.4	638.4	70 502.8	5 784.7	5 051.0
广西	3 346.7	183.0			594.7	245.1	1 846.3
海南							345.7
重庆	1 136.4	138.3			17 431.9	7 614.3	811.6
四川	3 308.2	61.9	99.5	1.4	14 811.4	6 584.2	3 923.9
贵州	707.7	4.6	157.6		3 289.1	0.1	2 206.5
云南	2 323.3	10.0			2 792.2	140.6	3 465.6
西藏							85.5
陕西	2 037.5	54.7			1 409.9		2 193.2
甘肃	936.7	0.1					1 630.5
青海	180.6						886.1
宁夏	306.2						1 766.0
新疆	1 367.9	2.5					3 670.5

资料来源:中国统计年鉴。

第五节　创新在历次国民经济和社会发展五年规划纲要中的演变

新中国成立以来,特别是改革开放以来,我国出台了促进科技事业发展和创新发展的许多政策,科技进步和技术创新日益成为经济增长的首要动力源,提高自主创新能力日益成为转变经济增长方式、调整经济结构和提高国家竞争力的核心环节。回顾改革开放以来创新在我国"五年规划"中的演变历程,有助于更好研究谋划今后的创新战略,加快建设创新型国家,推动实现高质量发展。

"六五"计划(1981—1985)是改革开放后的第一个五年计划。"六五"计划提出,将教育科学与农业、能源交通共同列为带动经济发展的三个战略重点,对科学有明显的重视。"六五"计划在科技发展上侧重于对行业落后技术的改造,把科技攻关和成果推广的领域聚焦在能源、交通、农业等国民经济急需的方面和薄弱环节。这充分说明,在改革开放初期,全面创新的条件还不成熟,需要集中力量办大事、急事、难事,根据需要和可能来发展科技事业,通过引进先进技术,把创新的重点放在能源、交通和现有企业技术改造上。

"七五"计划(1986—1990)将科技与教育分成两篇,并新增"科技发展战略"一章,对科技的重视程度进一步提升。"七五"计划中科技发展的重点仍然在技术改造上,不过技术改造的行业领域不再限制于部分领域和部分环节,而是扩大到整个工业领域。在科技攻关和科技成果应用上,"七五"计划首次提出将重点放在新兴技术领域;在产业结构调整上,除了强调传统产业的技术改造外,还强调有重点地开发知识密集型和技术密集型产品,有计划地促进若干新兴产业的形成和发展。在技术引进上,"七五"计划继续把技术引进的重点放在对现有企业的技术改造上,首次提出加强与国外科学技术人才的交流。这充分说明,随着改革开放的推进,创新对国民经济和产业发展的促进作用不断增强。

　　"八五"计划(1991—1995)首次提出,把我国经济发展转变到主要依靠科技进步和提高劳动者素质上来;从单方面强调科学技术,转变为突出科技进步在经济发展中的重要地位,更强调科学技术与经济发展相融合。从"八五"计划开始,我国科学技术的发展逐渐从技术改造转变为技术创新,明确把创新作为发展科学技术的主要措施之一。在行业领域上,"八五"计划继续强调传统部门与新兴技术领域的科技发展,特别提出要重视发展和推广应用电子计算机技术。在发展措施上,"八五"计划首次提出建设高新技术产业开发区,推进高新技术成果的商品化和产业化。技术引进方面,不再以现有企业技术改造为重点,而是提出把有限的外汇集中用于先进技术和关键设备的进口,继续与外国专家开展多种形式的合作,首次提出要有计划、有组织地选派有关人员到国外培训。这充分说明,在建设社会主义市场经济的背景下,科技创新与经济发展的结合日趋紧密,科技创新与人才的结合更加深入。

　　"九五"计划(1996—2000)增加了"宏观调控目标和政策""实施可持续发展战略"两篇,新增"实施科教兴国战略"一篇,把转变经济增长方式与科学技术发展结合起来,首次突出了科技在经济转型中的重要性。"九五"计划中,科技发展重点不再是"技术改造",而是加强自主创新的技术研发,行业发展重点从技术改造转变到提高质量、提高技术水平上来。此外,"九五"计划首次提出了针对科技发展的系统性要求,一是提高产业技术开发创新能力,二是重点开发电子信息、生物、新能源、航空航天等高新技术产业,三是加强医疗、环境等社会发展重点领域的科学研究与技术开发,并且首次提出了加强知识产权保护。可见技术创新的领域逐渐扩展到整个国民经济和社会发展中,创新保障体系开始逐步完善。在技术引进上,提出建立促进引进技术消化、再创新的进口机制;出口方面,则第一次强调从数量到质量的转变。这充分说明,创新进入了引领经济社会发展的新阶段,体现了鲜明的社会主义市场经济特征以及对转变经济增长方式的更高要求。

　　"十五"计划(2001—2005)继续坚持把科技进步作为发展的动力,首次强调了体制创新在经济发展和结构调整中的重要性。"十五"计划不再提及"技术改造","创新"一词开始占据重要地位,并且新增了"建设国家创新体系"一节,创新在国家发展中的地位明显突出。在"十五"计划中,科技发展的预期目标也从追赶世界先进水平,转变为部分优势领域达到世界先进水平。在传统产业发展上,第一次将企业置于技术创新的主体地位,继续强调高技术领域的自主创新和产业化。在基础研究领域,首次提出发展新兴学科、边缘学科和交叉学科。在国家创新体系建设上,提出了一系列新要求,如深化科技体制改革、建立企业技术创新体系、建立为中小企业服务的技术创新支持系统、加强产学研结合、加强国家重点实验室建设、加强知识产权保护等,促进和保障科技创新的体制进一步完善。对外贸易上,首次提出"走出去"战略,鼓励有竞争优势的企业进行技术出口,体现了我国从引进技术到能够出口技术的重大进展;首次提出鼓励境外设立研发机构和设计中心。这充分说明,在我国全面建设小康社会新阶段以及经济全球化日趋增强的背景下,我国开始更加关注科技革命对国家创新体系的影响,更加注重提升创新领域的国际竞争力。

从"十一五"规划(2006—2010)开始,五年计划更名为五年规划,进一步淡化了计划经济色彩。"十一五"规划将着力增强自主创新能力作为战略重点之一,提出要深入实施科教兴国战略和人才强国战略,把增强自主创新能力作为科学技术发展的战略基点和调整产业结构、转变增长方式的中心环节。"创新"一词在"十一五"规划中出现的频率更高,其中"自主创新"成为重点。从大力推进自主创新、加强自主创新能力建设、强化企业技术创新主体地位、加大知识产权保护力度和深化科技体制改革等五个方面来推进科技创新,促进我国科技创新体系不断完善,科技体制机制更加健全。在对外贸易上,进一步强调由数量增加向质量提高转变,首次提出国内企业要与跨国公司开展多种形式的合作,发挥外资的技术溢出效应。

"十二五"规划(2011—2015)坚持把科技进步和创新作为加快转变经济发展方式的重要支撑,在创新的领域上进一步扩展,提出科技创新、社会管理体制创新和文化创新。"十二五"规划对科技创新的要求进一步提高,提出推进重大科学技术突破,超前部署基础研究和前沿技术研究,抢占未来科技竞争制高点;继续强调建立以企业为主体的技术创新体系,以及加强科技基础设施建设等。"十二五"规划首次将区域创新中心建设提到重要位置,提出发挥国家创新型城市、自主创新示范区、高新区的集聚辐射带动作用;首次提出全面科学普及,强调深入实施全民科学素质行动计划。特别是,"十二五"规划提出建立完善的科技创新政策支持体系:一是强化支持企业创新和科技成果产业化的财税金融政策;二是建立健全技术产权交易市场;三是实施知识产权战略,完善知识产权法律制度;四是鼓励采用和推广具有自主知识产权的技术标准;五是完善科技成果评价奖励制度,加强科研诚信建设。

"十三五"规划(2016—2020)中,创新在经济社会发展中的位置更加突出。"十三五"规划新增"实施创新驱动发展战略"一篇,并将其放到全文第二篇的重要位置,强调科技创新是提高社会生产力和综合国力的战略支撑,必须摆在国家发展全局的核心位置。这是我国五年规划首次用一整篇的篇幅对创新发展的各个方面提出要求。在"十二五"规划的基础上,"十三五"规划继续强调前沿领域和战略领域的创新突破,明确各类创新主体的功能定位,加强创新基础设施建设,打造区域创新高地,构建激励创新的体制机制。同时,"十三五"规划还突出强调了在创新驱动发展战略下,实施人才优先发展战略,把人才作为支撑发展的第一资源。新增了"深入推进大众创业万众创新"一章,提出把大众创业、万众创新融入发展的各领域各环节,鼓励各类主体开发新技术、新产品、新业态、新模式,创新的主体和对象更加广泛。"十三五"规划还首次提出,将创新运用到促进消费升级、扩大有效投资两个方面,这一措施能有效地为发展提供新的动力,开拓新的领域。

专栏 1-1:《中华人民共和国国民经济和社会发展第十三个五年规划纲要》中关于创新的要求

规划纲要提出,把发展基点放在创新上,以科技创新为核心,以人才发展为支撑,推动科技创新与大众创业万众创新有机结合,塑造更多依靠创新驱动、更多发挥先发优势的引领型发展。

规划纲要提出,要发挥科技创新在全面创新中的引领作用,加强基础研究,强化原始创新、集成创新和引进消化吸收再创新,着力增强自主创新能力,为经济社会发展提供持久动力。要推动战略前沿领域创新突破,优化创新组织体系,提升创新基础能力,打造区域创新高地。

规划纲要提出,要深入推进大众创业万众创新,把大众创业万众创新融入发展各领域各环节,鼓励各类主体开发新技术、新产品、新业态、新模式,打造发展新引擎。建设创业创新公共服务平台,全面推进众创众包众扶众筹。

规划纲要提出,要构建激励创新的体制机制,破除束缚创新和成果转化的制度障碍,优化创新政策供给,形成创新活力竞相迸发、创新成果高效转化、创新价值充分体现的体制机制。要深化科技管理体制改革,完善科技成果转化和收益分配机制,构建普惠性创新支持政策体系。

规划纲要提出,要实施人才优先发展战略,把人才作为支撑发展的第一资源,加快推进人才发展体制和政策创新,构建有国际竞争力的人才制度优势,提高人才质量,优化人才结构,加快建设人才强国。建设规模宏大的人才队伍,促进人才优化配置,营造良好的人才发展环境。

规划纲要提出,要拓展发展动力新空间,坚持需求引领、供给创新,提高供给质量和效率,激活和释放有效需求,形成消费与投资良性互动、需求升级与供给升级协调共进的高效循环,增强发展新动能。促进消费升级,扩大有效投资,培育出口新优势。

2020 年 10 月,党的十九届五中全会在北京召开。会议提出,要坚持创新在我国现代化建设全局中的核心地位,把科技自立自强作为国家发展的战略支撑,并摆在了各项规划任务的首位专章部署,这是五年规划建议历史上的第一次。党的十九届五中全会指出,展望二〇三五年远景目标,要实现经济实力、科技实力、综合国力大幅跃升,经济总量和城乡居民人均收入将再迈上新的大台阶,关键核心技术实现重大突破,进入创新型国家前列。

专栏 1-2:《中共中央关于制定国民经济和社会发展第十四个五年规划和二〇三五年远景目标的建议》中关于创新的部署

坚持创新在我国现代化建设全局中的核心地位,把科技自立自强作为国家发展的战略支撑,面向世界科技前沿、面向经济主战场、面向国家重大需求、面向人民生命健康,深入实施科教兴国战略、人才强国战略、创新驱动发展战略,完善国家创新体系,加快建设科技强国。

强化国家战略科技力量。制定科技强国行动纲要,健全社会主义市场经济条件下新型举国体制,打好关键核心技术攻坚战,提高创新链整体效能。加强基础研究、注重原始创新,优化学科布局和研发布局,推进学科交叉融合,完善共性基础技术供给体系。瞄准人工智能、量子信息、集成电路、生命健康、脑科学、生物育种、空天科技、深地深海等前沿领域,实施一批具有前瞻性、战略性的国家重大科技项目。制定实施战略性科学计划和科学工程,推进科研院所、高校、企业科研力量优化配置和资源共享。推进国家实验室建设,重组国家重点实验室体系。布局建设综合性国家科学中心和区域性创新高地,支持北京、上海、粤港澳大湾区形成国际科技创新中心。构建国家科研论文和科技信息高端交流平台。

提升企业技术创新能力。强化企业创新主体地位,促进各类创新要素向企业集聚。推进产学研深度融合,支持企业牵头组建创新联合体,承担国家重大科技项目。发挥企业家在技术创新中的重要作用,鼓励企业加大研发投入,对企业投入基础研究实行税收优惠。发挥大企业引领支撑作用,支持创新型中小微企业成长为创新重要发源地,加强共性技术平台建设,推动产业链上中下游、大中小企业融通创新。

激发人才创新活力。贯彻尊重劳动、尊重知识、尊重人才、尊重创造方针,深化人才发展体制机制改革,全方位培养、引进、用好人才,造就更多国际一流的科技领军人才和创新团队,培养具有国际竞争力的青年科技人才后备军。健全以创新能力、质量、实效、贡献为导向的科技人才评价体系。加强学风建设,坚守学术诚信。深化院士制度改革。健全创新激励和保障机制,构建充分体现知识、技术等创新要素价值的收益分配机制,完善科研人员职务发明成果权益分享机制。加强创新型、应用型、技能型人才培养,实施知识更新工程、技能提升行动,壮大高水平工程师和高技能人才队伍。支持发展高水平研究型大学,加强基础研究人才培养。实行更加开放的人才政策,构筑集聚国内外优秀人才的科研创新高地。

完善科技创新体制机制。深入推进科技体制改革,完善国家科技治理体系,优化国家科技规划体系和运行机制,推动重点领域项目、基地、人才、资金一体化配置。改进科技项目组织管理方式,实行"揭榜挂帅"等制度。完善科技评价机制,优化科技奖励项目。加快科研院所改革,扩大科研自主权。加强知识产权保护,大幅提高科技成果转移转化成效。加大研发投入,健全政府投入为主、社会多渠道投入机制,加大对基础前沿研究支持。完善金融支持创新体系,促进新技术产业化规模化应用。弘扬科学精神和工匠精神,加强科普工作,营造崇尚创新的社会氛围。健全科技伦理体系。促进科技开放合作,研究设立面向全球的科学研究基金。

回顾创新在历次五年计划(规划)中的演变历程,可以发现,随着国家经济建设重点逐渐转变到提高质量和效益上来,科学技术和创新的地位也越来越突出。从"六五"计划到"十四五"规划,我国的创新事业经历了从技术改造到技术创新,到国家创新体系建设到实施创新驱动发展战略,最后到科技自立自强、建设创新型国家的历史性跨越。从这一演进路径中,可以总结出以下几个特征:

①从国民经济急需和薄弱环节,到整个传统工业领域,再到整个国民经济增长主要依靠科技进步,科技创新逐渐发挥了对经济社会发展的支撑引领作用。

②科技创新的关注重点从传统技术到新兴技术,再到前沿科技领域。自主创新逐渐取代了技术引进,科技自立自强成为国家发展的战略支撑,开启了建设世界科技强国的新征程。

③从科技创新扩展到制度创新、文化创新,创新的范围逐渐拓展。特别是党的十八大以来,国家把创新发展作为新发展理念之首,把创新作为第一动力,强调以科技创新引领全面创新,提出将创新融入发展的各领域各环节。

④从强调企业在技术创新中的主体地位,转变为构建政产学研用一体的协同创新网络,创新主体的范围扩大,各类创新主体的功能定位更加明晰。随着改革开放和经济体制改革的深入,我国在创新主体上呈现多方共同发力的新态势。

⑤科技基础设施建设和区域创新中心建设不断加强。国家重点实验室、国家科学研究中心、高水平研究所和研究型大学、国家高新技术产业开发区以及区域性创新中心的建设不断增强。

⑥创新激励体系日渐完善,财税政策、金融政策、技术市场、知识产权、技术标准等方面的激励和保障措施加快提出,为激励创新创造了良好环境。

2

党的十八大以来区域创新的典型经验

党的十八大以来,我国区域创新发展稳步推进,区域创新高地加速涌现,科技创新中心建设取得重要进展,初步形成了梯次接续、布局合理的区域创新发展格局。京津冀地区、粤港澳大湾区、长三角地区以及成渝双城经济圈初步形成各具特色的创新集群,布局建设了北京怀柔、上海张江、安徽合肥、深圳 4 个综合性国家科学中心,522 个国家重点实验室,346 个国家工程技术研究中心,着力打造科技创新的"国之重器"。此外,遍布全国的 169 个国家高新技术产业开发区成为区域创新型产业发展的重要载体,成为推动区域创新发展的重要引擎。

第一节　创新型省份建设全面加速

一、广东省创新发展成效

近年来,广东通过打造新型研发机构、建立企业实验室、打造众创空间、建设新型孵化器等途径,大力推进创新发展。

一是以人才为中心完善创新体制机制,推动产学研用协同创新。广东省历史上高校布局不多,人才积累较少。改革开放初期,广东出现了"星期六工程师",以业余兼职的方式,到珠三角地区乡镇企业指导技术开发。1998 年,广东省出台的《关于依靠科技进步推动产业结构优化升级的决定》中明确提出"产学研结合"的概念,强调要推动产业优化升级。2005 年,广东省开全国之先河,深化高校科研体制机制改革,在科技业务管理、科技人员激励与评价、科技成果转化、科技资源市场化配置等多个方面取得新进展,以务实管用的新体制,支持省科学院等新型研发机构的组建,不断探索更加灵活的创新研发机制,更好推动科技创新。到 2010 年,广东省已逐步打破各创新主体之间的壁垒,促进高校与政府之间加强合作,形成了包括教育部、科技部、工信部、中科院和中国工程院在内的"三部两院一省"产学研合作新局面。2017 年,广东省新增 82 个创新联盟,累计总数达到 286 个,涉及电子信息、生物医药、新材料、新能源等多个产业领域。2017 年以来,广东省与国内领军企业和科研机构合作,投资引进量子通信、新材料、新能源汽车等高精尖项目。在首届中国高校科技成果交易会中,广东省 350 家企业与 180 多所高校成功牵手,签约金额达到 39.9 亿元,其中科技成果有 696 项。①

　　二是处理好政府与市场的关系,促进创新环境不断改善。"有效市场"与"有为政府"是紧密相关的。2012 年,广东省率先颁布国内第一部地方自主创新条例《广东省自主创新促进条例》。之后,先后制定了《关于全面深化科技体制改革加快创新驱动发展的决定》《关于加快科技创新的若干政策意见》《广东省系统推进全面创新改革试验,加快建设创新驱动发展先行省方案》等政策文件,系统部署了高新技术企业培育、新型研发机构建设、企业技术改造、孵化育成体系建设、高水平大学建设、自主核心技术攻关、创新人才队伍建设、科技金融结合等八大举措。这些政策以改革体制机制为重点,着力推进科技与产业、科技与金融的深度融合。广东省通过科技创新"12 条"和 8 个配套实施细则,区域创新体系和创新平台建设取得明显成效,孕育了比较浓厚的创新发展氛围,初步构建了有利于创新要素自由流动和高效配置的创新生态系统。一方面,以企业为主体、市场为导向、产学研相结合的区域创新体系建设得以深化发展;另一方面,创新平台建设由数量增加转向质量提升,形成了一批研发实力强、协同创新效益好、引领示范作用强的创新平台。珠三角国家科技成果转移转化示范区的成功获批,更是使技术合同成交金额突破 1 000 亿元。在全面对外开放的大背景下,广东省不断加强与德国、新加坡等国家的创新合作,集聚各类创新要素构建创新网络。珠三角国家自主创新示范区的建设,更为广东全面改革创新提供了试验田,成为带动全省创新发展的增长极。

---

① 粤省部级以上创新平台超过 300 个产学研为广东创新注入强大动力[N].南方日报,2018-11-04.

三是积极促进创新与产业的紧密结合,推动产业转型升级。2019 年,广东 21 个地市的智能家电、汽车产业、先进材料、现代轻工纺织、软件与信息服务、超高清视频显示、生物医药与健康、新一代电子信息、绿色石化、现代农业与食品等十大支柱产业集群营业收入合计达 15 万亿元,成为广东经济发展的基石。半导体与集成电路、高端装备制造、智能机器人、区块链与量子信息、前沿新材料、新能源、激光与增材制造、数字创意、安全应急与环保、精密仪器设备等十大新兴产业集群营业收入合计达 1.5 万亿元,成为广东经济发展的重要动力。截至 2019 年底,广东省战略性新兴产业有效发明专利量 16.39 万件,占全国的 15%,尤其是生物医药产业集聚态势明显,形成了"三中心多区域"格局,成为国家重要的生物产业基地。[①]

二、江苏省创新发展成效

江苏省是我国的科教大省,统计数据显示,2019 年,江苏省专利申请量、授权量分别达 59.4 万件、31.4 万件,省级以上众创空间 790 家,高新技术企业数 10 689家,国家级企业技术中心达到 117 个,国家级高新技术特色产业基地 162 个,拥有中国科学院和中国工程院院士 102 人,数量均位居全国前列。各类科学研究与技术开发机构中,政府部门所属独立研究与开发机构达 474 个。建设国家和省级重点实验室 183 个,科技服务平台 275 个,工程技术研究中心 3 679 个,企业院士工作站 349 个[②],国家级孵化器数量及在孵企业数量连续多年位居全国第一位。全年全省共有 55 个项目获国家科技奖,获奖总数位列全国第一位。江苏省推进创新发展的主要特点如下:

一是将科技工业园区作为创新的主要载体。江苏省拥有省级以上开发区 158 个,其中国家级开发区 46 个,省级开发区 112 个,近年来还建立了中意、中韩、中德、中瑞、中新等国家级中外合作科技工业园区。园区开放创新能力较

① 深圳数字经济专利量全省居首[N].深圳商报,2020-04-17.
② 2019 年江苏省国民经济和社会发展统计公报[EB/OL].江苏省统计局网站,2020-03-03.

强,推动全省创新发展取得重大进展。从江苏科技工业园区综合实力来看,截至 2019 年底,江苏省开发区主营业务收入达到 23.2 万亿元,实现地方公共预算收入 5 446.0 亿元,占全省公共预算收入的 61.9%。2018 年底,江苏省开发区从业人员达到 1 706.7 万人,占全省从业人员总数的 35.9%。在 2019 年全国国家级经济技术开发区综合排名前 30 名中,江苏省开发区数量达 8 家。其中,苏州工业园区位列第一,昆山经济技术开发区位列第五。[①]在特色产业布局方面,江苏省各级开发区都非常注重发挥自身比较优势和地域特色,注重营造优质科技创新生态,注重激发产业发展活力,注重推动科技创新成果不断涌现,注重围绕重点产业加快企业集群建设。截至 2018 年底,江苏省开发区已形成了新能源、新材料、高端装备制造、节能环保、新医药等各具特色的产业集群和特色产业基地。在园区开放创新方面,江苏省开发区充分发挥对外开放窗口的示范作用,加速与其他国家和地区之间的商品和服务贸易交流,市场配置资源效率明显提高,对外贸易规模持续扩大。2019 年,江苏省开发区进出口总额为 5 088.0 亿美元,占全省进出口总额的 80.8%;实际使用外资 237.0 亿美元,占全省实际使用外资的 90.7%。此外,江苏省围绕"一区一战略产业、一县一主导产业"的发展要求,探索开发区产学研合作新模式,布局建设 45 家产学研产业协同创新基地,以创新集聚带动产业集聚,打造产业特色鲜明、集聚效应明显、产学研合作紧密、科技服务完善、竞争优势显著的创新集群。

二是以开放促创新,加快完善有利于创新的制度体系。江苏省的开放型经济发展与我国改革开放的大形势紧密相连,开放已成为江苏的鲜明特色与突出优势。作为我国改革开放的前沿和经济发达省份,江苏以开放促改革、促创新,以国际先进标准和制度,加快构建开放创新的制度体系。

江苏省出台了《关于深化科技体制机制改革推动高质量发展若干政策》,明确强调要坚持开放合作创新,扩大科技领域对外开放。鼓励外籍科学家以合作

---

① 国研智库与江苏省商务厅研究项目组.以开放创新助推高质量发展 ——以江苏开放创新为例(上)[EB/OL].中国发展观察,2020-06-16.

研究等方式参与基础研究项目,允许符合条件的外商投资企业参与科技计划。针对精准引进高层次人才提出了"一事一议、不定框框、不设上限"等顶级支持政策,根据发展需要全力提供经费支持。为了建设更加公平的市场竞争机制,江苏省出台了一系列促进和保护外商投资的法规条例,如《江苏省外商投资企业管理办法》《江苏省外商投资企业工会条例》《江苏省保护和促进华侨投资条例》等,大力促进各类企业平等竞争,倒逼江苏企业不断加强创新力度,推动江苏企业在竞争中提升产品与服务质量①。

江苏省近年来参与国际标准化组织企业数量、参与制定国际标准数量居于全国领先水平。2017 年,江苏省共有 9 家单位承担国际标准化组织、国际电工委员会的技术委员会、分委会秘书处职能;有 4 家单位派员担任国际标准化组织、国际电工委员会的技术委员会、分委会主席,数量均仅次于北京,位居全国第二位。2019 年,江苏省牵头组织制定并已发布的国际标准数量 9 个,居全国第三位。

三是以产业发展为根本,推动创新链产业链价值链融合。推动创新链产业链价值链融合,既是经济强省江苏转型升级奔向更强的现实路径,更是全面推动经济高质量发展的题中应有之义。江苏省加快培育和发展了一批具有国际竞争力的大型企业。截至 2019 年底,全省规模以上工业企业数达 4.55 万家,占全国比重的 12.45%。其中,营业收入亿元以上企业超过 2 万家,行业细分领域"单项冠军"超过 2 000 家;全省制造业上市公司 288 家,总市值超 2.5 万亿元,数量居全国前列。根据 2019 年财富世界 500 强排行榜统计数据,江苏省拥有恒力集团、沙钢集团和苏宁易购集团 3 家世界 500 强企业,营业收入总额达到 1 059.29 亿美元。近年来,江苏省着力打造了世界智能制造大会、中国(南京)国际软件产品和信息服务交易博览会、世界物联网博览会等 7 个重点展会品牌,有力带动了全省服务贸易的发展。

---

① 国研智库与江苏省商务厅研究项目组.以开放创新助推高质量发展 ——以江苏开放创新为例(上)[EB/OL].中国发展观察,2020-06-16.

四是通过共建研发中心、中试基地、孵化器等创新载体的形式开展产学研合作。江苏省探索建立的这种合作模式有利于企业、高校院所之间互相了解，双方或者多方形成一个创新利益共同体，让高校、科研院所更接近市场，让技术创新成果适用性更强、应用性更广，有利于技术优势不断扩展成为产业转型升级优势，有利于技术更好地服务区域产业发展。产学研合作的"江苏模式"以共建新型研发机构最为典型，其模式也较为成熟、发展较快。新型研发机构凭借体制新颖、机制灵活、管理先进、运行高效、人才聚集等鲜明特点，发展成为有利于政产学研用紧密合作、有利于技术创新与科研成果产业化紧密结合、有利于科技与经济紧密结合的研发组织。截至 2018 年，江苏省建有新型研发机构 403 家，提供科技服务近 6 万项，转化科技成果近 800 项，累计孵化企业达 3 200 多家，当年实现收入 80 多亿元，成为江苏省科技创新一支重要力量。截至 2018 年，江苏省建有院士工作站、研究生工作站、博士后工作站等人才站点 5 126 个，充分发挥了院士、研究生等高校院所高层次人才在企业人才培养、技术创新中的作用。

三、浙江省创新发展成效

浙江省是我国民营经济发展最活跃、创新创业氛围最浓厚的省份。根据 2019 年浙江统计年鉴显示，2019 年，浙江省全社会研究和试验发展（R&D）经费支出占生产总值的 2.6%，比上年提高 0.1%；科学研究和技术服务业投资增长 99.1%，新动能加快成长。全年以新产业、新业态、新模式为主要特征的"三新"经济增加值占 GDP 的比重为 25.7%。在规模以上工业中，数字经济核心产业、文化、节能环保、健康产品、高端装备、时尚制造业分别增长 14.3%、4.4%、5.7%、8.3%、5.2% 和 4.2%；高技术、高新技术、装备制造、战略性新兴产业分别增长 14.3%、8.0%、7.8%、9.8%。在战略性新兴产业中，新一代信息技术、新能源、生物、新材料产业分别增长 18.4%、11.9%、11.6% 和 8.8%。全年新认定高新技术企业 4 806 家，累计有效高新技术企业 16 316 家；新培育科技型中小企业

12 779 家,累计 63 677 家;新增"浙江制造"标准 565 个;年末省内上市公司 458 家,累计融资 11 408 亿元;中小板上市公司 142 家,创业板上市公司 89 家①。浙江省科技创新最内核、最具特色、最可持续的成功之道,就是贯穿始终的"市场化精气神"。

一是加强以市场化改革为导向的制度供给,为科技创新营造良好发展环境。浙江省各级党委、政府坚定不移地把再创体制机制新优势,同实施创新驱动发展战略紧密结合,推动发展再上新台阶。浙江省在全国率先推行"最多跑一次"改革,降低制度性交易成本,以政府权力的"减法"和"除法"换取创新活力的"加法"和"乘法"。通过政府自身改革的不断深化,全力推进大众创业、万众创新,为各类市场主体营造良好环境,有力激发了全社会创业创新活力。浙江省注重市场配置资源和政府积极有为有机结合,加快完善有利于转型升级的体制机制,不断加强激励科技创新的制度供给,始终以瞄准激发市场活力为靶向创新制度体系,不断强化创新作为浙江发展的主引擎作用。浙江省坚持培育壮大技术市场化交易体系。科学技术的发展离不开广泛的合作与交流,离不开活跃的市场化交易。推进科技大市场建设,就是浙江深谋远虑,为实施创新驱动发展战略打造市场化"放水养鱼"的蓄水池。浙江省注重多方齐动、多管齐下地构建全社会创新生态,创造性推行"创新服务券"等方式购买公共服务,大力实施公众创业创新服务行动,积极推动科研仪器设备向社会全面开放共享,努力打造"产学研用金、才政介美云"十联动的创业创新生态系统②。

二是构建起切实发挥市场决定性作用的科技创新支撑体系。浙江省积极探索推进科技资源"竞争制、因素法、基金化、购买式"改革,着力解决科技资源"碎片化"和创新活动"孤岛化"问题,实现科技数据"一网打尽"、创新服务"一步到位"和科技项目经费的"全过程、痕迹化、可追溯"管理。浙江省全面推广要素差别化定价、企业分类指导、企业投资高效审批等制度,强化产业政策对创新

---

① 2019 年浙江省国民经济和社会发展统计公报[EB/OL].浙江省统计局网站,2020-03-05.
② 于新东. 浙江科技创新的市场化基因[N]. 浙江日报,2018-04-25(5).

的引导,增强市场主体的创新动力。近年来,浙江省围绕提升数字产业规模和能级,实施云计算、大数据、人工智能、智能硬件等行动计划,加快推进杭州、宁波等6个省级集成电路产业基地建设,杭州成为全国第4个集成电路设计业规模超百亿元城市。浙江省实施软件能力提升行动,推进杭州国际软件名城、宁波特色软件名城等建设,软件产业呈现良好发展态势,软件业务收入年均增长20.8%,2018年实现软件业务收入5 200亿元。浙江省实施人工智能"铸脑"行动计划,推进阿里巴巴"城市大脑"国家新一代人工智能开放创新平台建设,加快打造"核心技术智能软硬件及智能终端—行业应用"的人工智能产业体系,全省人工智能企业数量位居全国第四位,专利申请量位居全国第五位。浙江省加快培育5G产业,开展"5G+"行动,建成5G基站超过3 000个,5G联合创新中心、5G创新园、杭汽轮5G智能制造联合创新实验室等先后落地应用。浙江省还全力推进之江实验室、阿里达摩院等一批高能级基础研究平台建设,支持之江实验室围绕智能感知、智能计算、智能网络、智能系统四大方向开展基础前沿研究;支持达摩院量子实验室建设,形成了蚂蚁共享智能平台、区块链平台BAAS等一批自主研发的创新成果[1]。

三是进一步营造全社会参与科技创新的市场化氛围。一个良好的科技创新氛围的形成,首先有赖于良好的知识产权保护。为此,浙江省深入实施知识产权战略,在全国率先开展电子商务领域专利保护行动,设立"中国(浙江)知识产权维权援助中心"。持续深化服务企业活动。一直以来,浙江各级科技部门不仅放下身段,而且扑下身子,热情愉悦地当好广大企业的"店小二"。着力培育创新创业文化。浙江因势利导厚植创新创业文化,高校系、阿里系、海归系、浙商系等"新四军"创新创业文化蓬勃兴旺。围绕加快建设创新强省使命,实现市场化创新生态持续优化[2]。在工业化进程中,浙江省"无中生有"形成了一个个产业集群,这样的"零资源"产业不断延伸产业链,形成了多个百亿级产业。

---

[1]　周静,郑闽红,吴玮晨.数字经济:浙江经济高质量发展新引擎[N].浙江日报,2019-09-06(10).
[2]　于新东.浙江科技创新的市场化基因[N].浙江日报,2018-04-25(5).

浙江省全面贯彻落实高质量发展理念,科技创新由少到多、由引进到消化、由吸收到创新、由模仿到创造,自主创新走到了全国前列。"市场引领、政府推动、企业主体、产学研结合",推动浙江省由制造大省向创新强省转变。

第二节　创新型城市建设取得重要进展

一、北京市创新发展成效

北京市是我国首都和重要的科技创新中心,高校、研究机构数量众多,科研基础设施完善,拥有国内独一无二的科教资源优势。近年来,北京市创新投入稳步提升,2019 年北京全社会科学研究与实验发展 R&D 投入总额超过 2 000 亿元,比 2015 年增长 55%。创新人才集聚效应增加,在京两院(中国科学院和中国工程院)院士共有 785 人,约占全国两院院士总数的 50%。科技成果产出快速增长。全市 2019 年技术成交合同额为 5 695.3 亿元,比 2015 年增长了 65%。2019 年,北京市每万人发明专利拥有量为 132 件,位居全国第一,高于全国平均水平 10 倍左右。全年中关村国家自主创新示范区高新技术企业实现总收入 6.5 万亿元,增长 10.5%;2019 年 1 至 8 月,中关村企业申请 PCT 专利2 790 件,占北京市申请总量的 75.1%;中关村企业拥有有效发明专利为 11 346 件,远高于全国平均水平。

2016 年 9 月 18 日,国务院印发《北京加强全国科技创新中心建设总体方案》。"十三五"以来,北京以创新为驱动力,聚焦搭建创新平台,完善激励机制,推进成果转化,大力发展新技术、新产业和新业态,成为全球创新资源集聚程度最高的城市之一,创新驱动特征更加明显。北京市重点聚焦搭建重大创新平台。依托首都创新资源密集优势,加强央地合作、校企合作、内外合作,充分发挥中关村科技创新和产业化促进中心的作用,以项目为载体,以技术研发为核心,以产业化为目标,整合各方面创新资源。

专栏 2-1: 中关村创新发展成效

(1) 以科技体制创新带动科技创新发展

作为中国科技体制改革试验田,中关村先后设立了境外并购外汇管理与投贷联动等改革试点,把在股权激励和人才引进等方面的成功经验一步步推向全国,我国激励科技人才与推进科技成果转化等政策体系得以逐步形成。20 世纪 90 年代,中关村在推进制度创新的同时,不断深化企业制度与产权制度改革。进入 21 世纪以后,中关村肩负起建设全国首个国家自主创新示范区的光荣使命,"试验区"升格为"示范区",中关村"先行先试",踏入了新的发展阶段。开创性地实施了"1 +6""新四条"和"新新四条""开通永久居留证直通车"等多项新政策并得以推广,有力地推动了全国高新区创新驱动的发展。

党的十八大以来,中央在科技体制改革以及创新驱动发展方面做了全面部署,陆续出台一系列重大的改革举措,如股权奖励个人所得税改革、企业境外并购外汇管理改革、工商登记管理改革、行政审批制度改革、药品和医疗器械审评审批制度改革以及外籍人才出入境管理改革等,这些改革举措进一步扫清了创新创业的政策障碍,为推动我国新一轮制度改革与政策创新做出了有益的探索。

(2) 凭借自主创新构建科技创新体系

改革开放 40 多年以来,中关村不断追逐和把握国际科技浪潮,创造了自主知识产权的重大技术创新成果,走出了一条创新引领发展的道路。中关村不断强化原始创新,以服务国家战略为导向,在科学前沿领域勇闯无人区,引领性的原创型成果不断实现突破,逐步从国际新兴产业前沿"跟跑者",转变成不同领域的"并跑者"以及局部领域的"领跑者"。

自主创新能力大幅提升。与 2001 年相比,中关村 2017 年的专利申请量与专利授权量分别增长达 60 倍左右。在中关村不断增长的创新成果中,人工智能、计算机、集成电路、生物医药等影响产业未来的颠覆性技术逐步脱颖而出,一些领域与发达国家之间的差距正在快速缩小。

核心技术和产品不断突破。过去中关村获奖项目主要是以电子信息为主导的技术点状突破,现在中关村获奖项目在全国的占比不断提高,覆盖领域范围也不断扩大。2015—2017 年,中关村获国家科学技术进步奖达 123 项。其中,第四代移动通信系统(TD-LTE)、京沪高速铁路工程等关键技术与应用项目,在满足国家重大战略需求方面做出了重要贡献。

在原始创新上,中关村结合国家重大战略需求,在国防建设和重大工程建设中起到了科技支撑作用。中关村的企业和科研机构参与了神舟飞船、嫦娥登月计划、青藏铁路工程和奥运火炬登顶珠峰等许多国家重大工程建设与技术攻关,为项目实施提供了强有力的支撑。"非典"灭活疫苗、神舟五号和六号载人飞船项目等,也凝聚着中关村企业的智慧与担当。

(3)以国家战略为中心布局产业集群

中关村是我国第一个国家级高新区,始终身处世界高技术产业潮头,引领着我国高新技术产业发展的方向。20 世纪 80 年代,中关村积极参与电子计算机革新浪潮,催生了方正、联想等世界知名的电子领军企业。20 世纪 90 年代,紧跟世界互联网科技革命步伐,新浪、网易、搜狐和百度等一大批互联网企业应运而生。21 世纪初,中关村把握移动互联网发展趋势,培育出京东、小米等一批全国知名的企业,在全国高新技术产业开发区的领头羊地位持续巩固。

2019 年中关村国家自主创新示范区企业总收入达到 6.5 万亿元左右,同比增长 10%以上;中关村拥有高新企业 1.1 万多家,"高精尖"产业以高科技产业和现代服务业为代表,保持着很好的发展势头。在推进前沿重点产业发展上,中关村出台并实施了"创业中国"中关村引领工程以及国家高新区互联网跨界融合创新工程,推动前沿技术创新、商业模式创新以及金融创新的深度融合,涌现出美团点评、ofo、摩拜单车等一批新兴产业的领军企业。

"641"战略性新兴产业集群已经在中关村形成。2012年,中关村推动并实施了《战略性新兴产业集群创新引领工程》。如今,"641"战略性新兴产业发展布局已初步完成,生物、轨道交通、移动互联网、下一代互联网、节能环保和卫星及应用六大优势产业引领发展,高端装备制造、新材料、新能源和新能源汽车等拥有巨大潜力的产业力争获得跨越式发展,实现现代服务业向高端发展①。

二、上海市创新发展成效

习近平总书记指出,上海"要加快向具有全球影响力的科技创新中心进军"②。2016年2月,国务院印发《上海系统推进全面创新改革实验加快建设具有全球影响力的科技创新中心方案》。上海市在系统推进全面创新改革实验中,围绕率先实现创新驱动发展转型,以推动科技创新为中心,以破除体制机制障碍为主攻方向,加快向具有全球影响力的科技创新中心进军,取得了良好成效。2019年,全市研发投入达1 500亿元,比2015年增长38.3%,研发投入强度达4%。战略性新兴产业增加值6 133.22亿元,比上年增长8.5%。2019年专利申请量17.36万件,发明专利7.14万件,比2015年增长33.6%③。上海已累计引进跨国公司地区总部720家,研发中心461家。启动国际人类表型组(一

① 董丽丽.北京科技创新中心建设研究[J].创新创业,2020(11):166-167.
② 习近平.坚定改革开放再出发信心和决心　加快提升城市能级和核心竞争力[N].人民日报,2018-11-08.
③ 数据来源:上海市科学学研究所、上海科创新中心指数研究编制组.2019上海科技创新中心指数报告[R/OL].澎湃新闻,2020-01-21.

期)、硅光子、量子信息技术等9个市级科技重大专项。"科创板"于2019年6月13日正式开板。科技创新已深度融入经济发展全领域,推动质量变革、效率变革和动力变革,作为长三角科技创新的龙头作用不断显现。

中央智力区(CID)是城市创新发展的核心引擎,出现在大城市高等院校、研发机构、创新企业密集、配套服务丰富的中心区域,是以知识创造和研发转化为核心活动的城市功能区,与城市的中央商务区一起,成为城市经济活力的核心。上海市依托杨浦、徐汇、闵行等高校集聚区,以杨浦国家创新型试点城区、徐汇枫林生命科学园、漕河泾高科技园区等中心城重点创新城区为引擎,为全面创新集聚"源动力",打造开放、跨界、复合的创新产业模式,构建全面的创新创业生态系统,营造激发创新的浓厚氛围,完善引导创新的激励制度,向中央智力区升级,带动全市创新功能发展。

上海市结合中心城区城市更新和工业用地转型的政策,加强对创新的支持,发展量多面广、规模适宜的嵌入式创新空间,为小微科创企业提供多样化、多层次的成长空间。加强不同类型创新空间的分类分级的规划引导,推进中央智力区内不同空间的特色化发展。提升上海市优势科学城、科技园等创新区的创新载体能级,以张江为引领,打造一批高能级的科技创新载体,集聚国家重大科技基础设施、高水平综合型大学、科研机构和跨国企业研发中心,形成中国乃至全球新知识、新技术的创造之地、新产业的培育之地。进一步完善居住、交通、公共服务、公共空间等城市功能,将创新功能、产业功能及生活休闲功能融为一体,实现从产业园区到城市社区的功能转型,推进创新区"产城融合"的城市化发展。

上海市充分发挥大学城等创新机构在城市发展中的关键性作用,增强松江大学城、奉贤大学城等与园区、社区的互动,明确以创新为主导,打造未来经济增长新动力。依托嘉定、临港、金山等远郊重点产业园区,提高交通便利程度,完善生活配套,创造宜居宜业环境,提高对人才吸引力,以智慧新城作为上海市创新驱动、转型发展的战略空间,统筹城乡发展,发挥上海创新在长三角的辐射、引领、示范、服务功能,拓展区域创新合作新局面。

专栏 2-2：张江科学城

2016 年 2 月,国家发展改革委、科技部批复上海以张江地区为核心承载区建设综合性国家科学中心。2017 年 8 月,上海市批复《张江科学城建设规划》,其中明确:张江科学城规划总面积约 94 平方千米,将以张江高科技园区为基础进行整合,转型成为中国乃至全球新知识、新技术的创造之地和新产业的培育之地,现代新型宜居城区和市级公共中心,世界一流科学城。张江科学城的规划特点有:

强调开发、集聚,培育顶尖的科创能力。科学城规划集中布局和全力保障国家大科学设施的落地实施,形成北、中、南国家级科创设施、顶尖科研院所、实验室集群。通过产业用地转型等方式增加教育科研用地,预留未来科创发展空间,并设置多点分散、嵌入式众创空间,为提升科学中心的集中度和显示度做好空间预留。

突出融合、多元,创造宜居的生活环境。规划提出内外联动解决居住问题。通过内部增加住宅供给及依托临近居住社区,满足不少于 70% 就业人口的居住需求。新增住宅全部用作租赁住宅,提供多样化住宅供给,以重点满足张江未来科学家和科创人才需求。

打造交流、交往空间,营造持续的城市活力。为满足科学家思想交流与服务共享的需求,营造良好的创新氛围,规划打造不同能级的交流交往空间,包括国际、国家级学术探讨、产品宣传场馆;研究机构、企业间的文化沟通及科研合作场地;学习、培训、技术支持等线上线下互助服务;以及城市中无处不在的社交平台与场所。

上海市着力强化考核导向,深化研发投入视同考核利润政策,将研发投入、品牌创新、专利授权和运用、科技成果转化、科教兴市重大产业科技攻关、人才

队伍建设等,作为国有企业领导人员业绩考核的重要内容。加大技术创新指标在企业集团董事会任期考核评价中的权重,对技术创新有突出贡献的企业负责人和重要技术骨干,可延长任期;加大创新激励力度,鼓励企业采取股权出售、分红激励以及科技成果入股、创新项目收益提成等多种形式的中长期激励。

三、深圳市创新发展成效

深圳市是我国经济发展和改革开放的排头兵。从创新发展和转型升级的历程来看,深圳自成立特区以来,经历了两次较大力度的转型。第一次是从"三来一补"的加工贸易模式,逐渐向重点培育和发展以电子信息等产业为代表的高新技术产业转型。第二次转型是从较为单一的产业发展模式向多元化的产业体系转型,逐步建立以高新技术产业、金融业、物流业、文化产业等多个产业共同发展的现代产业体系。2019 年,深圳地区生产总值 26 927.09 亿元,比上年增长 6.7%。四大支柱产业中,金融业增加值 3 667.63 亿元,比上年增长 9.1%;物流业增加值 2 739.82 亿元,增长 7.5%;文化及相关产业(规模以上)增加值 1 849.05亿元,增长 18.5%;高新技术产业增加值 9 230.85 亿元,增长 11.3%。全年战略性新兴产业增加值合计 10 155.51 亿元,比上年增长 8.8%,占地区生产总值比重 37.7%。其中,新一代信息技术产业增加值 5 086.15 亿元,增长 6.6%。[①]经过 36 年的发展,深圳以全国 0.02% 的土地面积、0.8% 的人口,创造了全国 2.6% 的 GDP、4% 的国内发明专利申请量、近一半的 PCT 国际专利申请量,集中了全国 1/3 的创业投资机构和 1/10 的创投资本。全社会研发投入占 GDP 4.05%,战略性新兴产业增加值占 GDP 比重达到 40%,先进制造业增加值占规模以上工业增加值 76.1%,技术自给率超过 85%,每千人拥有商事主体 200 户,年度新增商事主体总量、创业密度等指标均居国内前列。深圳独有一种相对优越的生态环境,能够持续汇聚人才、知识、资本等各类创新资源,其独特之处主

---

① 中商产业研究院.深圳特区 40 周年之制造业回顾及前景展望:实现跨越式发展[EB/OL].中商情报网,2020-08-24.

要体现在以下三个方面。

一是大型企业的示范性以及以市场为导向的产学研结合的创新体系。深圳市年收入千亿以上的大型企业 8 家,年收入 50 亿元以上的企业 65 家,科技型企业超过 3 万家。这些龙头企业、创新型企业的引领示范效应持续发挥作用,上下游配套供应商、各类服务提供商蜂拥而至,布局在市域范围以及周边东莞、惠州等地区,形成了吸盘似的积聚效应。截至目前,已有接近 300 家世界 500 强企业落户深圳,微软、甲骨文等近 30 家跨国公司在深设立研发中心,累计吸引 34 个国家和地区的 56 家经济科技机构入驻。

二是资本和创新融资的易获性。深圳市是国内公认的金融生态环境最好的城市之一。全市有分行级以上持牌金融机构 378 家,深圳证券交易所、招商银行、平安保险、中信证券等金融领军企业林立,工商系统登记在册的各类私募基金管理公司 3 千余家,管理基金 6 千余支,管理规模近万亿元,占广东省 80% 以上。2015 年,全市金融业增加值占 GDP 比重达到 14.5%。过去 10 年间年均增速 20% 以上,年新增金融机构数量超过 20 家。上市公司数量达到 202 家,总市值达到 4.6 万亿元,其中,主板上市公司 74 家,中小板上市公司 82 家,创业板上市公司 46 家,"新三板"挂牌公司 291 家。发达的金融服务机构、多层次的资本市场、大批类型多样的创投机构,有力支撑中小微企业、新兴产业发展,助力深圳吸引更多创新创业资源。

三是政府的角色定位和支持政策。深圳市政府历来秉承"大市场小政府"的理念,坚信"有形之手"的功能主要体现在弥补市场失灵方面。首先,引导发展方向。2008 年国际金融危机以来,深圳以"战略性新兴产业＋现代服务业＋传统产业改造升级"的产业结构布局,顺利渡过危机。其次,持续优化配套服务。加快推进商事制度改革,商事主体数量 2 年内迅速翻番突破 200 万户,增量超过前 30 年总量。着力推进深圳湾创新创业空间、科技创新资源共享平台、各类孵化载体等创新创业平台建设,进一步加强了"企业家＋风险投资家＋创业者"之间的联系。再次,不断完善政策法制体系。出台了《深圳经济特区加强知识产权保护工作若干规定》等系列专项法规,加大知识产权保护力度。最后,大力夯实产业发展和创新创业的基石。政府牵头设立总规模 1 000 亿元的投资引导基金,组建专业公司管理。实施重点引进海外高层次人才和团队的"孔雀计划",专项资金从 5 亿元翻番到 10 亿元,最高单项奖励 8 000 万元。

第三节　创新改革试验示范取得积极成效

一、全面创新改革试验

2015 年 8 月 28 日,党中央、国务院印发《关于在部分区域系统推进全面创新改革试验的总体方案》,确定在京津冀等 8 个区域开展全面创新改革试验,深入推进支持创新相关改革举措先行先试。要求紧紧围绕国家区域发展战略的总体部署,选择若干创新成果多、体制基础好、转型走在前、短期能突破的区域,开展系统性、整体性、协同性的全面创新改革试验。改革试验主要以试验任务为依托,采取自上而下部署任务和自下而上提出需求相结合的方式,体现差异化。承担改革试验的区域需具备相应的基本条件:①创新资源和创新活动高度集聚、科技实力强、承担项目多,研发人员、发明专利、科技论文数量居前列;②经济发展步入创新驱动转型窗口期,劳动生产率、知识产权密集型产业比重、研发投入强度居前列;③已设有或纳入国家统筹的国家自主创新示范区、国家综合配套改革试验区、自由贸易试验区等各类国家级改革创新试验区;④体制机制改革走在前列,经验丰富,示范带动能力强;⑤对稳增长、调结构能发挥支柱作用;⑥重视保护知识产权工作,打击侵权假冒工作机制完善,机构健全等。

选择试验区域时应与现有国家自主创新示范区、国家综合配套改革试验区、自由贸易试验区、创新型试点省份、国家级新区、跨省区城市群、创新型试点城市、高新技术产业开发区、经济技术开发区、承接产业转移示范区、专利导航产业发展试验区、境外经贸合作区、高技术产业基地等相关工作做好衔接。充分发挥各相关部门的职能作用和优势,在全面创新改革试验总体部署下,由相关部门按照改革要求,继续牵头推进现有相关工作,并结合地方需求开展专项改革试验。结合东部、中部、西部和东北等区域发展重点,围绕推动京津冀协同发展、加快长三角核心区域率先创新转型、深化粤港澳创新合作、促进产业承东启西转移和调整、推进新型工业化进程,选择 1 个跨省级行政区域(京津冀)、4个省级行政区域(上海、广东、安徽、四川)和 3 个省级行政区域的核心区(武汉、西安、沈阳)进行系统部署,重点促进经济社会和科技等领域改革的相互衔接和协调,探索系统改革的有效机制、模式和经验。其中河北依托石家庄、保定、廊坊,广东依托珠江三角洲地区,安徽依托合(肥)芜(湖)蚌(埠)地区,四川依托成(都)德(阳)绵(阳)地区,开展先行先试。在相关地方提出改革试验方案的基础上,按照方案成熟程度,逐个报国务院审批后启动实施。其中 2015 年,京津冀、上海、广东、安徽、四川、武汉、西安、沈阳研究制定改革试验方案,协调落实有关改革举措,明确阶段任务和目标,条件成熟后逐项报国务院批准实施。2016 年,全面推进落实试验区域的改革部署,开展阶段性总结评估,将成熟的改革举措及时向全国推广。2017 年后,滚动部署年度改革试验任务,组织开展对试验区域的中期评估,适时推广重大改革举措。试验区域的改革试验方案原则上规划 3 年,每项改革试验任务在 1 年内形成可推广、可复制经验。

三年多来,党中央、国务院授权的 169 项改革举措已全部启动。公安部、财政部、人社部、商务部、人民银行、税务总局、食品药品监管总局、银监会、外专局等部门,围绕科技人员激励、科技金融创新、市场准入、人才引进等方面,出台了一系列指导性文件。各试验区域大胆闯、大胆试、自主改,在短短一年多时间里,已经在某些改革任务推进上取得了重要突破。

一是知识产权保护制度有了新突破,维权难的不利局面开始改观。北京继续加大司法保护力度,知识产权法院侵权案件平均判赔额由 2015 年的 45 万元提高到 2016 年的 138 万元。广东强化保护企业原创设计的时效性,建成了 7 家知识产权快速维权中心,外观专利授权周期由 6 个月缩短至 7~10 天。四川注重提高行政保护效率,推动成都中院建立知识产权民事、刑事、行政案件"三审合一"快审机制,案件平均审结时间缩短 40 天,二审案件改判和发回重审率由 12% 下降为 8%。

二是激励成果转化有了新办法,不愿转化、不能转化的问题开始破解。西安支持西北有色金属研究院开展无形资产入股和量化激励改革,孵化创办企业20 多家。安徽省合芜蚌三市的 148 家企业,对 2 500 多名员工实行股权和分红权激励,涉及资金超过 6 亿元,有效调动了科技人员的积极性。沈阳推进东北大学试点改革无形资产收益分配制度,给予科研人员现金、股份等报酬。

三是金融服务科技创新有了新方式,解决融资难的问题更有针对性。上海在股权交易中心试点开盘"科技创新板",吸引社会资本投资科技创新。北京探索出了无形资产融资新模式,近 70 家企业以版权、专利权作为租赁物,获得融资超过 13 亿元。武汉开展投贷联动试点,组织企业与金融机构对接。

总体来看,改革试验呈现出全面播种、次第开花的良好局面,一些改革实践已经上升为制度和政策成果,一些改革中涌现出的好经验、好做法具备了可复制可推广的条件。

二、产业转型升级示范区建设

立足为全国老工业基地振兴和资源型城市转型做示范,2017 年以来,国家发展改革委、科技部、工业和信息化部、自然资源部、国家开发银行(以下简称"五部门")支持建设了 20 个产业转型升级示范区,并联合印发了 15 份文件,初步建立了有规划方案、有支持政策、有专项资金、有评估指导、有督查激励的闭环政策体系,初步形成了每年"五个一"的年度工作机制。

一是不断细化支持示范区建设的政策措施,增强五部门联合支持示范区的政策合力。2016 年以来,五部门联合印发了支持示范区建设的实施意见、示范区设立管理办法、年度评估管理办法、表扬激励实施办法、专项资金管理办法等一系列文件,2019 年又印发了《关于进一步推进产业转型升级示范区建设的通知》,在首批建设 12 个示范区基础上,支持创建北京京西、江苏徐州等 8 个示范区,并在产业、创新、投资、金融、土地等多方面落实政策支持,不断增强联合支持示范区的政策合力。三年来,推荐国务院通报表彰城市 37 个,下达中央预算内投资 46 亿元,组织召开 3 届全国现场经验交流活动。科技部支持建设了 10 个国家创新型产业集群,工业和信息化部支持建设了 18 个新型工业化产业示范基地,自然资源部支持 6 个省(区、市)开展了城镇低效用地再开发试点,国家开发银行与 6 个城市签署了战略合作协议。

二是每年报请国务院表彰激励,激励示范区真抓实干、主动作为。自 2017 年开始每年报请国务院对真抓实干、成效明显的示范区予以表扬激励,按照《对老工业基地调整改造真抓实干成效明显地方加大激励支持力度的实施办法》,通过省级推荐、第三方评估、部门确认、公示上报的程序,每年向国办推荐 10 个表扬激励城市,并会同有关部门出台落实激励政策。对 2018 年、2019 年受表彰的沈阳、长治、黄石、湘潭、自贡等示范区,在示范区年度评估和预算内投资分配中给予加分鼓励;对北京石景山、大庆、徐州、洛阳等受表彰未获批示范区的城市,支持创建第二批示范区;对受表彰的江西南昌青云谱区等非示范区城市,支持纳入 2020 年中央预算内资金支持范围。在 2020 年中央预算内投资安排中,2019 年获得国务院表彰激励的 10 个城市共计获得近 6 亿元,占专项总规模的 43%。同时,报请国务院对长治、长春、黄石、株洲、湘潭、石嘴山等首批示范区多项典型经验进行了通报表扬。

三是每年开展示范区建设年度评估,表扬一批示范园区和项目。联合五部门委托中咨公司开展了 2017 年、2018 年、2019 年示范区建设年度评估工作。对标高质量发展综合绩效评价指标体系,进一步完善评估指标体系,形成评估意见并印发年度进展评估情况的通报。同时,创新性地将评估中发现的示范区年度工作亮点、经验做法和不足反馈各示范区。2020 年,在印发《关于印发产业转型升级示范区建设 2019 年度评估结果的通知》时,在表扬产业转型升级示范区的基础上,对在产业转型升级相关领域真抓实干取得明显成效和典型经验的示范园区和示范项目给予通报表扬。

四是每年安排中央预算内投资专项资金,积极协调拓宽支持示范区建设的资金渠道。2017—2020 年,中央预算内资金逐年大幅增加了支持示范区的资金额度,同时,创新性地组织示范区与国家开发银行签订开发性金融合作备忘录,协调将示范区建设纳入国际金融组织贷款、地方政府专项债券重点支持范围。一方面,2020 年切块安排 16 亿元支持示范区建设,并将年度评估、国务院表彰等与资金切块相结合,支持一批产业转型升级关键环节重大项目,共涉及 115 个项目,带动 110 亿元左右总投资。另一方面,积极拓宽支持示范区建设的资金渠道,由国开行指导相关省分行打捆签订开发性金融合作备忘录,并探索中央预算内资金与国开行贷款联动支持机制。

五是每年组织出国培训,学习借鉴产业转型升级的成功经验。2015 年起,连续 5 年先后组织赴法国、日本、英国、德国等国家开展示范区建设专题培训,先后有超过 20 个省(区、市)近 100 名负责同志参加培训,有效加强了对外交流。同时,结合培训梳理总结了世界各国产业转型升级的成功经验,形成了培训报告和典型案例库。在学习借鉴国外先进经验的同时,积极加强对中国特色经验的总结和宣传推广。

六是每年举办全国现场经验交流活动,总结推广示范区典型经验做法。2018 年 1 月、2019 年 1 月先后在四川自贡、湖北黄石召开了两届全国现场经验交流活动,每届邀请 7 个转型效果较好、具有一定代表性的城市作经验交流,邀请有关专家做政策解读培训,邀请中央和地方媒体做集体宣传报道。2020 年 1 月,在淄博召开了第三届现场会。活动期间,举行了产业转型升级示范区与国家开发银行开发性金融合作协议(备忘录)签约仪式,国家开发银行有关分行与徐州市、淄博市、黄石市、自贡市人民政府签署了支持示范区建设合作协议(备忘录)。

2019 年,全国 20 个产业转型升级示范区建设取得了积极进展。从统计数据上看,首批示范区 R&D 投入占地区生产总值比重、省级以上科研平台数量、高新技术企业数量、高新技术产业增加值比重同比增长 27.2%、14.4%、49%、13.7%,规模以上工业增加值增长率、示范园区税收收入同比增长 8.5%、24.3%。从经验做法上看,示范区在营商环境建设、传统产业转型、培育新兴产业、绿色可持续发展、协同促进发展等多个方面探索出了一批经验,部分经验做法具有较强的借鉴意义。

在营商环境建设方面,黄石市深化要素改革,通过实施"标准地"改革、中小微企业"千企千亿"融资三年行动、用工联盟和用工补贴等措施,推动要素资源向主导产业、重点企业集中。大连市推进"一网、一门、一次"改革,市本级政务服务网办率达到 96.54%,企业开办时间压缩至 3 个工作日以内,企业登记时间精确压缩至 12 个小时以内,获评中国国际化营商环境建设标杆城市。

在传统产业转型方面,长治市推动煤炭资源利用向"清洁化、高端化、精细化、差异化"发展。在压减煤矿产能 570 万吨、退出钢铁产能 190 万吨的同时,推进煤炭下游产业链不断完善,潞宝集团万吨高端特色原料药、6 万吨锦纶短纤维等项目竣工投产,开创了以煤基化工原料生产高品质合成纤维的先河。洛阳市依托装备制造业基础,布局建设高端装备、新能源汽车、智能制造、大数据、轨道交通、航空航天"六大产业园",2019 年推动全市 80% 的企业完成"三大改造"项目 1 475 个,获评国家级智能制造试点 24 个,国家级绿色工厂(园区)10 个。

在培育新兴产业方面,萍乡市因抓住沿海地区先进制造业梯度转移机遇,精准开展产业链招商,聚焦培育电子信息、装备制造、节能环保等特色产业集群。重庆市以大数据智能化为引领,重点发展智能终端、集成电路、数字创意等 14 个战略性新兴产业,近三年战略性新兴产业增加值平均增速超过 17%。永川区重点引进高端数控机床企业,形成从铸件到光机再到数控系统的上中下游全产业链体系。合川区全力打造信息安全产业城,实现信息安全产业 500 亿产能。

在绿色可持续发展方面,黄石市编制长江经济带生态文明绿色发展总体规划,关停非法码头、露天采石场、模具钢企业各 100 多家。徐州市采用农田整理、沉陷区复垦、湿地景观开发等方式开展采煤沉陷区综合治理,对近 5 万亩采煤沉陷区实施生态修复,对宕口、矿坑、裸岩和断崖,因地制宜采用绿化造林、岩壁造景、遗存保护等手法,使 90%的采石宕口成为各具特色的公园,联合国人居署连续两年在全球推广徐州市绿色转型的成功经验。

在协同促进转型方面,湖南省发改委统筹协调省直部门落实示范区建设政策措施,推动株洲、湘潭、娄底三市在科技成果转化、新兴产业链建设、项目用地保障、企业融资贷款等方面形成了省市联动、部门协同的合力。同时,加强市际产业分工协作,探索在智能装备制造、新材料、新一代技术、生物医药等产业链的上下游分工协作和协同发展。

专栏 2-3:首批示范区探索经验、做法

辽宁中部产业转型升级示范区	沈阳市积极推进工程建设项目审批制度改革试点,全面实行企业投资项目"告知承诺制",建设项目审批效率提升 50%,支持中德(沈阳)高端装备制造产业园实行项目承诺制审批和企业入园"零收费"制度。鞍山市积极推进与鞍钢集团的"双鞍"融合,推进混合所有制改革和完善央地合作配套支持体系。沈抚改革创新示范区实行投资建设项目"六个一"审批服务模式
吉林中部产业转型升级示范区	吉林省出台支持示范区建设的专门政策文件,长春市全面开展"一网、一门、一次"政务服务综合改革,通过推进一门办事、一窗受理、一套标准、一网通办、一章审批、一次跑动,初步实现了企业和群众办事"一网通办""只进一扇门""最多跑一次"目标
内蒙古西部产业转型升级示范区	内蒙古积极推进示范区协同发展,成立 14 个行业协同发展专项工作组和城市间市长联席会议制度。出台实施示范区协同发展章程和若干举措,成立协同发展服务中心。鄂尔多斯市围绕创建清洁能源经济城市,推动能源产业规模化、清洁化、高端化、多元化发展。包头市依托稀土产业、现代装备制造业,开展新兴产业链培育,建成大型科学仪器协作共享平台

续表

河北唐山产业转型升级示范区	唐山市明确40条支持政策,着力构建"4+5+4"现代产业体系。推进港产城一体化发展,打造京津冀区域性中心城市,围绕打造京津冀"微中心",有效承接非首都功能疏解,高标准规划京唐智慧新城。加快打造世界一流综合贸易大港,唐山港货物吞吐量居全国沿海规模以上港口前列
山西长治产业转型升级示范区	山西省建立长治示范区建设市厅联席会议制度,长治市以煤焦化、煤电化、煤气化、煤液化为重点,不断拓宽煤炭精深加工产品,延伸煤炭产业链条,促进煤炭清洁高效利用产业集群逐步壮大。推进创新创业与实体经济发展深度融合,形成了"创意+工厂""楼宇+双创""老工业+双创""电商+双创"等模式。积极与中科院等科研院所开展产学研合作,引进核心技术,培育发展半导体光电等新兴产业集群
山东淄博产业转型升级示范区	淄博市坚持把推动传统产业技术改造作为催生新动能的重要环节,连续三年实施新一轮大规模全产业链高水平技术改造,淘汰落后产能和低效益产业,用新技术嫁接老企业,用新企业置换老企业,延长传统产业链。实施央企省企与地方融合发展、十万企业家三年培训工程、工业投资项目"1+N"审批制度改革等措施,初步探索了集去产能、产品换代、品牌升级、生态环保于一体的工业"精准调转"模式
安徽铜陵产业转型升级示范区	铜陵市坚持创新引领发展,出台"科技创新36条",实施高层次人才集聚工程,2018年研发投入占全市生产总值的比重达到2.48%。深化开发园区改革,推进社会事务移交属地政府、公共服务下沉园区、人事考评绩效管理等体制改革。深化"互联网+政府服务",创新"11240"智慧政务模式,实现一窗受理、信息共享、集成服务、一次办结
湖北黄石产业转型升级示范区	湖北省加大对黄石示范区政策支持力度,黄石市大力推进动能、产业、功能、生态、空间"五大转型",努力在鄂东产业转型升级中发挥引领和带动作用,制定了"调结构、换动能、转方式、促协调、固底板"的系统性工作思路,在工程建设项目审批制度改革实现了报建流程"先建后验"、评审事项"多评合一"、区域评审"统一评价"

续表

湖南中部产业转型升级示范区	湖南省建立示范区省级协调机制,出台省级专门政策文件,株洲市全面实施节约集约用地,控制总量、控好增量、用好存量,对闲置土地、低效工业用地分类认定并处置,将土地节约集约利用水平、园区节约集约评价与新增建设用地指标挂钩。湘潭市实施制造强市、智能化改造,创新建立产业链长、企业盟长、银行行长"三长"联动机制。娄底市扎实开展"产业项目建设年"活动,推动传统产业智能化、数字化、网络化、绿色化改造
重庆环都市区产业转型升级示范区	重庆深入实施以大数据智能化为引领的创新驱动发展战略引领产业转型升级。涪陵推进产学研一体化,建成国家级页岩气示范区;永川发挥职业教育优势,建成校企共建实训基地32个,每年输送"永川工匠"3万余人,形成独具特色的产教融合发展模式;沙坪坝、江津、荣昌、铜梁推进优势产业链和集群发展,强化园区产业集聚;长寿在全国率先建立水污染五级防控体系;合川全力守护长江中上游的重点水源涵养区环境,努力在推进长江经济带绿色发展中发挥示范作用
四川自贡产业转型升级示范区	四川省相关部门出台了支持自贡示范区建设的省级专门政策文件,自贡市形成了多层次全覆盖工作体系,市委全会决议将示范区建设作为全市转型发展统领,市委市政府主要领导定期研究示范区建设工作,市级层面成立由党政主要领导担任组长的示范区建设领导小组,并设立专项工作常设机构,配备了专门工作人员,建立了日常工作制度
宁夏东北部产业转型升级示范区	石嘴山市深入推进"科技支宁"东西部科技合作,市政府与北京科技大学、浙江省农科院、宁夏大学签订科技合作协议,组织实施200项科技合作项目,柔性引进高层次科技人才200余名。宁东能源化工基地构建煤制油、煤基烯烃、煤制乙二醇三大产业集群,部分关键技术处于领先水平

3

党的十八大以来产业创新发展的典型路径

基于研究视角,国家创新体系包含国家、区域、产业、企业四个层级。其中,产业创新是国家与企业连接的桥梁,发挥着重要的衔接作用。所谓产业创新体系,即在一个产业链条中,各个企业是创新主体,企业之间存在相互连接,同时与高校、科研机构、用户、供应商以及金融机构、政府之间构成一个整体网络,进行技术创新,通过新技术的应用促进产业升级优化。在产业创新体系中,各节点企业之间的联系至关重要,也就是企业之间以及其他参与主体之间共同协作,参与技术研发与创新,进而提升整体创新能力,达到团队能力大于个体能力的目的,以较低的成本获得更多的技术创新,实现创新效益最大化,进而为产业升级优化提供动力,为新技术、新知识的产生及应用创造良好环境。

第一节　加快构建产业创新体系

产业创新体系建设需要立足于以下几个方面。其一,注重企业创新能力的提升,企业作为构成产业的重要因素,需要在创新中发挥主体作用,进而带动整个产业内新技术的研发与创新;其二,水平创新链与垂直创新链的组建。通过产业链使企业之间以及企业同其他节点加强联系,形成优势互补,构建水平创新链条,存在供需关系的上、中、下各节点建设垂直创新链,推动新技术在产业内的广泛的应用与普及;其三,水平与垂直创新链同高校、科研单位、金融机构等其他辅助机构建立密切联系,组成产业创新团体,为知识与技术的创新、知识的传播与应用奠定基础,进而带动产业升级优化,提升产业竞争能力。

近年来,我国国家层级的创新体系逐渐建立并趋于完善,为区域层级和产业层级的创新体系建设创造了良好环境。① 然而,国际范围内新一轮科技革命和产业变革态势瞬息万变。为应对国际挑战,我国需要在产业创新体系建设方面加快步伐,积极调动各项资源促进自主创新能力提升,为产业优化以及竞争

---

① 刘建民,吴静静.产业创新体系的建构机理[N].光明日报,2008-08-26(10).

力的提升奠定基础。

第一，企业作为产业创新体系的基本主体，要充分发挥自身优势，在制度与技术等方面积极进行创新，为产业内新技术的研发以及新知识的产出发挥推动作用。一是对企业管理体系进行改革，即在制度与体制方面深化改革，基于市场需求寻求和建立委托代理关系，强化企业管理。同时与高校、科研单位、金融等社会组织建立密切联系，为技术、知识以及管理等方面的创新集聚动力，构建创新组织形态；二是技术研发要以市场实际需求为依据，对产业内各项资源进行有效整合，合理调配，对人才、资本、技术等要素进行科学统筹，促进新技术与知识在产业内扩散，通过最小的成本获得更多的效益，借助于频繁创新为产业发展持续提供动力。

第二，基于专业化的分工是一个产业内水平、垂直创新链组建的基础，为新的知识或者技术在产业内快速流动创造了良好的环境。在产业创新体系中，新技术或者新产品可以通过水平创新链或者垂直创新链在产业内与持有新技术的企业存在密切业务往来的企业中流动，最终带动整个产业体系的创新，实现新技术的扩散与广泛应用，这种状况使得最先获得新技术的企业在技术控制方面的难度增加了。因此企业需要对技术转移和技术控制各自能够产生的利润进行权衡比较，最终选择合适的技术转移方案，可以通过交叉投资、技术使用许可、技术咨询等多种形式进行；另外技术的转移还可以选择样品、工具或者设备提供、建立生产标准等方式。产业创新网络的建立使得创新合作、信息交流等越来越频繁，体系内各个节点的联系越来越紧密，为企业学习技术、知识以及能力的提升开辟了新的路径。另外，产业创新网络的建立实现了企业新技术成果在这个产业网络内部的共享，企业获得新技术与更广泛的信息的难度降低，企业创新风险也得到分散，一定程度上激发了企业自主创新能力，为技术水平的提高提供了动力。

第三，技术的交流、转移、扩散使市场范围不断延伸，促进产业创新网络的扩大，进而使技术更新速度更快，技术转化效率更高，这些都是产业升级以及整体竞争力提升的主要动力。最先获得新技术的企业不会完全覆盖其开发的市场,总会有一部分空余,这为其他企业的进入提供了机会。实力雄厚的其他企业,基于这部分空白的市场需求,整合已有的资源,推出性能不同的创新产品,以满足空余市场需求。通过延长产业链,产业创新网络得到扩大。产业链的延长促进了产业内分工与专业化的深入,使得企业之间的合作以及技术交流越来越密切,产业内资源配置效率越来越高,转化效率更高,一直到市场达到饱和状态,企业只能维持经济利润,外部资源不再进入产业内,产业结构基本稳定。在技术与时长的交互下,实现了产业不断升级优化的动态演进,如此反复使得产业结构一步一步走向优化,产业竞争力得到持续提升。

第二节　促进传统产业改造提升

我国传统产业主要集中在制造加工类行业,在一定时期内,劳动密集型产业得以迅速发展并达到相当成熟的地步。劳动密集型产业也是当前通过创新推进产业改造提升的重点领域,为创新与经济的结合奠定了坚实的基础。

一、新技术支撑传统产业提档升级

我国传统产业的发展不同于发达国家。发达国家是在传统产业进入成熟期后提出发展战略性新兴产业的,传统产业与战略性新兴产业之间能够实现较好的衔接。由于我国处于工业化中期,而且是在传统产业还未成熟的基础上提出发展战略性新兴产业,具有"跨越式发展"的趋势,现阶段我国产业发展面临的是传统产业改造升级和战略性新兴产业的培育与发展的双重任务。我国传统行业广阔分布于各个行业中,通过统计规模以上的制造业企业,共计33个行业,其中属于传统行业和非传统行业的数量分别为17个、16个,规模以上企业的传统行业占51.52%;从经济角度进行分析(包括产值、税收及就业等),传统行业仍具有较重的地位,占比同样高于非传统行业。见表 3-1,近年来我国传统产业在各个主要行业中保持较大的研发经费投入,据对 2018 年资金总投入的统计数据显示,用于专业设备、医药和计算机、通信以及其他电子设备以及电气设备、通用设备这几个行业制造业的资金投入分别占到了 2.43%,2.39%,2.12%,2.04%,1.92%,相比 2015 年分别提高 0.85,0.67,0.36,0.58,0.58 个百分点。此外,部分市场化程度高、竞争激烈的消费品行业,也纷纷加大研发投入,用以推动市场的发展和开创更大的竞争优势。

表 3-1 制造业主要行业研发经费投入情况

行 业	2015 年			2018 年		
	主营业务收入/亿元	研发经费/亿元	研发强度/%	主营业务收入/亿元	研发经费/亿元	研发强度/%
专用设备制造业	35 874	567	1.58	29 920	726	2.43
医药制造业	25 730	441	1.71	24 265	581	2.39
计算机、通信和其他电子设备制造业	91 607	1 612	1.76	107 685	2 280	2.12
电气机械和器材制造业	69 183	1 013	1.46	64 643	1 320	2.04
通用设备制造业	47 040	633	1.34	38 309	736	1.92
化学纤维制造业	7 206	78	1.09	8 394	112	1.34
化学原料和化学制品制造业	83 565	794	0.95	72 066	900	1.25
造纸和纸制品业	13 942	108	0.77	14 013	168	1.20
金属制品业	37 257	283	0.76	34 375	389	1.13
黑色金属冶炼和压延加工业	63 001	561	0.89	67 256	707	1.05
家具制造业	7 881	33	0.42	7 082	68	0.96
纺织业	39 987	208	0.52	27 863	255	0.92

续表

行　业	2015 年			2018 年		
	主营业务收入/亿元	研发经费/亿元	研发强度/%	主营业务收入/亿元	研发经费/亿元	研发强度/%
食品制造业	21 958	135	0.62	18 680	161	0.86
非金属矿物制品业	58 877	278	0.47	48 974	416	0.85
有色金属冶炼和压延加工业	51 367	372	0.72	52 215	443	0.85
木材加工和木、竹、藤、棕、草制品业	13 907	43	0.31	9 210	55	0.59
农副食品加工业	65 378	216	0.33	47 758	261	0.55
石油、煤炭及其他燃料加工业	34 604	101	0.29	47 911	145	0.30
烟草制品业	9 341	21	0.22	10 465	27	0.25

资料来源:根据国家统计局相关数据计算。

近年来,我国加快推进新技术的研发应用,培育了一大批在市场经济中奋进而起的新生力量,并在国际市场中处于技术领先的地位。该类企业立足于自身的产品及服务,营造材料、技术和质量相结合而成的核心竞争力,持续研发或引进新的科技,使得传统产业向科技化的方向发展。现阶段现代科学技术的运用使得传统产业拥有了新的生命力。传统产业通过对落后的设备进行及时的淘汰与更新,完成产品与技术方面的更新,从而逐步实现转型升级。

二、数字化改造提升制造业

近年来,信息技术在制造业中的应用场景不断丰富,不仅满足了我国传统产业在现代化工业发展中的根本需求,也实现了生产成本的降低和竞争优势的提升,更为我国传统产业的转型创造了有利环境。一是技术进步促进生产率提升,在成本降低的同时获得了更多的效益。"十三五"时期,我国坚持以智能制造为主攻方向,推进新一代信息技术与制造业、先进制造业与现代服务业深度融合,制造业数字化、网络化、智能化转型升级不断加速。目前,规模以上工业企业生产设备数字化率、关键工序数控化率分别达到49.4%和51.7%,305个智能制造试点示范项目覆盖了92个重点行业,生产效率平均提高44.9%,这种效率和效益改善的程度通过传统技术改造是难以实现的。二是有效地缓解了人力成本上涨的压力,弥补了劳动者的不足。例如,国内空调行业平均用工规模在五年间下降了30%以上,产品质量进一步改进;三是提高生产制造的柔性化程度,实现低成本的大规模定制。国内很多新兴服装企业采用柔性化的供应链和生产管理,通过与市场所存在的、不断变化的个性需求实时对接,在大规模定制生产中实现了低成本化和高效化;四是准确预测市场与匹配供需。数字化改造后的耳机工厂对上下游现状进行实时把控,一方面掌握了上游合作企业各零件的库存、质量以及采购和加工等详细信息,可根据自身需求及时调配;另一方面通过对市场中消费者的需求进行大数据处理,可以准确掌握市场动态,开创和引领市场的主流方向。五是提升制造业质量控制能力。例如,保利协鑫与阿里云合作建设的智能工厂,改善了晶硅切片工艺,降低了成品中的不合格率,每年便能够节省上亿元人民币的成本,创造了更多的利润空间。

制造业数字化转型的目标是实现智能化制造,在以下五个方面加快布局。一是搭平台。利用5G技术,搭建工业互联网,发展新一代ICT基础设施平台。综合运用云计算、大数据、移动和社交技术等已经成熟的技术,另外还有物联网、人工智能、AI、VR等技术的出现与应用,形成多个开放、安全、可靠的云端协同、全栈式CT基础设施平台,为传统制造业企业提供一站式ICT服务。二是制定标准。制造业企业每天产生大量数据,包括供应链数据、设备运行数据、市场消费者数据等。在工业设备类型广泛、应用环境复杂、数据格式差异大的环境下,采用统一的数据标准为企业上云提供了便利,有利于企业借助云平台开发数据资源的价值。目前,全国信息技术标准化技术委员会等机构已经初步制定了相关标准,但在具体标准的研制和推广方面仍有很多工作要做。三是保障数据安全。制造业企业的数据安全要求很高,涵盖产品、运营、设备、用户等多个方面,安全问题一直是制造业数字化转型的关键障碍之一,需要提供相关的数据安全技术和制度保障。四是推广试点应用,培育新业态、新模式,逐步形成制造业数字化产业生态。五是政府工作向服务型转变使得公共服务意识得到强化,为制造业数字化转型提供持续性政策和公共服务保障。

三、商业模式创新与服务业融合发展

在我国的传统产业的转型改造发展中,各企业根据自身的现状开创融合发展的商业新模式。在生产要素层面,制造业和服务业的融合应进行拓宽和加深。以中车株洲电力机车研究所为例,其多年来专注于轨道交通的研发并加大投入,围绕轨道交通这一核心向电力电子行业相关领域拓展,逐渐步入新能源、家电、工程机械和船舶等多个行业。在用户层面,制造业与服务业的融合为用户提供了实用价值和更全面的信息,以工程机械行业为例,融合后的服务由生产周期拓展至整个生命周期,而且用户可以通过构建的大数据库实时进行查询监管和分析管理。在效率和效益层面,制造业和服务业在融合后得以显著提升,以中石化为例其,其通过与服务业融合新增了七十余家重要合作伙伴,所提供的 20 万个工业中间品为机械、装备、电子、能源等众多行业的发展奠定了基础。在发展前景方面,制造业与服务业的融合创新了服务业的发展环境,以阿里云为例,其依托阿里巴巴公司资源开展云计算服务,提供云数据库、云安全等多项服务,这些服务已成为个人及企业常用服务,阿里云也因此成为阿里巴巴旗下的重点业务板块。

制造业与服务业的融合根本上是进行优势整合,依据两者相交的领域重构价值网络。制造业的价值网络建设应该立足于制造业与服务业的融合发展,制造业可以借助生产性服务业实施利润空间的开拓。一是借助现代化的信息技术,围绕大数据和云计算对相应产业链开展探索、延伸、提升、渗透、创新,重构全价值链的制造业服务业融合(移动支付、远程服务等)。二是借助服务类的研发和创新,依托检验检测或知识产权服务以及科技中介服务、现代物流服务等生产性服务业,实现与制造业的全面融合。三是培育创造需求的定制服务能力。"创造需求的制造业定制服务能力"是支撑所在产业网络和区域网络价值增值的关键点,是制造业竞争新优势的重要来源之一。瞄准国内外用户对服务经济的需求,发挥多方资源互补的优势,将研发设计服务、运营维护服务、检验检测服务、金融服务等与新一代信息技术相结合,全链条融入传统制造各环节,形成需求导向的大规模定制服务能力。四是基于现代化的制造业与服务业展开模式创新,包括全生命周期管理服务、定制化服务、创新设计服务、金融支持服务、供应链管理和智能服务等模式。

随着传统发展优势逐渐减弱,制造业发展动能深度转换,我国传统产业的转型改造必须要依靠持续创新而得以落实。而且,随着投入逐年扩大以及平台建设、人才队伍支撑不断增强,创新生态系统不断优化完善,推动一批重大关键核心技术取得突破,部分优势领域呈现与国际先进水平并跑甚至领跑的发展格局。

第三节　推进新兴产业创新发展

一、信息技术产业创新发展模式分析

改革开放以来,我国信息技术产业稳步发展,电子信息技术已成为我国重点发展产业之一。在当前的发展过程中,创新是电子信息技术的核心竞争因素,对电子信息企业的综合竞争力发挥着重要保障作用。我国对信息技术产业的发展极其重视,在信息产业获得创新成果后,需及时应用于各个行业以及日常生活中,对市场形成必要的刺激作用,为创新成果的扩大生产创建良好的市场环境。同时,对技术研发也给予了充足的资金支持,根据《软件和信息技术服务业统计公报》的数据,以 2019 年为例,上市企业中的信息技术公司的研发费用年投入为 3.04 亿元/家、年利润为 2.68 亿元/家,与 2018 年相比分别上浮 17.1% 和 9.9%。通过数据分析,2019 年规模以上的软件及信息技术服务企业数量超过四万家,创造了 7 万亿元以上的收入,利润为 9 362 亿元,同比各有 15.38% 和 9.91% 的增长,见表 3-2。可见,我国信息技术产业已经由注重速度逐渐转变为注重质量,因此,需要对目前的产业结构进行完善和优化,不断提出新的需求,形成新能力,并通过多种类别的新产品开创更加广阔的发展空间。

表 3-2　我国软件和信息技术服务业发展情况

单位:亿元

指　　标	2015 年	2017 年	2019 年
软件业务收入	42 848	55 103	71 768
软件产品收入	13 656	16 984	20 067
信息技术服务收入	22 211	30 604	42 574
信息安全收入			1 308
嵌入式系统软件收入	6 981	7 516	7 819

资料来源:工业和信息化部历年《软件和信息技术服务业统计公报》。

信息技术产业近年来的模式创新可具体分为以下几个层面:

一是技术创新。技术是电子信息技术的关键,在信息产业的创新中技术变革能够促使产业利益变动,因此企业更加注重技术创新,加大技术研发资金投入。

二是产业链创新。近代工业的生产特点,表现在精细分工、专业操作,这也是形成创新促进发展的必要条件。通过逐步精细分工,信息产业由统一的整体演化为多个专业的产业,相应的产业链在形成的过程中不断增加、完善和拓展,由简单的产业链演变为丰富、统一的产业网,继而从国内市场延伸至国际市场。

三是产业集群创新。在我国的信息产业中存在显著的产业集群,众多的同行业企业及同专业人员集中于一起有益于在竞争中造成知识溢出,并因此形成知识、技术、人才和信息等资源的流动和共享,提高企业创新能力。

四是应用创新。信息产业的应用创新与市场需求相辅相成、互为一体:一方面应用创新能够满足市场需求,为信息技术的深入应用奠定基础;另一方面市场需求则带动信息产业的应用创新,对信息技术的发展进行刺激和引导。

五是政策创新。我国制定并实施了一系列的鼓励政策,大力支持信息产业的发展和创新。相应的政策主要包括:鼓励信息产业的持续研发,并进行财政拨款加以资金支持;为信息产业提供技术支持和研发资金支持;以政府采购或者政府协调采购的方式为创新型信息技术企业创建生存空间;加强校企合作,为信息企业提供根本性的人才供应;为国内中小型企业提供免息贷款,或者采取资助的方式吸引国外企业进行投资。各种类型的政策创新能够不同程度地引导信息产业在发展中开展创新。政策创新是促进信息产业发展的重要手段。

二、生物医药产业创新发展模式分析

生物医药产业将生物技术与传统医药进行了有机整合,所形成的行业涵盖了生物制药、化工制药、医疗器械、大健康等多个领域。生物医药产业未来发展前景极其广阔,在组织构架、合作创新、文化理念等方面均表现出较强的竞争优势,可以有力提升我国医药行业的国际竞争力。国家发改委《"十三五"生物产业发展规划》提出了促进医药行业转型升级的发展方向。在新的时代,新兴的生物制药产业是我国改造提升传统产业、推进产业和科技革命的"排头兵",将带动整个新兴产业深入发展。发展生物制药产业机遇与挑战并存:一方面我国针对生物医药产业制定了一系列药物研发、创新的鼓励政策,为生物医药产业的发展创建了良好的机遇和环境;另一方面生物医药作为新兴产业,缺乏相应的经验借鉴,必须面对挑战、勇于探索。2015—2019 年,我国生物产业上市公司平均利润增长 46.53%,2019 年平均利润达 4.94 亿元;平均研发费用增长

236.59%,2019 年平均研发投入达 1.48 亿元[①]。

其一,在当前空间布局的基础上,我国生物医药产业在部分区域凭借现有的技术、资金和人才等优势已经实现产业链及产业群体的初步构建。一是长三角地区通过技术和理念的引进加速研发,并将研发成果进行国际交流,进一步推动我国生物医药产业的发展。以上海市为中心产业链进行延伸,已形成规模性生物医药产业集群;二是环渤海地区,依托区位优势,在教育、人力、技术和经济的综合影响下,具有突出的生物医药产业创新能力,产业集群的活力和能动性较强;三是珠三角地区,相对发达的经济对生物医药行业形成带动作用,广州、深圳、珠海等重点城市构成的商圈成为生物医药行业发展的良好市场,产业集群在发展中逐渐成熟和壮大;四是成渝经济圈经过整合和转化在发展中组建产业链。当地中药原材料丰富,同时建有大规模的疫苗生产基地,生物医药行业发展专业化程度更强。综上所述,我国的生物医药产业规模化、集群化趋势明显,为生物医药企业的发展提供了动力。

其二,市场集中度不断加深。据统计,现阶段中国制药企业数量在三千家以上,有一百家企业占据了市场份额的六成以上,随着医药市场集中的深化,行业集中程度越来越高。在医院市场中,医院当地医药企业前 20 强中有 50% 的企业入列。现阶段,形成了生物制造业为主,其他卫生用品为辅的多元化发展趋势。同时在民众愈加重视健康的大环境下,健康产品在市场中越来越活跃。在新的环境中,大健康产业发展前景广阔,我国生物医药企业逐渐向保健品行业渗入,使得我国医药产业整体朝着多元化的方向迈进[②]。

其三,生物医药产业发展环境良好。主要体现在政策与市场环境两个方面。就政策环境而言,国家和省级政府纷纷出台多项优惠政策推动医药产业发展,如《医药科学技术政策》《"十三五"生物产业发展规划》等,同时将医药产业

① 曹宇雯.试论我国生物医药产业发展现状及对策[J].经济师,2017(6):82-83.
② 夏琰,赵敏.供给侧改革背景下中国生物医药产业的发展路径[J].湖北农业科学,2016,55(21):5686-5689,5693.

上升为国家的支柱产业,对医药产业发展的关注程度上升到一个新的高度。基于市场环境而言,我国老龄化趋势明显,同时民众健康意识不断提升,对医药的需求也越来越强烈,促进了医药行业的迅速发展。

三、高端装备制造产业创新发展模式分析

装备制造产业在实体经济中的作用越来越重要,高端装备制造产业受到全社会的高度重视。按照国务院出台的促进战略性新兴产业发展的相关文件要求,我国高端装备制造产业以航空产业发展为重心,促进干支线飞机和通用飞机等航空装备快速发展;进一步强化空间站基础设施建设,为航天产业发展提供动力;以客运专线和城市轨道交通等重点工程建设为依托,带动轨道交通装备制造行业发展。依托海洋资源的深入开发,促进海洋工程装备产业发展。此外还要大力发展高端智能装备制造业①。

改革开放四十多年来,我国装备制造业发展逐步与国际水平接轨。高端装备的研发制造,整体依靠自身实力而不是依靠外国技术。"十三五"时期,我国在航天、深潜以及飞机与卫星导航等多个高端装备研发行业取得可观成绩,在载人航天和探月工程、"蛟龙号"载人深潜器上实现很大程度的突破;我国自主设计研发的"复兴号"动车组最高时速能达到400千米。2019年我国第一架大型双发长航时CU42无人机首次试飞成功;此外我国在卫星发射、海洋勘探等方面也取得了举世瞩目的成绩。

就市场规模而言,据统计,截至2018年9月底,我国高技术制造业相对于2017年提升了11.8个百分点,装备制造业提升了8.6个百分点。与规模以上工业相比,高技术制造业高出5.4%,装备制造业高出2.2%。拿海洋工程装备来说,在国际市场中,我国造船完工量与新接、手持订单量均占据了1/3以上的份额,新接订单量在世界范围内居于第二,完工量和手持订单量为世界第一。

---

① 国务院关于加快培育和发展战略性新兴产业的决定[EB/OL].中国政府网,2010-10-18.

从主要行业看,我国通信设备、轨道交通装备、电力装备等产业整体水平达到世界领先。我国通信设备产业形成了较为完整的产业链和创新链,在重点核心技术和新兴前沿领域不断取得突破,华为、京东方等创新领军企业发展优势明显。在我国跨国企业中,轨道交通走在前列,在技术研发以及产品等方面实现了水平的不断提升,高速动车组、大功率交流传动机、列车运行控制等领域的核心制造技术牢牢把控在我国手里。电力装备产业拥有一批世界一流试验设备和拥有世界一流加工能力,发电成套设备居于国际领先地位;国际上的特高压交直流输电成套装备标准体系以我国的输变电产业为主导,装备关键部件有九成以上实现了自主生产,产品可靠性与技术指标均在国际上处于领先水平。另外,我国航天装备、海洋装备、新能源汽车等产业在国际市场中也遥遥领先,拥有一批龙头企业和较为完整的产业链,在国际市场上具有较强的产品开发能力和市场竞争力。

专栏 3-1:装备制造行业技术创新亮点纷呈

轨道交通装备。"复兴号"中国标准动车组实现了核心源代码自主编制,安全性、可靠性、列车信息管理、节能环保等技术取得突破,整体性能及关键系统技术达到国际先进水平。首列自主知识产权的无人驾驶全自动城轨列车在北京燕房线投入运行,智能化等级达到国际最高标准 GOA4 级。

船舶。在载人深潜、科考船、大型 LNG 船、超大型集装箱船、重型自航绞吸船、3 000 米深水半潜式钻井平台、30 万吨 FPSO 等领域实现历史性突破,智能船舶、自主品牌低速发动机等一批重大科技创新工程取得新突破,深海采矿等一批新的重大工程加紧论证推进。

机械装备。世界首台特高压 GIL 设备研制成功,代表了国际同类设备最高水平;我国首台自主知识产权的 10 兆瓦海上风力发电机组顺利下线;"华龙一号"三代核电示范工程项目技术水平国际领先;700 吨液压挖掘机

成功下线;起吊质量 2 000 吨及以上的大型履带起重机研制成功,整体技术
性能达到国际先进;大型伺服压力机及伺服冲压生产线关键设备打破国外
垄断;28 米超重型数控单柱移动立式铣车床研制成功,解决了我国核电、水
电领域关键超大型构件制造难题;精度达到 0.04% 的智能变送器性能指标
达到国际先进水平;首套 120 万吨/年乙烯装置用离心压缩机实现突破。

四、新能源汽车产业创新发展模式分析

现阶段发展的新能源汽车,具体指将特殊的车用燃料当作驱动力来源的汽
车,包括纯电动以及混合动力汽车、燃料电池电动汽车、氢发动机汽车等。近几
年,中国新能源行业迅速发展,无论是技能创新方面还是产业模式方面均明显
增强,目前已创建产业协同创新机制模型。

开放式协同创新模式。所谓开放式创新,具体是指企业要冲出组织束缚,
有效整合内部和外界资源以促进产品进一步改进。如特斯拉在新能源汽车研
发期间,体现出极高的资源整合技术,在电池管控系统完成自主创新期间,电
机、电池等零件企业与整车企业协同作业,取长补短,互利互助。各个领域的创
新主体采用多个方式创建联系,促进新能源汽车的研发创新。在开放式创新基
础上,实行产学研协同创新策略。第一,技术转让,分为直接与间接转让。其
中,参与的部门有政府、企业、科研机构、学校、投资机构等,协同创新意义在于
让多方做到资源共享,取长补短,融合贯通。第二,建立新能源汽车的产业联
盟,具体指战略与产业以及技术方面的联盟。产业联盟则是现阶段新能源汽车
领域技术创新的主要方面,每种新科技的进步必须要整合多层面的资源与能
力,对产业联盟发挥积极作用。其他各国针对新能源汽车在技术创新方面的发
展,多数也是依靠产业联盟的方式实现的,具体的有美国电动汽车联盟(EC)、
德国电动车联盟(NPE)、日本电动车联盟(CHAdeMo)等。产业联盟为我国新
能源汽车产业发展带来了丰富的创新成果,但产业发展仍面临一些技术难题,

如续驶里程不够长久、电池价格高、充电时间久等。为解决这些问题,更多的主体将加入到产业融合发展中,未来将吸引信息技术产业、金融产业、新材料产业等多方利益相关者加入。

技术改进与创新期间充满繁复的反馈机制,科学技术、学习、生产、需求等诸要素之间形成复杂的相互作用。在各类合作创新模式中,产学研合作最能实现各要素的有效组合,将创新成果内化为企业的技术积累。价值链的意义在于具体阐明存在内在联系的企业群结构,产业链内容丰富,其中包括上下游价值关系与交换。中国的汽车行业目前不断加强对世界范围内资源进行整合,参与全球治理,包括对外投入资本以及实行国外并购等策略。另外还包括购买资源和技术,以及开拓市场。面对新能源汽车发展中的挑战,如核心技术的研发、整车能力、集成能力、安全性等,汽车行业还需要依靠新模式、新业态来突破和提升。

五、数字经济发展模式分析

经过长期积累,我国数字经济发展基础持续强化,建立了较为完善的技术系统,构建了先进的信息网络,为推动数字经济实现从数量扩张向质量提高的战略性转变,提供了坚实的技术基础,见表3-3。我国的数字经济企业数量居世界之首,在世界范围内具有很强影响力。截至 2020 年 12 月,我国互联网上市企业在境内外的总市值为 16.8 万亿元人民币,较 2019 年底增长 51.2%[1]。产业发展质量持续优化,智能手机高端化进展加快,全球竞争力日益增强。我国已建成全球最大的通信网络。4G 网络基站总规模占全球一半以上,用户总数达12.8 亿户,全国行政村 4G 通达率超过 98%。使用固定宽带人数达 4.5 亿,人口普及率在世界排名中位于前列。5G 网络持续稳固发展,中国选取不同城市与行业作为 5G 试点,一些创新应用应运而生。尤其是新冠疫情发生后,5G 技术

---

[1] 《第 47 次中国互联网络发展状况统计报告》。

被广泛运用到各个领域,包括远程医疗、教育与办公等。截至 2020 年底,我国新建 5G 基站数超过 60 万个,基站总规模在全球遥遥领先。三家电信企业均在第四季度开启 5GSA 独立组网规模商用,使我国成为全球 5GSA 商用第一梯队国家。我国 5G 用户规模同步快速扩大,以每月新增千万用户的速度爆发式增长,至 2020 年底我国 5G 手机终端连接数近 2 亿户。5G 行业应用逐步落地商用,"5G+工业互联网"在建项目数超 1 100 个,分布在矿山、港口、钢铁、汽车等多个行业,致力于研发、生产、视觉检测、精准远程操控等领域,形成一批较为成熟的解决方案。

表 3-3　我国信息基础设施基本情况

年　份	固定长途电话交换机容量/万路端	局用交换机容量/万门	移动电话交换机容量/万户	光缆线路长度/万千米	互联网宽带接入端口/万个
1978	0.2	405.9			
1980	0.2	443.2			
1985	1.2	613.4			
1990	16.1	1 231.8	5.1		
1995	351.9	7 203.6	796.7		
1996	416.2	9 291.2	1 536.2		
1997	436.8	11 269.2	2 585.7	55.7	
1998	449.2	13 823.7	4 706.7	76.7	
1999	503.2	15 346.1	8 136.0	95.2	
2000	563.5	17 825.6	13 985.6	121.2	
2001	703.6	25 566.3	21 926.3	181.9	
2002	773.0	28 656.8	27 400.3	225.3	
2003	1 061.1	35 082.5	33 698.4	273.5	1 802.3

续表

年 份	固定长途电话交换机容量/万路端	局用交换机容量/万门	移动电话交换机容量/万户	光缆线路长度/万千米	互联网宽带接入端口/万个
2004	1 263.0	42 346.9	39 684.3	351.9	3 578.1
2005	1 371.6	47 196.1	48 241.7	407.3	4 874.7
2006	1 442.3	50 279.9	61 032.0	428.0	6 486.4
2007	1 709.2	51 034.6	85 496.1	577.7	8 539.3
2008	1 690.7	50 863.2	114 531.4	677.8	10 890.4
2009	1 684.9	49 265.6	144 084.7	829.5	13 835.7
2010	1 641.5	46 537.3	150 284.9	996.2	18 781.1
2011	1 602.3	43 428.4	171 636.0	1 211.9	23 239.4
2012	1 579.7	43 749.3	184 023.8	1 479.3	32 108.4
2013	1 280.5	41 089.3	196 557.3	1 745.4	35 945.3
2014	982.9	40 517.1	205 024.9	2 061.3	40 546.1
2015	811.1	26 446.5	218 150.0	2 486.3	57 709.4
2016	681.1	22 441.6	218 540.0	3 042.1	71 276.9
2017	603.5	18 398.7	242 185.8	3 780.1	77 599.1
2018	392.4	11 440.4	259 453.1	4 316.8	86 752.3
2019				4 750.5	91 578.0

资料来源:中国统计年鉴。

　　首先,服务能力得到显著的提高。现今,排名我国前十的跨行业领域工业互联网平台工业设备突破 800 万台,覆盖的范围也更广,其中机械、钢铁、石化等重点行业达到 30 余个。云计算、数据中心加速发展壮大。数据中心机架数量达 227 万架,市场规模超过 1 562 亿元,超大型、大型数据中心增速加快,利用率和能效水平不断提升。云计算服务产业日益完善,特别是云计算平台数据处理方面也开始向着规模化迈进。物联网用户数量增长迅猛,机器联网(M2M)用户达 9.7 亿户,在全球占比中达到六成,特别是 NB-IoT 连接数已实现破亿。

其次,数据生产能力稳步增长。我国不仅是制造业大国,还是网络大国,积蓄了丰富的数据资源,又具有良好的信息产业基础,在以数据为关键要素的数字经济全球竞争中,具有技术和应用上的双重优势。随着信息基础设施建设速度的进一步提升,再加上数字政府、智慧城市、智慧物流等一系列数字化转型工作的推进,数据资源将进一步快速增长。

再次,数据共享取得显著成效,全国政务信息共享彻底畅通。国家数据共享交换平台建设基本完成,实现 71 个部门、32 个地方全面接入,针对全国提供数据共享接口共计 1 200 余个,提升在线数量查询核验达到 10 亿次,跨区域、跨部门数据共享信息条数达到 997 亿条,使 62 个部门、32 个区域的网络、数据、业务均实现畅通,为各级政府部门数据共享以及业务协同奠定了坚实的技术支持。公共数据资源的作用得到充分的发挥,重点地区公共信息资源的开放程度进一步扩大。

最后,工业数字化顺利完成转型,新一代信息通信技术与实体经济融合应用创新动能不断释放。至 2019 年建成工业互联网平台 100 余个,重点平台平均工业设备连接量 70 余万台、工业模型 1 100 多个、工业 App 数突破 2 000 个。国内完成安全监测平台建设的省(区、市)达到了 21 个,工业互联网安全监测预警机制已颇见规模。

4

党的十八大以来产学研用协同创新的探索

协同创新是创新驱动发展的关键问题。近年来,我国在产学研用协同创新上进行了一系列实践探索,引导企业发挥创新主体作用,推动建立产学研结合的新机制,支持创新战略联盟的建立,使创新导向产业发展,极大地促进了经济持续发展和繁荣。第一,引导企业发挥创新主体作用,以科技创新支撑产业发展,为企业提供专业的研发服务。第二,推动建立产学研结合的新机制,通过协同创新突破创新要素流动的制度障碍。第三,大力支持创新战略联盟的建立,特别鼓励围绕战略性新兴产业发展、传统产业转型升级建立联盟。

第一节　发挥企业的技术创新主体作用

在经济全球化的背景下,企业与世界经济的关系越来越密切,市场竞争也越来越激烈。因此,加大技术创新投入是企业应对市场竞争、提高发展能力的必然选择。"十三五"期间,国家将培育企业成为创新主体作为创新驱动发展战略的重要任务,不断加强企业在创新投入、创新协同、知识产权以及创新驱动方面的能力,为实现创新驱动发展战略、建设创新型国家提供有力支撑。21 世纪以来,我国企业创新发展迅速。创新投入方面,企业创新投入快速增长。2019年,企业 R&D 经费达 16 921.8 亿元,比上年增长 11.1%,占全国 R&D 经费的比重达 76.4%,对其增长的贡献达 68.5%。其中,高技术制造业 R&D 经费 3 804 亿元,投入强度为 2.41%,比上年提高 0.14 个百分点;装备制造业 R&D 经费 7 868亿元,投入强度为 2.07%,比上年提高 0.16 个百分点。

一、华为：以持续技术创新提高核心技术竞争力

华为技术有限公司是全球领先的信息与通信解决方案供应商之一,是全球第二大通信设备供应商。华为始终坚持把自主研发作为企业发展的重点,以提升核心技术为最终目标。早在 2004 年,华为就投入近 30 亿来促进自主创新。

此后,华为不断与世界知名企业展开合作,在技术方面也是突飞猛进。截至2013年,华为与世界知名企业建立了28个创新合作基地,实现信息资源共享,把握合作机会,快速实现技术创新[①]。

早在2000年,华为就把目标瞄准5G技术的突破,到2015年,实现了对5G标准的研发,引领行业的时代发展。2019年初,华为已获得超过30个5G国际大单,发往全球各地的5G基站数突破40 000个。在世界移动大会上,华为的"5G上下行解耦"方案荣获最佳无线技术突破奖。华为对技术创新的追求,正如2G到3G到4G再到目前的5G的进程,从跟随者转变为目前5G时代的引领者。

二、振华重工:从外围创新到高度集成创新

20世纪90年代初,在国际贸易快速发展的大背景下,国际集装箱运输业出现了一股"超巴拿马"的热潮。新型的集装箱货轮突破了巴拿马最大型集装箱货轮的旧标准,陆续制造出6 000~8 000标准箱,甚至10 000标准箱集装箱货轮,开创了集装箱运输的新时代。在这种背景下,上海振华重工股份有限公司诞生了。自成立之初,上海振华重工股份有限公司就把自主创新作为企业发展的源动力,致力于研发一套操作效率高、投资经济的码头自动化装卸系统。

2007年,振华重工与上海多所大学共同合作研发出了集装箱码头全自动化装卸系统,该系统安全高效、节能环保。研究团队结合以往振华重工创新产品的优点和客户使用中的经验,创新地在装卸系统中取消了内燃机驱动的水平运输和昂贵的导航系统,用立体轨道的电驱动来实现集装箱传送分配,彻底改变了常规集装箱装卸系统,解决了港口装卸系统对环境的污染。

振华重工在自动化码头装卸系统上的研究,对现代集装箱港口有划时代的革命作用。该系统彻底解决了集装箱港口运行效率不高的世界性难题,改变了

---

① 黄露.自主创新对企业价值的影响研究[D].南昌:江西师范大学,2018.

平面转运的方式,缩短了岸桥与场桥间集装箱转运路程,提高了岸桥与场桥间集装箱周转速度,成功实现了智能化调度控制。以上种种都离不开振华重工以前的产品创新,是在以前产品创新基础上的全面的、高集成度的创新。

这一系统的研发,融入了振华重工前期产品创新的诸多成果和经验,并将范围从单件港机产品扩展到整套港口机械系统,是一种高度集成的系统产品创新。据此,振华重工的市场范围从集装箱起重机械拓展到集装箱码头装卸全套系统,在引领全球集装箱码头发展方向的同时,为企业未来长期业绩增长奠定了基础。

第二节　发挥高校的产学研基础作用

作为国家知识和技术创新的重要场所,大学不仅在培养高技术人才上占据着独特优势,在产生高水平研究成果上也是独领风骚,对经济发展和科技协同创新作出了贡献。高校是知识创新和知识传播的主体,企业是技术创新和转移的主体,政府、中介机构和金融机构是创新协作主体,三者共同实现科研成果转化、孵化、应用和创新,从而让创新主体在协同中实现利益最大化。在我国,高水平高校凭借自身的科技和人才优势,在方兴未艾的高校产学研协同创新的大潮中树立了标杆。

一是依托学校学科群与企业共建联合实验室、专业研究院与创新运作基金,以企业为主体来推动科技成果转化。

二是依托企业共建产业化基地。高校派出高层次人才在企业挂职和担任顾问,推动企业创新能力的提升。

三是鼓励科技人员以学科性公司的形式转化科技成果,将创新思想作为产权要素参与分配,为企业提供创新性思想的学科和科技人员均可在学科性公司中持有无形资产类股份,学校和学科所获得的收益全部用于支持该学科的发展,有力地提高了科技人员进行科技创新的积极性。

一、清华大学：以体系化创新模式推进产学研合作

为提高科技成果转化效率，更好地为企业发展服务，清华大学于 1995 年成立清华大学与企业合作委员会。目前，清华大学与企业合作委员会包括 150 多家国内成员单位，40 多家海外成员单位，覆盖了石油、化工、电力、冶金、信息、机械等大部分国家重点发展领域[①]。2019 年，清华大学与中国移动建立战略合作关系，发挥各自优势，开展科研合作，面向下一代移动通信网络共同建设研究机构及行业智库，为我国新一代信息技术及产业应用的发展作出应有贡献；中国商飞公司与清华大学在民用飞机领域的研发、产业化和运营支持、虚拟仿真测试与模拟机、大数据与人工智能、新材料等领域开展深度合作，围绕共同关注的重点领域开展战略合作，开展专业学科共建，促进人才培养交流。

1996 年，清华大学与深圳市共建深圳清华大学研究院。之后，又分别与北京市、河北省、浙江省建立了北京清华工业开发研究院、河北清华发展研究院以及浙江清华长三角研究院。研究院依托清华的人才和资源力量，与地方政府和企业紧密结合，为区域经济发展和技术创新做出了突出贡献。例如，深圳清华大学研究院自建院以来，与深圳市政府展开深度合作，先后建立了"深圳清华信息港""珠海清华科技园""南海数字媒体工业园""广州数字电视研发中心"等研究开发平台，还与广东省十多家企业共建"联合实验室"或"联合研究中心"。

在积极搭建产学研合作平台的同时，清华大学十分重视学校科研成果在地方的转化。2010 年，清华大学研究决定，在特殊情况下，将以独资成立派出科研机构的模式与地方政府进行深入的产学研合作，妥善处理好与地方政府的责权利关系。在学校与地方政府共同努力下，已有多项清华大学优秀科技成果在地方"生根开花"。其中较有影响力的有：工程物理系集装箱检测项目在同方威视实现大规模产业化，其产品已出口到澳大利亚、英国、爱尔兰等五大洲八十多个

① 马艳艳, 刘凤朝, 孙玉涛. 中国大学-企业专利申请合作网络研究[J]. 科学学研究, 2011, 29(3): 390-395, 332.

国家和地区,同方威视已成为世界上最大的安全检查系统专业供应商之一;热能工程系"燃煤烟气脱硫废弃物改良碱化土壤"项目,其改良范围已经覆盖吉林、内蒙古、天津、宁夏、新疆等有碱化土地的大部分省区市,面积达 10 万亩以上;机械系"大压机"项目在内蒙古北重集团、西安阎良航空产业基地实施等。这些重点科研成果的转化带动了地方经济的发展,取得了良好的经济和社会效益。

二、沈鼓—大工研究院：构建产学研合作模式

大连理工大学与沈阳鼓风机集团股份有限公司合作历史悠久,基础雄厚。2006 年 5 月 10 日沈鼓—大工研究院成立。"沈鼓—大工研究院"经过不断发展,形成了以"机制改革为基础、资源整合为手段、科技创新为目标"的机制体制改革整体思路,具体如下:

（一）运行管理机制

中心共性技术平台由高校负责,以教授为主体。专用研究院由企业负责,以产品开发骨干为主体,执行企业化规范与管理。中心推行校企高层定期交流机制,联合对重大事件做出决策;推行平台管理专职化机制,互派专职管理人员实施交叉管理。

（二）人事管理体制

研究院采取"流动不调动"的开放式人事管理模式。研究院成员主要包括企业派驻、学校专职和社会招聘三类人员,执行统一管理,实行科研专家互聘,且聘用机制灵活,并享受"特区"政策。研究院遵循"按岗考核、绩效挂钩"的竞争原则,推行特区考评体系,校企双方均特设提职指标和绿色通道,特事特办。校企双方共同派人入驻研究院,执行跨体系人才管理与考评。校企双方均认可中心聘任期间工作业绩,并保留原单位享有相应权益和福利。

（三）人才培养机制

研究院以"复合型、应用型、研究型"人才为培养目标,注重创新思维、创新

能力和实践教学的一体化培养,通过校企专家互聘、科研实践一体化等方式联手做实人才联合培养任务。研究院独立制订人才培养方案,定期开展本科生驻厂实训、企业技术骨干短期培训和硕士班,缩短企业亟需人才培养流程,解决学校教育与社会需求脱节的瓶颈问题,共同为社会、为企业培养出具有实战经验的一流科研骨干、人才梯队。

(四)科研管理模式

为凝练企业科研项目,实现校企科研力量的深度融合,研究院科研任务以国家需求和企业任务为导向,同时研究院的高校专家要求必须完成驻厂调研时间任务(每年不低于 3 个月)。研究院鼓励校企联合承担国家部委的重大科研任务,尊重成果与知识产权的校企权益归属。

(五)资源整合与配置

为实现校企双方间资源有效整合与共享共建,校企双方共享实验室、图书馆、加工检验、产品生产等资源;同时校企共同对研究院投入建设经费,实现共建。

(六)文化机制建设

定期组织科研交流活动,聘请专家开展讲座,提升中心人员科研素养,提高研发工作效率;关心年轻同志生活及个人发展,促使中心人员凝心聚力,共同为中心发展、人才培养和学科建设作贡献。

自研究院成立以来,累计开展科研项目 136 项,直接应用于企业生产实践。校企联合承担国家科研课题,总科研经费达 1.5 亿元。[1]"大型乙烯装置用裂解气压缩机关键技术及装备"项目获得国家科技进步二等奖,联合申报的"核主泵制造的关键技术""机械装备再制造的基础科学问题"项目获得国家 973 计划项目支持。通过与研究院平台合作,沈鼓集团多项重大产品填补了国内空白,突破百万吨乙烯压缩机组核心技术,使沈鼓集团跻身世界压缩机行业前三名。

---

① 张在群. 政府引导下的产学研协同创新机制研究[D].大连:大连理工大学,2013.

第三节　推动新型研发机构创新发展

党的十八大以来,新型研发机构在国内快速发展。要实现高校创新资源集聚的功能,必须加强高校科研人员与学生科研创新能力和实践能力的培养。新型研发机构的定位主要是将高校资源进行整合,形成科研梯队,将尚处于初级阶段的理念和产品转化成完整的技术路线和初步产品,打造科技型企业作为企业孵化器的前端。科研院所根据自身发展状况不同,有三种不同的发展路线:一是以公益为主、市场为辅,形成产业技术研发集团;二是进一步市场化,实现混合所有制,建立产业技术联盟;三是回归公益,改组成国家重点实验室,承担国家任务①。

新型研发机构的引入为解决创新资源积聚的现存问题提供了新的思路。新型研发机构从理论到实践,从人才到团队,从构思到专利,从技术到产品的多元培育与转化,是产品的最终目标。而人才的培养则是产品目标实现的必要基础。由此可见,新型研发机构的现实意义是多方面的:一是在产品培育的过程中明确了人才培养的目标,巩固了创新创业教育的理念;二是新型研发机构从创新到创业的训练形成不依赖传统课堂,而是设计完善而有效的课程体系;三是高校在“新型研发机构”的建设过程中,将师生共建的创新创业团队纳入其中,解决了创新创业教育专业师资力量缺乏的问题;最后,新型研发机构为广大师生提供了创新创业教育的实践平台,为人才交流、技术开发等提供了支持。

一、政企联手共建产业集群:半导体照明联盟

2003 年 6 月,科技部、信息产业部、教育部、建设部、中科院、中国轻工业联

---

① 邱丹逸,袁永,胡海鹏,等.我国科研院所改革发展政策措施研究[J].科学管理研究,2018,36(2):28-31.

合会等部门联合启动国家半导体照明工程。2004 年 10 月,40 多家半导体照明行业的科研院所和骨干企业按照"自愿、平等、合作"的原则发起成立了国家半导体照明工程研发及产业联盟,在上海、大连、南昌、厦门、深圳、扬州和石家庄 7 个城市形成国家半导体照明工程产业化基地。2008 年北京奥运会让中国乃至全世界的人民对半导体照明有了全新的认识,这也有力地推动了我国半导体照明产业的发展。从此之后,我国半导体照明产业取得了长足发展,初步形成了完整的研发体系和产业链,并在示范应用方面走在了世界前列。

半导体照明联盟成立以来,围绕共性技术开展了一系列扎实的工作。

第一,借力新材料中心,促进产学研紧密合作。半导体照明联盟通过产学研紧密合作,突破产业共性关键技术,建立知识产权共享机制,加快标准制定,培育龙头企业,以市场机制为纽带创建产学研合作新模式,形成组织成员之间的利益共同体,实现半导体照明产业的跨越式发展。

第二,推动标准化工作,促进专利共享与保护。半导体照明联盟于 2007 年 8 月成立标准化协调推进工作组,明确责任分工,制定标准体系,推进标准化工作。为加强海内外标准化工作交流沟通,半导体照明联盟与国际照明委员会、美国国家标准技术院、美国环保署、固态照明系统与技术联盟、世界银行集团国际金融公司等组织保持密切的沟通和联系。采用专利的交叉互惠使用,以及对外发布联合许可声明等方式,联盟创造性地组建了"专利池",用于收集已取得的或正在申请的专利成果。

第三,创立研发基金,支持共性技术开发。2008 年 3 月,半导体照明联盟制订了"共同投入、风险共担、利益共享"的研发基金模式,在此模式下,各环节的重要企业通过签订合作备忘录、基金认购意向书、合作协议、知识产权协议等文件,共同发起 2 000 万元"联盟研发基金",作为参与国家平台建设及共性关键技术投入的研发专用资金,并以研发成果的持续转化和共享来实现基金发起单位的共同利益。

二、合作打造技术创新平台：机器人产业技术创新战略联盟

2014 年 8 月 31 日，由沈阳新松机器人自动化股份有限公司作为理事长单位的机器人产业技术创新战略联盟在沈阳正式揭牌，该联盟以打造创新平台，形成技术合力和知识产权保护体系，提高我国机器人企业的市场竞争能力和生存能力为宗旨。

机器人在制造业中具有重要的战略地位和巨大的发展潜力，机器人的研究开发、制造应用是衡量国家科创能力的重要标准。机器人产业技术创新战略联盟聚集了国内机器人生产厂商、高等院校、科研机构、知识产权机构及市场需求客户五大群体。联盟以工业机器人、服务机器人为突破口，通过机器人共性核心技术攻关，技术成果市场化转变，研发机器人系列产品，不断提升中国机器人技术水平，做大做强我国机器人产业。

（一）"私人定制"拓宽机器人应用领域

"机器人联盟"成立以来，完成了移动机器人、洁净机器人、工业机器人、服务机器人的研发，拓宽了应用范围。目前，沈阳新松公司与北航、中科院沈阳自动化研究所等单位联合开发的点焊、弧焊、搬运等机器人系列产品，在华晨金杯、一汽轿车、海信集团等企业完成了示范应用，进一步丰富了国内机器人产品的种类。

（二）汇聚作用进一步完善产业链和产业布局

中国机器人产业网作为联盟的官方线上旗舰平台，其开辟的在线商铺，让机器人的线上交易变成了现实。中国机器人产业网聚集了各种先进的技术及市场资源，争取能加速联盟的科技成果转化效率，加固供求关系的搭建，加深对行业信息的解读，这也是目前业内仅有的一个真正意义上的 B2B2C 平台。

5

党的十八大以来科技创新体制改革的实践

实施创新驱动发展战略是一场深刻的社会变革,最紧迫的就是要破除体制机制障碍,将创新驱动发展战略贯彻到现代化建设的整个进程和各个方面,必须营造科技创新良好环境,激发全社会的创新创造活力。党的十八大以来,党中央、国务院高度重视创新驱动发展顶层制度建设,围绕全面深化改革总目标,聚焦实施创新驱动发展战略,按照科技创新和体制机制创新"双轮驱动"的要求,国家推进实施一系列重大改革举措,改革和创新同步推进,创新的沃土不断被滋养,创新的活力也如泉涌般四射。

第一节 科技管理体制不断完善

党的十八大以来,科技体制改革不断推进,配套的相关改革措施也紧随其后。2015年中共中央、国务院印发的《关于深化体制机制改革加快实施创新驱动发展战略的若干意见》,围绕破除创新驱动发展的制度障碍,从营造公平竞争环境,建立技术创新市场导向机制,强化金融创新功能,完善成果转化激励政策,构建更加高效的科研体系,创新培养、用好和吸引人才机制,推动形成深度融合的开放创新局面,加强创新政策统筹协调等8个方面,提出了30项具体举措,确立了创新驱动发展体制机制的"四梁八柱"。2016年1月,中共中央、国务院发布《国家创新驱动发展战略纲要》,明确"一个体系、双轮驱动、三步走目标"。5年中,科技体制改革日益深入,涉足领域也不断扩宽,着力点也由最初的研发管理向创新服务转移,受惠规模不断扩大,由科技人员向着广大人民群众延伸,无论是改革的影响力,还是改革的成效都呈现出不同程度的提升。《关于国家重大科研基础设施和大型科研仪器向社会开放的意见》的下发,使得科研仪器的重要作用得以发挥;《关于改进加强中央财政科研项目和资金管理的若干意见》的出台,使科研人员对经费的使用权利等得到全面的提升,也因此,科研经费的使用随着管理"枷锁"的打开而变得"灵活";《关于深化中央财政科技计划(专项、基金等)管理改革的方案》的实施,将科技项目系统化、规范化。

由此我国创新驱动发展的顶层制度设计基本形成，以科技创新体制机制为核心的改革举措正在以稳健的步伐大举迈进。

第一，加大科技层面简政放权的推进力度。党的十八大以来，在大举采取简政放权的同时，对涉企收费的情况进行了全面清理，使企业、个人负担年均减少近千亿元。市场的环境得到优化，创新创业的活力不断提高。

第二，科技成果转化、转移不断推进。施行新修订的《促进科技成果转化法》，明确了以科研机构、高校处置权为重点，赋予其转让、许可以及作价投资的权力。并且随着科技成果转化方案（《促进科技成果转化法》《关于促进科技成果转化的若干规定》《促进科技成果转移转化行动方案》）的推出，通过科研成果，科研人员可以获得更为丰厚的收益。《关于实行以增加知识价值为导向分配政策的若干意见》对科研人员的薪酬机制进行了重新调整，也由此，科研人员可依据这一意见在法律的基础上兼职兼薪。2014 年正式提出"中央级事业单位开展科技成果使用、处置和收益管理改革试点"，进度迟缓的研发成果由此"活"了起来。

第三，科研经费管理的效率显著提高。《关于深化中央财政科技计划（专项、基金等）管理改革的方案》颁布后，国家对经费进行了大力的改革。《关于进一步完善中央财政科研项目资金管理等政策的若干意见》的正式出台，使得科研人员在经费使用上更加自由，诸多费用实现了整合；《关于加强和改进教学科研人员因公临时出国管理工作的指导意见》明确，科研人员因公出国交流可以按照学术交流计划进行安排。《促进高等学校科技成果转移转化行动计划》对通过科技体制改革对资源配置加以优化进行了明确，同时还指出高校服务经济社会发展的重要性；《关于深化高等教育领域简政放权放管结合优化服务改革的若干意见》的出台，使科研院所、高校的自主权进一步提升，创新领军人物在人财物支配、技术路线等方面的决策权进一步加大。自此，资金的使用效率大幅提升。

第四，促进并提升科技管理的科学化水平。创新驱动发展战略的要素之一便是科技管理的科学化水平的提升,这一点对科技创新战略来讲意义重大。因此,对创新管理进行研究强化,加快实现由科技管理向创新管理的转变应是关注的重心。党的十八大以来,我国不断优化和健全科技宏观决策体系,基于国家层面,构建完善的科技重大决策机制;对相关制度、战略性科技任务组织形式等方面给予不断的补充和优化,将市场中资源配置的优势发挥至最佳;助推科技项目管理的革新。加快建立与科技报告制度相适应的科技项目管理体制机制,确保科技计划项目在有效实施的同时,其经费的投入和使用更具高效性。

第二节　人才激励机制不断健全

人是科技创新最关键的因素,人才是支撑创新发展的第一资源。党的十八大以来,我国人才管理体制进一步优化完善,为人才发挥作用提供了更加广阔的天地,对国家中长期人才整体规划给予充分的落实,加大了创新人才推进计划力度,致力于对科技人才培养的深化。立足于国家层面,依托科技计划这一重要载体,对青年科技人才就重大科研项目给予大力支持。国家相关机构更是不惜重金对国家杰出青年科学家予以支持,国家 973 计划的一项重要内容即采用诸多形式强化对青年科技人才的支持力度,包括股权激励、瓦解阻碍人才流动的相关制度等。众多改革措施齐发,旨在充分激发科研人员的创新活力,充分创造全社会崇尚、渴望创新的良好氛围。

一、对人才培养环境加以重视

2016 年,中共中央颁布《关于深化人才发展体制机制改革的意见》,对人才培养、评价、流动等各个环节加大改革步伐提出了明确要求,让很多"研有余力"的专技人才彻底放下思想包袱,政府、企业、智库融合的人才流动"旋转门"逐步变成现实,高层次人才开始合理合法享有创新收益。北京、天津等地致力于人才招聘、评价等众多相关环节优化、规范,通过良好环境的打造,尽可能为人才提供所需。与此同时,湖南、浙江等地通过职称评审权下放的方式,对人才配置进行了更好的优化;江苏、青海等地推出与创新事业单位相匹配的相关机制,以此破除了高端人才结构、比例等方面的局限;黑龙江下放科研经费预算调剂权,削减了劳务费比例。陕西、辽宁通过全面创新人才计划的开展,推进创新型科技人才培养。人社部推出高技能人才振兴的方针,在这一方针的号召下,天津百万技能人才培训福利计划的帷幕正式拉开,与此同时,浙江"千企千师"培养行动也在紧锣密鼓地推进,湖北高技能人才培养工程更是呈现出一派欣欣向荣的景象。国家相关机构对各种人才创新、素质培养等工程的重视进一步加强,且相继开始启动这些工程,为人才开辟了崭新的发展空间。国家科技队伍的发展呈现一派繁荣景象,结构愈发科学、系统、合理,量质稳步增长。截至 2019 年,国家科技人力资源突破 10 154 余万人,研发人员 713 万人①。在全体劳动者中,具备高技能的人才占比达到三成左右,国家人均受教育年限为 9.3 年,在符合劳动年龄的人口中,具备高等教育的占比达到了 14.2 个百分点。人才效能大幅提升,人力资本投资在 GDP 的占比达到了 14.5 个百分点;人才贡献率 31.9 个百分点,从国家经济增长的层面来看,人才培养的大力发展对经济起到了重要的促进作用。1992 年以来国家教育经费支持情况见表 5-1。

表 5-1 1992 年以来国家教育经费支持情况

单位:亿元

年份	合计	国家财政性教育经费	#一般公共预算教育经费	民办学校中举办者投入	捐赠收入	事业收入	其他教育经费
1992	867.0	728.8	564.9		69.6		

① 国家统计局社会科技和文化产业统计司,科学技术部战略规划司.中国科技统计年鉴(2020)[M].北京:中国统计出版社,2020.

续表

年份	合计	国家财政性教育经费	#一般公共预算教育经费	民办学校中举办者投入	捐赠收入	事业收入	其他教育经费
1995	1 878.0	1 411.5	1 092.9	20.4	162.8		
2000	3 849.1	2 562.6	2 191.8	85.9	114.0	938.3	148.4
2001	4 637.7	3 057.0	2 705.7	128.1	112.9	1 157.5	182.2
2002	5 480.0	3 491.4	3 254.9	172.6	127.3	1 460.9	227.9
2003	6 208.3	3 850.6	3 619.1	259.0	104.6	1 721.8	272.2
2004	7 242.6	4 465.9	4 244.4	347.9	93.4	2 011.4	324.0
2005	8 418.8	5 161.1	4 946.0	452.2	93.2	2 340.0	372.4
2006	9 815.3	6 348.4	6 135.3	549.1	89.9	2 407.3	420.7
2007	12 148.1	8 280.2	8 094.3	80.9	93.1	3 177.2	516.6
2008	14 500.7	10 449.6	10 213.0	69.8	102.7	3 367.1	511.5
2009	16 502.7	12 231.1	11 975.0	75.0	125.5	3 527.6	543.5
2010	19 561.8	14 670.1	14 163.9	105.4	107.9	4 106.1	572.4
2011	23 869.3	18 586.7	17 821.7	111.9	111.9	4 424.7	634.1
2012	28 655.3	23 147.6	20 314.2	128.2	95.7	4 619.8	664.0
2013	30 364.7	24 488.2	21 405.7	147.4	85.5	4 926.2	717.3
2014	32 806.5	26 420.6	22 576.0	131.3	79.7	5 427.2	747.7
2015	36 129.2	29 221.5	25 861.9	187.7	87.0	5 809.7	823.4
2016	38 888.4	31 396.3	27 700.6	203.3	81.0	6 276.8	931.0
2017	42 562.0	34 207.8	29 919.8	225.0	85.0	6 957.6	1 086.7

续表

年份	合计	国家财政性教育经费	#一般公共预算教育经费	民办学校中举办者投入	捐赠收入	事业收入	其他教育经费
2018	46 143.0	36 995.8	31 992.7	240.6	94.8	7 738.2	1 073.6
2019	50 178.1	40 046.6	34 648.6	280.5			
2020	53 014.0	42 891.0					

注:①"民办学校中举办者投入"数据1995—2006年为社会团体和公民个人办学总经费。

②"一般公共预算教育经费"数据1992—2012年包括教育事业费、基建经费、教育费附加、科研经费和其他经费,2012年起包括教育事业费、基建经费和教育费附加。

资料来源:中国统计年鉴。

二、人才评价激励机制持续完善

2016年,中央办公厅、国务院办公厅印发《关于实行以增加知识价值为导向分配政策的若干意见》,旨在充分发挥收入分配政策的激励导向作用,激发广大科研人员的积极性、创造性,推动科技成果加快向现实生产力转化。2017年印发《关于深化高等教育领域简政放权放管结合优化服务改革的若干意见》,对高校、科研机构的自主权做了进一步的放松,下放更多的权力给创新带头人才。同年,《关于深化职称制度改革的意见》颁布,一系列的举措更具针对性,且含金量也更高,针对职称制度体系不完善、评估标准不严谨等问题展开了研究,并给出针对性的解决措施。2018年,《关于深化项目评审、人才评价、机构评估改革的意见》正式出台,针对人才评价领域方面的问题展开了更深入的探究,从而给出更精准、更切合实际的有力措施,自此,国内专业技术人才的利益得到了有效保障。《关于进一步完善中央财政科研项目资金管理等政策的若干意见》强调的重点是各项费用的整合,通过下放预算调剂权限,为科研人员创造了更宽松的发展空间,让"打酱油的钱可以买醋"。中央十余个机构与北京携手推动科研项目评审改革,其用意在于为科研人员创造良好的环境。另有一些省份对申报、参评的条件进行了改革,取消了职称外语、计算机应用能力的要求;重庆、山西等省市则侧重于人才晋升通道的开辟上,在评聘中,获得重大科研成果、发明专利的人才可以不受名额限制;一些地市致力于企业、行业技能人才自主评价,对传统的人才权衡形式进行了大胆的革新,打翻"一把尺子量到底"的局面。全国各地的人才管理改革试验区就这一层面的创新力度也在不断加强,如加大科研项目的经费投入、全新科研机制的打造等。在国家"一带一路"倡议下,"强化人才支撑"成为其中重要的一环,并在人才支持上给出了针对性策略。一些部门针对新疆维吾尔自治区就丝绸之路经济带人才培养方案展开了充分的研究,提出了为人才提供强有力的支撑政策。"边远贫困地区、边疆民族地区及革命老区的人才支持计划"在中组部的带领下迅速展开。其他部门更是积极推进基层专家服务行动计划,派遣专家积极参与到一线当中。《"西部之光"访问学者培养管理办法》由诸多政府机构、部门共同推出。由国家层面推出的"千人计划""万人计划"也在稳步开展。五年间,由"千人计划"引进的海外高端人才达到了 5 200 名之多,基于这些国家计划的指导,全国各地相关部门纷纷推出与地区发展相匹配的人才引入计划,自此"近悦远来"人才格局日趋成形。选择回国创业、发展的留学生占比呈现显著增幅,2012 年的留学生回国比例为 71.38%,2016 年至 2019 年,我国出国留学人员达 251.8 万人,回国 201.3 万人,学成回国者占比达八成,留学人才"归国潮"的规模日益壮大。目前,"走,回祖国创业去""走,到中国去发展"俨然成为当下一种新风尚,从全球的视角来看,中国形成了强大的"磁场效应",且这一效应仍在不断增强。在"千人计划"的有力指导下,全国各省纷纷对引才计划给予了高度重视,北京等地的相关引才计划也相继推出,如浙江的"省级千人计划"等,这些计划最终构成一个全国性的引才格局,且这一格局有着多层次、多渠道的显著特性。

第三节　创新创业创造深入推进

党的十八大以来,各地区各部门将大众创业万众创新作为实施创新驱动发展战略的重要抓手、推进供给侧结构性改革的重要体现、培育新动能的有力支撑。当前,创新创业已经实现了"从局部到整体""从少数到全国""从现象到机制"的变化,对经济增长、结构转型以及扩大就业起到了全面的促进作用。

第一,完成政策体系的搭建。2015 年《政府工作报告》为经济发展指明了全新的方向, 即"大众创业、万众创新"。国家各级部门立足于全局,推出了一系列相关文件,致力于对创新创业工作的大力推进。自此,简政放权、财税支持、"互联网+"等一系列的政策相继出台,基本形成"上下互动、左右协同"的双创政策体系。

第二,加大深化改革力度。创新创业的门槛随着"放管服"等相关改革措施的全面实施得到了有效的降低,市场活力、创造力被充分调动,全新的经济增长点开始焕发活力,经济发展的箭靶直指创新创业。2019 年,全国新设市场主体2 179万户,日均新设企业达到 2 万户,再创新高,活跃度为 70% 左右,市场活力进一步增强。共享经济、创客经济等对经济增长的贡献值从早先的 51 个百分点增长到 56 个百分点。2020 年,我国发明专利授权 53.0 万件。截至 2020 年底,我国国内(不含港澳台)发明专利有效量 221.3 万件。每万人口发明专利拥有量达到15.8 件,超额完成国家"十三五"规划预期的 12 件目标,比 2012 年每万人口发明专利量 3.23 件提高了 4 倍。世界知识产权组织每年发布的"全球创新指数报告"对全球 100 多个主要经济体的创新能力进行排序,中国从 2012 年的第 34 名跃居到 2020 年的第 14 名,国家创新活力和能力显著提升。

第三,突出金融的重要性,营造投融资环境。通过各项政策举措的跟进,对金融短板问题给予有效的补充,多元化、全方位资本市场体系初见规模,基于这一背景,便于创新创业活动开展的融资环境得到充分优化。2016年,创业投资案例为3 683起,涉及金额1 313亿美元,与2012年相比,增长幅度分别是244个百分点和185个百分点。创业投资渠道不断扩展,2017年上半年,新三板挂牌公司增加1 151家,同比往期增幅达11.3个百分点;创新板新增上市公司82家。2017年,国家新兴产业创业投资引导基金达到了760亿元,规模得到显著的扩大,创投基金股票共计258只,涉及地区遍布28个省市,对创业给予大力支持的企业达到了2 116家。

第四,不断加快双创示范基地建设。双创的深入推进依托于示范基地建设工作的持续推进。2020年以来,国务院办公厅发布了三批共212家双创示范基地。就当前而言,双创示范基地无论是产业布局,还是空间分布,已基本实现全面覆盖。区域不同,其侧重点、产业特色不尽相同,由此形成不同特点、不同创新创业模式,为大众创业、万众创新的全面开展铺设了坚实有力的基石。

第五,致力于双创平台的搭建。最近几年,各形各色双创支撑平台得到了空前的发展,创新创业活动由于低成本、便捷化、全要素模式的实现而向着规模化迈进。到2016年末,众创空间总量突破4 200家,科技企业孵化器达到3 200个。双创服务的发展也日趋向着多元化、专业化、精细化迈进,且各具特色的孵化模式的形成,更是为创业者创造了更具增值空间的条件。[①]

第六,增加双创宣传推广力度。厚植创新创业文化,发动全社会的力量积极地参与到创新创业当中,国家各部门更是结合各类重要、重大活动,通过多维度、多渠道的宣传,将创新创业的理念深植人心,让举国民众的心中萌生创业精神。从2015年至今,"全国大众创业万众创新活动周"已顺利举行六届,而这一活动无疑是展示双创成果的最佳平台,更为双创搭建了有力的桥梁,为双创资源的汇聚以及智慧的交互奠定了坚实的基础,创造了有利的条件。2016年,"创响中国"系列活动的号角正式吹响,"创响中国"巡回接力是"全国大众创业

① 郭静原.我国众创空间超4 200家 培育上市企业近1 000家[N].经济日报,2017-02-17.

万众创新活动周"的重要预热,每个站点均需精心筹备"五个一"系列活动——一次政策宣讲、一次创业培训、一次创业沙龙、一次创意设计和一场自选活动。国际舆论针对国内的创新创业成就给予了高度的认可,联合国更是将"大众创业万众创新"的理念纳入相关决议当中。

下编 展望篇

6

我国创新驱动发展的内涵特征

20 世纪 30 年代,美籍奥地利经济学家熊彼特首次对"创新"的概念及内涵进行了学术意义上的界定。他认为,创新即生产要素的新组合,其内涵是指新发明的应用,即新发明、新产品、新工艺、新方法或新制度第一次运用到经济中去的尝试,并指出企业家的任务就是实现这种"新组合"①。熊彼特的创新思想和由他开创的创新理论深刻影响了学术界。此后,英国经济学家弗里曼进一步将创新扩大到包括发明、创新和扩散的三重概念,其提出的"创新的扩散"这一概念深化了学术界对创新的意义及本质的理解②。美国管理学家迈克尔·波特则最早提出创新驱动的理念。他选用"钻石理论"这一工具,通过竞争优势来全面系统分析经济表现。波特在实践考察和系统分析各国经济发展的基础上,将创新驱动上升到国家战略高度。波特将"创新驱动"定义为企业具有创造力和持续创新的原动力,从而形成强大的产业竞争力,驱使和推动经济发展。他在《国家竞争优势》一书中把国家经济发展划分为四个阶段,依次分别是要素驱动(Factor-driven)阶段、投资驱动(Investment-driven)阶段、创新驱动(Innovation-driven)阶段和财富驱动(Wealth-driven)阶段。波特认为,"依靠要素驱动、投资驱动和财富驱动并不能保持经济的持续增长,只有创新驱动才是保持经济社会可持续发展的唯一有效战略途径。"③在关于创新驱动的进一步解释中,波特首次较为系统地阐述了创新驱动的阶段性产业特征,如具有竞争力的新产业的不断涌现、高级而专业化的生产要素的创生、品牌意义基础上的国外投资大量出现、由纵向转向横向水平发展而导致的新产业集群的出现、由于精致和富裕的需求而发展出高级服务业等。波特的竞争优势理论从产业角度,论述了创新活动沿着企业—产业—国家这一链条发生传递后,国家整体竞争力得以提升和增强的过程。基于这一理论,波特将实现创新驱动的决定性要素归结为企业、相

---

① Joseph A Schumpeter. The Theory of Economic Development: An inquiry into Profits, Capital, Credit, Interest, and the Business Cycle[M].Cambridge, Mass.: Harvard University Press, 1934.

② Jaffe AB Palmer JK. Environmental Regulation and Innovation: A Panel Data Study [J]. Review of Economics and Statistics, 1997, 79(4):610-619.

③ 迈克尔·波特. 国家竞争优势[M].李明轩,邱如美,译.北京:华夏出版社,2004.

关支撑产业、市场需求、市场要素、政府以及机会等六个方面。

近十年来,国内学术界对于创新驱动的理论研究非常丰富,见仁见智。洪银兴认为创新驱动是内生经济增长的动力,是经济增长方式,其实质是科技创新,并指出科技创新的终端是产业创新,科技创新的组织者是科技企业家,科技创新的载体是创新园区以及对应的经济发展特征是创新型经济①。刘志彪提出,创新驱动是推动经济增长的动力和引擎,从主要依靠技术的学习和模仿,转向主要依靠自主设计、研发和发明,以及知识的生产和创造②。徐剑锋认为,通过创新驱动实现经济转型发展的首要动力是核心技术和关键技术,创新驱动的人力资源是创新人才,创新驱动的主体是国家,技术创新的主体是企业。国家的创新管理转变经济增长方式,企业的技术创新对经济增长做出主要贡献,是国家宏观创新管理的对象③。

当前,我国要落实新发展理念,实现高质量发展,必须依靠创新驱动。要加快社会主义现代化国家建设,形成国内大循环为主体、国内国际双循环相互促进的新发展格局,也必须依靠创新驱动。通过梳理学术界关于创新理论的研究成果,可以建立起对于创新概念及内涵的基本判断:一是创新是技术问题,技术的进步是界定创新是否成功的核心要素;二是创新的实质并不仅是产生新的事物或方法,还包括考量这种新的知识是否具有实用性,能否对产业生产力的提高产生积极影响;三是创新的关键因素是创新型人才储备的质量和数量。结合我国发展所面临的国际国内形势和创新发展的现阶段表现,本书认为,现今我国的创新驱动发展战略实质上具备以下四个特征:

①创新驱动发展战略是一项以科技创新为核心,多主体参与、多要素互动的系统工程;②创新驱动战略以技术产业化为主要内容;③创新驱动发展战略以人力资源为第一资源;④创新驱动发展战略具有深刻的时代性和文化根植性

① 洪银兴. 论创新驱动经济发展战略[J]. 经济学家,2013(1):5-11.
② 刘志彪. 从后发到先发:关于实施创新驱动战略的理论思考[J]. 产业经济研究,2011(4):1.
③ 徐剑锋.创新驱动:经济转型发展的路径探索[J].江西行政学院学报,2013(4):40-42.

特征,它的实施与国际国内环境紧密相关。

第一节　以科技创新为核心

结合世界发展的大环境,当今世界各国综合国力竞争的实质就是各国科技发展水平的竞争。谁牵住了科技创新这个牛鼻子,谁走好了科技创新这步先手棋,谁就能占领先机、赢得优势。翻看世界各国的发展历史,现今世界上的发达国家,都具备雄厚的科学基础,掌握着世界上最先进的生产方式。他们的发展方式是值得我国借鉴的,我国若是想要成为世界科技强国,就必须在若干重要科技领域跻身全球领先行列。

改革开放以来,我国经济的发展始终处于高速增长阶段。然而,随着我国各项经济发展政策的转变,如今我国的人口红利、劳动力优势等诸多经济发展优势正在逐步消失,人口、土地、资源、环境的矛盾日益凸显。正因如此,我国必须转变依托廉价劳动力、能源要素驱动经济发展的模式,让科技创新成为我国经济发展的主要驱动力。要想让科学技术成为第一生产力,必须要坚定敢为天下先的理念,勇于挑战最尖端的生产技术革新难题,大胆地提出具有实践意义的创新理念,高度重视原始性专业基础理论,争取在世界科学前沿领域抢占领先地位。

当今世界科技发展日新月异,曾经的一些技术发展难题现在已经出现了利用科研的手段攻克的可能性。所以,我国必须要不断优化科研项目布局,紧密围绕经济社会发展中的重大需求,加强对世界前沿技术研发,力争在核心领域的关键技术取得重大突破。政府在科研创新的过程中,要积极发挥宏观调控的职能,通过对生产要素的调控,大力扶持新兴产业,加大对前沿技术研发的扶持力度。

现阶段,虽然我国已经成长为世界第二大经济体,但是在科技水平和创新能力方面较世界发达国家而言还是存在一定的差距,要实现中华民族的伟大复兴,就必须依靠创新,使我国的科技发展水平赶超世界发达国家。这就要求我国设立长远的科技创新目标,在科技创新方面逐步实现对发达国家的"非对称"式赶超。坚持有所为有所不为的方针,聚焦科技创新的重点项目优先配置、集成攻关。从国家发展战略性、全局性的目标看待问题,在关系到国家安定、民族稳定和居民幸福感提升领域再次规划一批重点科研项目,同时发挥我国特色社会主义市场经济体制的优势,在政府的宏观调控下集中科研力量、利用市场的调节作用协同各市场主体参与科研攻关,进一步发展我国对新技术、新产品的研发能力,从而加快我国从科技大国向科技强国迈进的进程。

第二节 以产业转型升级为主战场

科技创新的最终目标,是要进一步打通科技和经济社会发展之间的通道,加速科技成果向现实生产力转化。全面实施创新驱动发展战略,必须面向经济社会主战场,扩大科技供给质量和效率,推动经济发展质量变革、效率变革、动力变革。

20 世纪,美、苏创新领域的发展向全世界阐明了技术、经济和产业之间的关系。在冷战时期,苏联坚持把科研领域放在战略竞争的突出位置,建成了世界上第一座核电站,也首次利用人造卫星对太空世界进行探索,在诸多关键学科(如化学、数学等)中都取得突破性的科研成果。但是当时的苏联,并没有处理好科研和产业之间的关系,导致大量的科研成果并未转换为推动国家经济发展的动力。而美国,始终坚持将科技的发展和经济的发展融为一体,不断地利用新科技发展新产业、先进的生产技术,在一次次世界科技变革中都始终处于领先地位,不断地孕育出新产业、新技术、新业态、新模式。

美、苏两个超级大国创新发展的经验向世界各国诠释了促进科技成果转化对于国家科研创新活动的重要性。在过去很长一段时间内,我国在科研成果转换方式上,积极学习西方发达国家的做法,成立专门的技术转换、转移机构,建设技术交易市场,授予科研人员对个人技术的使用权和处置权,让科研人员参与到技术的转换过程当中,这些措施虽然将科研活动和生产活动紧密地联系了起来,并且也确实为经济发展做出了一定的贡献,但是科技成果转换难的问题仍没有从根本上得到解决。因此,在我国创新驱动发展战略的落实过程中,要提高科技和经济融合的速度和效率,构建结构合理、先进管用、开放兼容、自主可控、具有国际竞争力的现代产业技术体系,要让科研技术的突破成为推动新兴产业发展的主要力量,要让科研成果成为带动我国产业结构升级的决定性因素。

进行技术创新的根本目的就是要让技术的突破带动国家产业体系的进步,所以技术创新的过程也是一个产业发展的过程。要想提升科研成果应用转换的效率,就必须时刻把握市场发展的新需求,以市场为导向确定科研项目,最大限度地发挥科研成果产业化作用。"十四五"规划建议提出:"提升企业技术创新能力。强化企业创新主体地位,促进各类创新要素向企业集聚。发挥大企业引领支撑作用,支持创新型中小微企业成长为创新重要发源地,加强共性技术平台建设,推动产业链上中下游、大中小企业融通创新。"2016年颁布的《国家创新驱动发展战略纲要》提出了现阶段创新驱动发展战略落实的重点为:集中建立在国际范围内具有一定影响力的现代产业技术体系,以技术的开创性突破引导新兴产业的诞生和快速发展,从而从根本上提高我国经济发展质量;要推进各领域新兴技术跨界创新,构建结构合理、先进管用、开放兼容、自主可控、具有国际竞争力的现代产业技术体系,以技术的群体性突破支撑引领新兴产业集群发展,推进产业质量升级。为此,《国家创新驱动发展战略纲要》对创新发展的重点领域明确了以下几点任务:

①要在信息网络技术方面实现新的突破,提高全社会信息化程度。加强对人工智能、人机交互、虚拟现实、微电子与光电子等新兴技术的开发和利用,进一步推动互联网络技术、移动智能终端技术的研发和综合应用,加大自主软硬件产品和网络安全技术攻关和推广力度,为我国的经济结构升级和维护国家网

络安全提供保障。

②推动制造业向价值链高端攀升。"中国制造"享誉世界,但是在世界制造业分工当中,我国却一直处在产业链尾部,负责简单的加工和组装工作,依靠廉价的劳动力和丰富的自然资源换取微薄的利润,在创新驱动战略落实的过程中,重塑制造业生产模式和发展模式对于我国经济持续健康发展有着重要意义。重塑制造业的技术体系、生产模式、产业形态和价值链,推动制造业由大到强转变。制造型企业着力重点研发产品制造尖端核心技术,把自身的竞争优势转移到研发技术方面,从而建立在国际分工中的领导地位,依靠技术的进步获得更高的利润。

③推进农业生产技术改革,确保粮食安全、食品安全。我国是全世界人口最多的国家,保证粮食安全供给,保证群众饮食安全是我国高质量发展的前提。一直以来,我国都是世界上的农业强国,也在世界农业发展研究当中做出了突出的贡献,但是和发达国家相比,我国的农业生产技术化水平还存在一定的差距,所以在创新驱动战略落实的过程中,需要对我国的农业生产技术进行创新和突破,进一步提高农民的生产效率,提高农民收入,为我国持续稳定发展打下坚实的基础。

④提高资源利用率,建设资源节约型和环境友好型社会。改革开放后,我国用大量的资源消耗换来了世界第二大经济体的地位。现今,我国人口、土地、资源和环境之间的矛盾不断加剧,经济发展的脚步却不能停滞不前,产业结构升级是需要时间和资本去支持的,所以提高资源利用率,减少传统制造业对环境的破坏也成为当下创新驱动战略落实的重中之重。采用系统化的技术方案和产业化路径,提高传统石油、煤炭等不可再生资源的利用率,大力推广新型能源和可再生能源在全社会范围内的广泛应用,通过技术的手段,提高环保能力和资源重复利用的能力。

⑤大力发展海洋和空间技术,激发海洋经济和太空经济发展的活力。我们生存的星球有超过70%的面积被海洋覆盖,海洋当中也蕴含着无尽的财富。现

阶段,国际资源环境日益严峻,对每一个国家来说,谁能够早日探索出高效开发利用海洋资源的方式,谁就能在之后的国际竞争中占据优势。所以在我国的创新驱动发展战略落实过程中,必须通过技术革新大力推动我国海洋战略实施和蓝色经济的发展。太空,一直是人类想要探索了解的领域,对于一个国家而言,拥有强大的空间探索能力就代表拥有强大的综合国力,所以在创新驱动发展战略落实过程中,我国要加强对空间探索、应用技术难题的攻克,通过空间技术的进步去提升我国的国际影响力。

⑥推动数字社会和数字城市建设,依托信息技术加快新型农村城市化进程。依靠互联网技术和信息技术,提高政府对于城市的管理效率,让公民可以利用多样化的形式获取政府的服务,用科技创新去提高公民的幸福感,让公民切实感受到创新给日常生活带来的便利,从而激发全体公民对创新驱动发展战略的支持和拥护,并激发每一个公民的创新热情,在全社会范围形成一个万众创新的新局面。

⑦大力推行健康医疗技术革新,用现代化的医疗手段去应对重大疾病和人口老龄化挑战。2020 年,新型冠状病毒席卷全世界,对世界经济的发展造成了巨大的伤害。面对严峻的卫生形势,我国政府充分发挥体制优势,统筹规划,全国人民同心协力抗击新冠病毒,在疫情期间 GDP 率先恢复正增长。在未来创新驱动发展战略落实的过程中,医疗卫生领域技术、设备的创业和新型药物的研发同样不能忽视,要在经济持续健康发展的同时,让全体公民都能够享受到创新驱动发展战略落实的成果。

⑧推动商业模式和服务模式的创新,驱动经济形态高级化。以新一代信息和网络技术为支撑,打破商品交易和服务获取在时间、空间上的壁垒,利用数字交易促进技术创新和商业模式、服务模式创新的融合。依托数字技术的创新,为文化创意、工业设计行业的创新发展提供技术支持,进步提升我国产业创新设计能力。

⑨通过新技术的产生,催生新的产业、创造新的工作岗位。以创新的眼光

审视我国现今的经济发展态势,发现其中可以实现突破的产业或某个产业中影响产业升级的关键性问题,通过政府的宏观调控来完善创新科研布局,使科研活动的有效性和科研成果的转换率得到提升。关注国际科研活动的态势,对创新科研活动的展开进行前瞻性布局,争取以领先全球的速度取得创造性的科研成果,实现在科研水平方面对发达国家的"弯道超车"。依靠新科研成果的转换,带动新兴行业的产生和发展,利用新兴行业发展带来的新的劳动力需求,让全体公民都能够享受到创新驱动发展战略落实的成果。

第三节　以提高自主创新能力为主要目标

习近平总书记指出:"实现高质量发展,必须实现依靠创新驱动的内涵型增长,我们更要大力提升自主创新能力,尽快突破关键核心技术。这是关系我国发展全局的重大问题,也是形成以国内大循环为主体的关键。"①实践反复告诉我们,关键核心技术是要不来、买不来、讨不来的。当前世界正处于百年未有之大变局,我国也即将开启社会主义现代化建设的新征程,科技自立自强具有前所未有的作用和意义,关键技术、核心技术、高新技术,要靠自己、靠自主创新。靠自己,就要发挥社会主义市场经济的独特作用,充分发挥中国特色社会主义制度优势,聚焦国家需求,统筹整合力量,发挥国内市场优势,强化规划引领,形成更有针对性的科技创新系统布局。

第一,要发扬"两弹一星"精神,通过关键核心技术攻关培养优秀人才,要强化原始创新,增强源头供给。坚持国家战略需求和科学探索目标相结合,加强对关系全局的科学问题的研究部署,提高原始创新能力,提高我国技术发明和产业创新的整体水平,支持产业发展,保障国家安全。

加强核心技术研究。围绕关系长远发展和国家安全的"卡脖子"问题,加强

---

① 习近平.在经济社会领域专家座谈会上的讲话[N].人民日报,2020-08-24.

基础研究的前瞻性布局,加大力度解决航天、海洋、网络、核、材料、能源、信息、生命等领域的重大基础研究和战略性高技术关键问题,实现关键核心技术的安全、自主、可控。明确阶段性目标,整合跨学科、跨领域力量的优势,加快关键突破,为产业技术进步积累原始资源。

支持关键领域基础研究。面对科学前沿,加强原始创新,努力在更多领域引领世界科学研究方向,提升我国对人类科学探索的贡献。注重支持重大技术突破,推动转型研究,在新思想、新发现、新知识、新原理、新方法上取得进步,加强资源储备。促进学科均衡协调发展,加强学科交叉整合,重视支持一批非共识项目,培育新兴学科和特色学科。

建设创新基础设施和平台。建设一批具有国际水平的国家实验室,突出跨学科、协同创新。加快大型共享实验装置、数据资源、生物资源、知识和专利信息服务等基础科技条件平台建设。研制开发高端科研仪器设备,提高科研设备的自给水平。建立超级计算中心、云计算平台等数字化基础设施,形成基于大数据的先进信息网络支撑系统[①]。

第二,围绕国家重大区域发展战略,着力培育自主创新能力,促进产业合理分工,全面提高区域创新能力和竞争力。

构建各有特色的区域创新发展模式。东部沿海地区在经济发展较好的基础上,要提高原始创新和集成创新能力,全面加快向创新驱动型发展的转变,培育具有国际竞争力的产业集群和区域经济。中西部地区受地理条件的影响,要走差异化发展的道路,灵活积累创新资源,加快推广应用先进适用技术,形成重点地区创新动力,培育和发展区域特色经济和新兴产业。

推进创新资源的跨区域整合。社会主义市场经济体制的优点,在于政府可以从全局性、战略性的角度出发统筹经济发展。现阶段,我国需要建立跨区域创新网络,促进创新主题的区域联合设计、创新要素的互联互通、技术研究的联

---

① 国家创新驱动发展战略纲要[EB/OL].中国政府网,2016-05-19.

合组织。建设区域协同创新共同体,协调引领区域一体化发展。在创新优势地区要建设具有全球影响力的创新研发中心。

打造区域创新的领先示范高地。我国地域辽阔,不同的地区居民生活习惯、经济发展水平和自然条件都存在着各自的特点,想要每个行政区域都能够紧跟国家步伐,落实创新驱动战略,就需要国家在一些具有示范性的区域落实政策试点,培育新兴产业发展增长极。

第三,以自主创新为重点,在涉及国家安全和长远发展的重点领域部署一批重大科技项目和工程。

继续加快实施已部署的国家科技重大项目,聚焦目标、突出重点,攻克高端通用芯片、高端数控机床、集成电路等关键核心技术,形成一批培育新兴产业的战略技术和战略产品。

启动航空发动机和燃气轮机的重大项目。在信息网络、智能制造与机器人、脑科学与健康医疗等领域聚焦方向与重点,研发一批反映国家战略意图的重大技术。

要在社会主义市场经济条件下,充分发挥国家制度的优势,集中力量,共同解决重大问题。加快重大核心技术突破,打造重大战略产品,在国家重点领域率先实现跨越式发展。

第四,以自主创新为重点,明确各类创新主体在创新链不同环节的功能定位,激发主体活力,系统提升各类主体创新能力,夯实创新发展的基础。

培育世界级的创新型企业。鼓励行业龙头企业建立高水平的研发机构,形成健全的研发组织体系,聚集高端创新人才。利用政府宏观调控对经济发展要素的配置,培育一批核心技术能力突出、集成创新能力强、引领重点产业发展的创新型企业,争取将一批企业推入世界百强创新型企业之列。

建设世界一流的创新型大学和学科。加快建设有中国特色的现代大学制度,进一步推行管理、经营、评价三权分立,扩大办学自主权,完善大学内部治理结构。引导高校加强基础研究,追求学术卓越,建立跨学科、综合性、科技整合型团队,形成一批优势学科群和高水平科技创新基地,建立基于创新能力评价的绩效工资体系,系统提高学科建设、人才培养和科技研发的创新水平。提高原始创新能力和服务经济社会发展的能力,推动一批高水平大学和学科跻身于世界前列。

建立世界级的科学研究机构。明确科研机构的职能定位,加强科研机构在产业基础前沿和共同关键技术研发中的主导作用。完善现代科研机构体系,形成符合创新规律、体现行业特点、实行分类管理的公司治理结构。围绕国家重大任务,有效整合优势科研资源,建设综合性、高水平的国际科技创新基地,形成一批在几个优势领域具有鲜明特色的世界级科研中心。

发展新的以市场为导向的创新研发机构。围绕区域和产业重大技术需求,实行多元化投资、多元化模式和市场化运作,发展多种形式的先进技术研发、成果转化和产业孵化机构。

建立专业化的技术转移服务体系。开展研发、试验、孵化、检验认证、知识产权等科技服务。完善国家技术交易市场体系,建设规范化、专业化、市场化、网络化的技术和知识产权交易平台。科研院所和高等学校应建立专业技术转移机构和专业技术转移人才队伍,使技术转让渠道畅通[①]。

第四节 以集聚、用好人才为重要支撑

发展是第一要务,人才是第一资源,创新是第一动力。强起来要靠创新,创新要靠人才。世界现有发达国家的发展历史已经证明,谁掌握了国际一流创新型人才,谁就能在科技创新中占据优势;创新驱动的本质就是人才驱动。所以要想加快创新驱动战略落实,必须形成具备一定规模、敢于承担风险的创新型人才队伍。要重点在用好、吸引、培养人才上下功夫,大力培养和引进国际一流

① 国家创新驱动发展战略纲要[EB/OL].中国政府网,2016-05-19.

人才和科研团队,加大科研单位改革力度,最大限度地调动科研人员的积极性,提高科研产出率。

从历史的角度看,每一次人类社会取得跨越性进步的根本推动力就是科研工作者的研发成果。舒尔茨曾说:"经济发展水平决定性因素就是运营人员的个人能力,自然资源的储备和资本的多少并不是决定经济发展水平的根本要素。"因此,落实创新驱动发展战略,必须坚持以人为本,依靠激励的手段,激发广大科技人员内生动力。因此,"十四五"规划建议提出:"深化人才发展体制机制改革,全方位培养、引进、用好人才,造就更多国际一流的科技领军人才和创新团队,培养具有国际竞争力的青年科技人才后备军。加强创新型、应用型、技能型人才培养,实施知识更新工程、技能提升行动,壮大高水平工程师和高技能人才队伍。"

创新是人才固有的天赋。所以创新驱动发展战略落实的关键就是要培养人才的创新意识,激发他们的创新潜能。人才强国战略是科教兴国战略与创新驱动发展战略的重要内容,创新驱动发展战略以人力资源为第一资源,为了加快形成一支高效、敢于承担责任的创新型人才队伍,就必须激发各行各业的想象力和创新热情,也要广聚天下英才而用之,依靠政策扶持在世界范围内吸收各类创新型人才特别是最稀缺的人才。落实开发运用人才资源,要破除体制机制障碍,改进创新型科技人才的培养方式和支持方式,加大对重要领域青年人才的扶持和培养力度,采用物质激励或荣誉激励的手段,让科研人员能够始终以饱满的热情投入到科研工作中。完善科研人员收入分配政策,依法赋予创新领军人才更大人财物支配权、技术路线决定权,实行以增加知识价值为导向的激励机制。完善市场评价要素贡献并按贡献分配的机制。研究制定国有企事业单位人才股权期权激励政策,对不适宜实行股权期权激励的采取其他激励措施。探索高校、科研院所担任领导职务科技人才获得现金与股权激励管理办法。完善人才奖励制度。研究制订高校、科研院所等事业单位科研人员离岗创业的政策措施。允许高校、科研院所设立一定比例的流动岗位,吸引具有创新实践经验的企业家、科技人才兼职。鼓励和引导优秀人才向企业集聚。重视吸收民营企业育才引才用才经验做法。发挥企业家在创新创业中的重要作用,大力倡导企业家精神,树立创新光荣、创新致富的社会导向,依法保护企业家的创新收益和财产权,培养造就一大批勇于创新、敢于冒险的创新型企业家。

要实行更加主动的人才引进政策,在世界范围内更加广泛地吸引各类创新人才。鼓励支持创新型人才广泛地参加国际学术交流与合作,吸取国外创新成果及成功经验,为我国落实创新驱动发展战略打下坚实的基础。支持有条件的科研单位在海外建立研发机构,吸引使用当地优秀人才。完善人才出国学习机制,促进人才国际交流与合作。研究制订维护国家人才安全的政策措施。

教育是人才培养最基本的手段,应加快教育体制改革的步伐,以经济社会发展出现的新的需求为导向,全面推进素质教育的落实,加快教育方式、方法的改良,建立学校学科、类型、层次和动态调整机制,把创新思维、创造能力的培养贯穿教育全过程。完善高端创新人才和产业技能人才"二元支撑"的人才培养体系,加强普通教育与职业教育衔接。教育体制改革的落实,必须以经济社会发展出现的新的需求为导向,在教育改革的过程中,以校园为载体,建立学校学科、类型、层次和动态调整机制。在教育体制改革的过程中,政府应该根据经济社会发展的需要,准确地掌握教育体制改革的方向,根据不同行业创新所面临的不同的问题,预测产业人才需求数量和种类,统筹产业发展和人才培养开发规划,同时通过对师资力量、科研教育经费的宏观调控,提高校园培育战略性新兴产业人才的速度和质量。在人才培养的过程中,除了要重视受教育人员科学文化素养的提高,还需要培养他们逐步学会用创新的眼光去看待问题,完善产学研用结合的协同育人模式,打破通过固定的考试模式来选择人才的手段,改进人才评价考核方式,积极发挥市场、学校、科研单位、政府多个创新主体的考核评价作用,建立起客观、公平的人才考核制度。同时为了保护创新型人才工作的积极性,政府应该重视对个人创新成果的保护,让各类主体、不同岗位的创新人才都能在科技成果产业化过程中得到合理回报。

科技创新的发展离不开青年人才的支撑,创新型人才是保证中国科技发展的底气,更是我国科技创新发展的中坚力量。面临新的国际竞争形势,我们必须补足"短板",加强"卡脖子"技术领域的人才培养,整合青年力量,培育科技创新人才,为我国科技创新储备人力资源,赢得主动权。应该加快科技管理职能转变,依靠改革激发科技创新活力,充分释放科技改革效能,为科技创新增添活力。在解决制约我国科技创新的关键问题时,必须以全球视野谋划和推动创新,全方位加强国际科技创新合作,推动我国科技创新迈向更高台阶。

要加强对技术技能人才的培养。在创新驱动政策落实的过程当中,必须重视生产技能或生产方式创新。在各行各业大规模培养熟练工种,通过长期工作经验的积累,不断地去寻找、探索更高效的工作方式,在潜移默化的过程中完成生产技术的创新。

第五节　以完善科技体制为重要保障

改革是我国解放和发展生产力的主要推动力,创新驱动发展需要友好的创新环境,需要政府转变职能、优化履行创新职能的方式方法和体制机制,在这个发展阶段中,政府需要转变职能,为各行各业的创新驱动发展创造良好的发展环境。除了需要政府优化服务职能,还需要相应的政策为各行各业的创新驱动发展保驾护航。

改革开放以来,我国一直十分重视创新对我国综合国力提升的建设性作用,并出台了诸多可以促进创新和科技事业发展的激励性、保护性政策。1995年,颁布《中共中央 国务院关于加速科学技术进步的决定》。在国家创新体系构建方面,实施"211 工程""技术创新工程""知识创新工程"三大工程,构成了国家创新系统的核心内容,在国家层次上形成了建设国家创新系统的战略布局。2007 年以来,我国出台了《物权法》《反垄断法》等一系列法律法规,修订了《科技进步法》,依靠法律手段保护各阶层、各领域创新人才的创新成果。

为更好地激发国内各科研机构的创新活力,2015 年 3 月,中共中央、国务院出台了《关于深化体制机制改革加快实施创新驱动发展战略的若干意见》,共分 9 个部分 30 条,包括总体思路和主要目标,营造激励创新的公平竞争环境,建立技术创新市场导向机制,强化金融创新的功能,完善成果转化激励政策,构建更加高效的科研体系,创新培养、用好和吸引人才机制,推动形成深度融合的开放创新局面,加强创新政策统筹协调。2016 年 5 月,中共中央、国务院出台了《国家创新驱动发展战略纲要》,明确了创新驱动发展是面向未来的一项重大战略,科技创新必须摆在国家发展全局的核心位置。总结我国为了更好地落实创新驱动发展战略而出台的相关政策,其核心内容可以归纳为以下六个方面[1]:

夯实创新活动开展的基础。比如在各地区建立科研基地;通过优惠性政策鼓励企业以自身为主体开展创新活动;依靠政府和各行业间的配合共同构建创新和技术升级转化体系。

加强创新战略引导。提升以企业为主体的创新能力,引导企业将科研重点放在产业转型升级方向,推动形成政产学研协同科技创新体系;打造"一带一路"协同创新共同体。

激发创新人才活力。加快教育体制改革,同时采取开放的人才引进政策,在广纳世界创新型人才的同时不断地调动各类创新型人才为我国效力的积极性,依靠强大的创新人才资源加快创新驱动战略落实的速度。

鼓励创新创业。加强创新创业基地与众创空间建设,依靠新兴企业的诞生激发行业内部产生良性竞争,使得行业竞争的重点转移到通过不断地创新来提高生产效率和产品科技含量方面,构建创新创业金融支持体系。

健全国家科技计划。制定国家科技重大专项和中长期科技计划,提供强有力的资金支持和研发要素支持,为科研人员攻克创新难题提供良好的研发环境。

---

① 孙春蕾.国家创新驱动发展战略的学术渊源与政策体系探析[J].现代商贸工业,2019,40(13):63-65.

深化科技体制改革。健全科技创新治理机制,不断完善科研项目的资金管理,加强科技管理基础制度建设。

加强创新文化和氛围建设。利用新媒体、新技术向我国公民传播创新的理念和科学文化知识,使全体国民的综合文化素养得到全方位的提升,从而为我国创新驱动发展战略的落实打下坚实的基础。

7

新时代创新驱动发展的新形势

　　"十四五"时期是我国全面建成小康社会、实现第一个百年奋斗目标之后，乘势而上开启全面建设社会主义现代化国家新征程、向第二个百年奋斗目标进军的第一个五年。当前，世界范围内的新一轮科技革命和产业变革正在重塑全球竞争格局、改变国家力量对比，深刻改变着世界产业发展生态，并日益成为国际竞争的焦点。我国进入新发展阶段，发展基础更加坚实，发展条件深刻变化，进一步发展面临新的机遇和挑战。着眼于中华民族伟大复兴和世界百年未有之大变局，创新驱动发展是大势所趋，是国家命运所系，是高质量发展形势所需，是我国立足全局、面向未来的重大战略，是加快转变经济发展方式、破解经济发展深层次矛盾和问题、增强经济发展内生动力和活力的根本措施。在日趋激烈的全球综合国力竞争中，必须采取更加积极有效的措施，发挥科技创新的支撑引领作用，坚定不移走自主创新道路，加快从要素驱动发展转变为创新驱动发展。

第一节　全面建设社会主义现代化国家新征程

　　"十三五"时期，我国全面建成小康社会取得伟大历史性成就，经济运行总体平稳，经济结构持续优化，国内生产总值突破 100 万亿元，创新型国家建设成果丰硕。"十四五"时期，我国将开启社会主义现代化建设新征程，社会主义现代化建设对加快科技创新提出了更为迫切的要求，加快科技创新是推动高质量发展的需要，是实现人民高品质生活的需要，是构建新发展格局的需要，是顺利开启全面建设社会主义现代化国家新征程的需要。

一、第一动力

　　党的十八大以来，党中央高度重视科技创新工作，坚持把创新作为引领发展的第一动力。通过全社会共同努力，我国科技事业取得历史性成就、发生历史性变革。社会主义现代化的核心是经济迈向中高端,经济转型升级的核心是通过创新实现产业高质量发展。可以说,"十四五"经济结构能不能升级,关键是创新能不能实现突破。现在,我国经济社会发展和民生改善比过去任何时候都更加需要科学技术解决方案,我国"十四五"时期以及更长时期的发展对加快科技创新提出了更为迫切的要求,都更加需要增强创新这个第一动力。要促进我国经济和产业转型,必须要在创新能力方面下硬功夫,出硬招、出实招,加快实现科技和经济的结合,加快实现创新型国家和人民日益增长的美好生活需要的结合,"面向世界科技前沿"要求创新要立足高起点,站在世界科技的最前沿,这样才能不甘人后,勇立潮头。"面向经济主战场"要求创新要服务经济社会发展的大局。"面向国家重大需求"要求创新要符合核心利益和重大需求,要为实现国家的长治久安服务。"面向人民生命健康"要求创新要以人民为中心,为人民生命健康服务,这也是我们抗疫斗争取得胜利的一个成功经验。

二、四层需要

一是加快科技创新是推动高质量发展的需要。建设现代化经济体系,推动质量变革、效率变革、动力变革,都需要以强大的科技为支撑。

二是加快科技创新是实现人民高品质生活的需要。当前,我国社会主要矛盾已经转化为人民日益增长的美好生活需要和不平衡不充分的发展之间的矛盾,为满足人民对美好生活的向往,必须推出更多涉及民生的科技创新成果。

三是加快科技创新是构建新发展格局的需要。推动国内大循环,必须坚持供给侧结构性改革这一主线,提高供给体系质量和水平,以新供给创造新需求,科技创新是关键。畅通国内国际双循环,也需要科技实力,保障产业链供应链安全稳定。

四是加快科技创新是顺利开启全面建设社会主义现代化国家新征程的需要。从最初提出"四个现代化"到现在提出全面建设社会主义现代化国家,科学技术现代化从来都是我国实现现代化的重要内容。

三、六项任务

（一）坚持需求导向和问题导向

对能够快速突破、及时解决问题的技术，抓紧推进，尽快解决；对属于战略性、需要久久为功的技术，提前部署，久久为功。

（二）优化科技资源配置

发挥我国社会主义制度集中力量办大事优势，优化配置优势资源，推动重要领域关键核心技术攻关。发挥市场在配置资源中的决定性作用，激发全社会创新动力和活力。

（三）持之以恒加强基础研究

明确我国基础研究领域方向和发展目标，久久为功，持续不断坚持下去[①]。对开展基础研究有成效的科研单位和企业，要在财政、金融、税收等方面给予必要政策支持。创造有利于基础研究的良好科研生态，建立健全科学评价体系、激励机制，鼓励广大科研人员解放思想、大胆创新，让科学家潜心搞研究。

（四）加强创新人才教育培养

人才是第一资源。国家科技创新力的根本源泉在于人。[①]把教育摆在更加重要的位置，全面提高教育质量，注重培养学生的创新意识和创新能力。尊重人才成长规律和科研活动自身规律，培养造就一批具有国际水平的战略科技人才、科技领军人才、创新团队。

（五）依靠改革激发科技创新活力

加快推进科技管理体制改革，解决制约科技创新的体制机制问题；加快推进科研院所改革，赋予高校、科研机构更大自主权，给予创新领军人才更大技术

---

① 习近平.面向世界科技前沿 面向经济主战场 面向国家重大需求 面向人民生命健康 不断向科学技术广度和深度进军[N].人民日报,2020-09-11.

路线决定权和经费使用权。

（六）加强国际科技合作

更加主动地融入全球创新网络，在开放合作中提升自身科技创新能力。要实施更加开放包容、互惠共享的国际科技合作战略。改善科技创新生态，激发创新创造活力，给广大科学家和科技工作者搭建施展才华的舞台，让科技创新成果源源不断涌现出来，是科技创新发展的关键点。

这六点实则是环环相扣、密不可分的。在解决科技创新发展的关键问题中坚持需求和问题导向更是对当前我国科技创新的科学判断和理性审视，只有以需求和问题为着力点，才能瞄准科技创新的发展航向，才能更好地推进科技强国战略。科技资源的整合优化是加快科技创新的重要一环，有效的科技资源供给是加快推进科技创新的筹码，要对科技资源进行合理调配和优化升级，实现科技资源效用的最大化，从而为加快推进科技创新提质扩容。在此过程中，我们更应深度加强科技创新的基础研究。关键核心的科学技术是买不来的，我们只能自强，科技创新人员要坐得住"冷板凳"，坚定不移、持之以恒地夯实科技创新的战斗堡垒，为科技创新研究提供源源不断的新鲜血液。

第二节　贯彻新发展理念、推进高质量发展的新要求

发展理念是否对头，从根本上决定着发展成效乃至成败。党的十八大以来，党中央对经济形势进行科学判断，对经济社会发展提出了许多重大理论和理念，对发展理念和思路作出及时调整，其中新发展理念是最重要、最主要的，引导我国经济发展取得了历史性成就、发生了历史性变革。新发展理念就是创新、协调、绿色、开放、共享的发展理念，创新发展注重的是解决发展动力问题；协调发展注重的是解决发展不平衡问题；绿色发展注重的是解决人与自然和谐相处问题；开放发展注重的是解决发展内外联动问题；共享发展注重的是解决

社会公平正义问题。我国已经站在新的历史起点上,要根据新发展阶段的新要求,坚持问题导向,更加完整准确全面贯彻新发展理念,把新发展理念贯穿全过程和各领域,构建新发展格局,切实转变发展方式,推动质量变革、效率变革、动力变革,实现更高质量、更有效率、更加公平、更可持续、更为安全的发展,切实解决好发展不平衡不充分的问题,真正实现高质量发展。

我国经济近 40 年来的高速增长,主要得益于要素驱动和投资驱动,包括廉价的劳动力成本优势和基础设施投资等,2001 年之后,出口成为支撑经济高速增长的另一引擎。依靠投资和出口拉动增长的模式,相当程度上掩盖了中国经济结构失衡的事实,"高出口、高投资和低消费"成为全球金融危机爆发之前,中国宏观经济增长的特征写照,见表 7-1。[1][2] 在全球金融危机的冲击下,外部经济失衡以贸易摩擦等形式表现出来,继而引发实体经济产能过剩、资金配置脱实向虚等一系列经济问题。

表 7-1 2015 年世界主要国家内需结构

单位:%

指标	中国	美国	英国	德国	日本	韩国	印度	巴西
最终消费率	53	83	84	73	76	64	68	84
居民消费率	39	68	65	54	57	49	58	64

资料来源:采用世界银行数据库数据计算,转引自陈斌开.供给侧结构性改革与中国居民消费[J].学术月刊,2017(9):13-17.

我国的经济增长模式正在发生转变。一方面,以大量要素投入为基础的增长不可持续,经济的驱动力向全要素生产率倾斜;另一方面,消费正在成为中国经济增长的重要动能。数据显示,2019 年最终消费支出对 GDP 增长的贡献率为 57.8%,货物和服务净出口的贡献率为 11.0%。进出口占 GDP 比重随经济发

① 罗长远,张军.经济发展中的劳动收入占比:基于中国产业数据的实证研究[J].中国社会科学,2009(4):65-79.
② 陈斌开,陈琳,谭安邦.理解中国消费不足:基于文献的评述[J].世界经济,2014,37(7):3-22.

展而下降,是大国经济发展的规律。进入新发展阶段,中国经济外贸依存度将会进一步降低。

党的十九大报告指出,"中国经济正在转变发展方式、优化经济结构、转换增长动力的攻关期,建设现代化经济体系是跨越关口的迫切要求和我国发展的战略目标。必须坚持质量第一、效益优先,以供给侧结构性改革为主线,推动经济发展质量变革、效率变革、动力变革,提高全要素生产率,着力加快建设实体经济、科技创新、现代金融、人力资源协同发展的产业体系,着力构建市场机制有效、微观主体有活力、宏观调控有度的经济体制,不断增强我国经济创新力和竞争力"。这一重要表述,包含以下重要的内涵:

第一,以创新推进动能转换。进入新时代,我国经济由高速增长阶段转入到高质量发展阶段,对培育壮大新动能提出了更高的要求,迫切需要进一步发挥创新作为第一动力的作用,进一步激发市场主体活力和社会创造力,提高服务新兴经济领域市场主体的快速响应能力和水平,构建形成适应新产业新业态发展规律、满足新动能集聚需要的政策法规和制度环境,为创新创业清障搭台,优化服务流程,拓展发展空间,激发新的消费市场、就业形态和投资需求,用新动能推动新发展,以新发展创造新辉煌。

第二,以创新提高经济增长质量效益。近年来,我国各地区各部门坚持贯彻新发展理念,以供给侧结构性改革为主线,建设现代化经济体系,推动高质量发展,经济增长的质量和效益稳步提升。产业结构逐步升级。服务业较快发展,工业结构继续优化,在规模以上工业中,装备制造业、高技术制造业的增加值增速都明显快于规模以上工业增速。需求结构趋于优化,城乡和地区发展差距有所缩小,创新驱动作用继续增强。从经济周期演变的规律来看,要持续保持我国经济健康发展,必须进一步推动经济发展质量变革、效率变革、动力变革,提高全要素生产率,从微观层面不断提高企业的产品和服务质量,提高企业经营效益①。颠覆性创新将带来传统产业的"归零效应"和新兴产业的爆发式增长,我们必须直面挑战,抓住机遇,依靠创新提高发展质量和效益。通过创新促进新技术、新产品和新业态发展,提升产品和服务质量,不断增强我国经济创新力和竞争力。

第三,以创新保障和改善民生。党的十八大以来,我国紧紧围绕改善民生、增进人民福祉,持续加大公共服务力度、提高服务水平、拓展覆盖面,公共服务体系不断完善。同时,近年来随着"互联网+"行动的深入开展,"互联网+"在民生领域深化应用,不断拓展和延伸公共服务范围,取得显著成效。通过推进农村特别是贫困地区网络基础设施建设,组织电信普遍服务试点,支持贫困村光纤网络、4G 基站建设,加快扩大农村及偏远地区信息基础设施覆盖面,有力支撑网络教育、农村电商等依托互联网的资源共享需求。以在线教育为例,2019年,全国中小学(含教学点)网络接入率达 98.4%,中小学多媒体教室覆盖率达90.1%,通过网络教育切实打开了孩子通过网络学习成长、青壮年通过网络就业创业改变命运的通道②。

第四,以创新打通国内国际双循环。改革开放 40 多年来,不断融入全球经济体系,积极参与国际产业分工合作,在全球产业链中的地位快速上升。截至2019 年,中国制造业增加值占全球市场份额达到 30%以上,占全球出口贸易份额 13%以上,占全球进口贸易份额超过 10%,中国已成为全球 120 多个国家或地区最大的贸易伙伴。中国奉行互利共赢的开放战略,不仅把世界的机遇变成了中国的机遇,更把中国的机遇打造成了世界的机遇,成为推动世界经济增长的重要动力源。当前,数字化网络化智能化技术的应用提高了产业链相关主体的连接性,传统的链式结构进一步演变为全球范围内多主体协同的开放式合作网络,为在更大范围内整合资源提供了可能。随着新一轮科技革命与产业变革迅猛发展,全球供应链、产业链、价值链不断深化与重塑将成为经济全球化发展

① 人口老龄化对劳动力供求的影响及对策——以广东省为例[J].经济新视野,2018(1):85-90.
② 教育部.加快推进线上优质教育资源建设与共享[EB/OL].央广网,2020-05-14.

的新特征。在百年未有之大变局中,我们必须善于应变,依靠创新抓住全球产业重构的机遇,在产业链的生态中嵌入不可或缺的环节,推进产业链环节的一体化融合互动,实现在全球产业链价值链地位的跃升。

第三节　全球科技创新格局的新变化

当今世界正经历百年未有之大变局,新一轮科技革命和产业革命深入发展,国际力量对比深刻调整。近年来,中国经济实力和科技创新能力快速提升,带动亚洲地区成为全球科技创新重要一极,见表7-2,从国内生产总值上来看,亚洲各国经济增长迅速,美国、欧盟、亚洲三足鼎立态势愈加显著。

表7-2　世界主要国家和地区国内生产总值变化情况

国家和地区	国内生产总值/亿美元			人均国内生产总值/美元		
	2000 年	2010 年	2018 年	2000 年	2010 年	2018 年
世界	335 877	660 512	859 106	5 493	9 541	11 313
高收入国家	275 915	453 567	542 057	25 599	39 174	44 787
中等收入国家	58 511	203 266	311 501	1 272	3 918	5 486
低收入国家	1 382	3 706	5 882	315	642	834
中国	12 113	60 872	136 082	959	4 550	9 771
印度	4 684	16 756	27 187	443	1 358	2 010
印度尼西亚	1 650	7 551	10 422	780	3 122	3 894
日本	48 875	57 001	49 713	38 532	44 508	39 290
韩国	5 616	10 945	16 194	11 948	22 087	31 363
马来西亚	938	2 550	3 586	4 044	9 041	11 373
巴基斯坦	740	1 772	3 146	520	987	1 482
新加坡	961	2 398	3 642	23 852	47 237	64 582
菲律宾	810	1 996	3 309	1 039	2 124	3 103
泰国	1 264	3 411	5 050	2 008	5 076	7 274
埃及	998	2 189	2 509	1 450	2 645	2 549

续表

国家和地区	国内生产总值/亿美元			人均国内生产总值/美元		
	2000 年	2010 年	2018 年	2000 年	2010 年	2018 年
尼日利亚	694	3 634	3 973	568	2 292	2 028
南非	1 364	3 753	3 683	3 032	7 329	6 374
加拿大	7 423	16 135	17 133	24 190	47 450	46 233
墨西哥	7 079	10 578	12 207	7 158	9 271	9 673
美国	102 523	149 921	205 443	36 335	48 467	62 795
阿根廷	2 842	4 236	5 199	7 708	10 386	11 684
巴西	6 554	22 089	18 686	3 750	11 286	8 921
法国	13 622	26 426	27 775	22 364	40 638	41 464
德国	19 431	33 964	39 476	23 636	41 532	47 603
意大利	11 438	21 340	20 839	20 088	36 001	34 483
荷兰	4 164	8 466	9 137	26 149	50 950	53 024
俄罗斯	2 597	15 249	16 576	1 772	10 675	11 289
西班牙	5 969	14 207	14 190	14 713	30 503	30 371
英国	16 578	24 752	28 553	28 150	39 436	42 944
澳大利亚	4 152	11 461	14 339	21 679	52 022	57 374
新西兰	526	1 466	2 049	13 641	33 692	41 945

资料来源：世界银行数据库。

　　一是中国科技创新能力迅速提升，由此带动亚洲地区成为重要一极。近年来，中国在研发投入、科研人才数量、科学与工程论文、专利申请等众多科技创新指标上都保持了快于发达经济体的高速增长，诸多规模指标已位居全球前列，是中高研发密集型产业的最大生产国，风险投资极具活力，已成为发展中国家中进步最快的国家。中国科技实力的快速提升也带动了部分东南亚、南亚国家的发展。再加上日本、韩国、以色列等科技实力较强国家，亚洲地区经济体整体表现较好，创新实力持续提升。

　　二是美国继续保持了科技创新的全面优势。美国仍是全球研发投入最多、高端人才最多、学术影响力最大、专利申请量最多、知识技术密集型产业产值最大、知识产权收入最高以及吸引风险投资最多的国家。但是,尽管美国绝对科技活动水平不断上升,其在全球科技活动中所占的相对份额却趋于平缓或有所下降,在一些领域的主导作用也正在减弱。

三是欧盟保持了原有优势,科技创新实力较为稳定。作为前几次科技革命的发源地之一,欧洲先发优势明显,科技创新积累雄厚,区域内合作密切,实力不容小觑。欧盟地区作为一个整体,科研人才、科学与工程论文、知识技术密集型产业贸易等多个指标位居全球首位,在生物医学和健康科学领域可与美国并驾齐驱,英法等国对基础和应用研究的投入甚至超过美国。同样,鉴于亚洲地区整体实力的提升,欧盟在科技创新部分领域的全球份额也有所下降,但综合实力短期内无法被超越。

四是科技创新的国际化特征不断显现,区域间合作发展态势明显。这一趋势主要表现在使用来自其他国家或地区的资金开展研发活动、高等教育人才跨国培养、科学与工程领域工作人员跨国流动、同行评议论文合作撰写、同族专利在不同国家和地区获得授权、知识技术密集型产业价值链全球化等方面。其中,科技创新的国际合作趋势在发达经济体表现得尤为明显。具体来说,欧美主要国家均有 5%~16% 的来自国外的研发资金。美国、英国、澳大利亚、法国、德国每年合计培养超过 200 万高等教育留学生。美国科学与工程相关领域的从业人员中有 30% 为外国出生人员。全球通过国际合作(即来自至少两个国家的作者共同撰写)完成的论文比例已经从 2000 年的 14% 升至 2018 年的 23%,英法德等部分发达国家这一比例达到 50% 以上,而美国学者与中国学者合作最多。

第四节　新一轮科技革命和产业变革的新趋势

"十四五"时期,新一轮科技革命和产业变革不仅将推动技术与产业互动,也将促进跨产业融合,催化放大乘数效应。新一代信息技术、新能源、新材料、生命科学、深海深空等前沿技术不断取得重大突破,特别是移动互联网、大数据、人工智能、云计算、物联网、5G、区块链等数字技术加快创新应用,不断向各领域融合渗透,加速带动众多产业升级变革,将深刻改变制造业发展模式,并对世界产业竞争格局产生重大影响。尤其是随着数字化引领作用不断增强,"数字红利"有望加速释放,从而极大地提高制造业发展质量和效率、提升产品和服务水平,不断催生新产业、新业态、新模式,为我国加快建设创新型国家提供了有利条件。

一方面,传统产业数字化、网络化、智能化步伐不断加快,传统制造模式和企业形态快速变革。在数字革命大潮驱动下,传统企业积极拥抱新兴技术,智能制造和先进工艺不断普及,智能化生产、网络化协同、个性化定制、服务化延伸等新型模式加速发展,柔性制造、共享经济、网络协同和众包合作等协作方式快速兴起,帮助企业广泛开辟新的市场,规模经济和范围经济得到极大拓展,制造业增长新源泉不断涌现。

另一方面,以新技术为支撑的新兴产业快速孕育成长,"互联网+"与实体经济深度融合。新兴数字企业逐步向传统产品研发、生产、物流、服务等领域渗透拓展,信息通信、软件等服务企业加快与制造企业协作互动。随着跨设备、跨系统、跨企业、跨行业、跨区域的全面互联互通,数字技术逐步贯穿于设计、生产、管理、销售、服务等各个环节,制造业生产组织形态和性质正在发生根本性改变,物理制造和数字化制造系统之间的界限日渐模糊,产业要素资源利用更加高效、配置更加优化。

世界各国对信息通信技术领域的投资持续增加,主要制造业国家ICT(信息通信技术)领域资本增长速度明显快于其他领域。2008年至2017年,美国、德国、日本、韩国ICT资本年均增长分别达到7.5%、6.4%、4.2%、5.9%,而非ICT资本年均增长仅为1.6%、0.7%、-0.5%、4.0%。ICT日益成为驱动各国制造业规模增长和效率提升的重要因素,见表7-3。国际货币基金组织《2018年世界经济展望》显示,全球创新扩散是过去二十年来驱动亚洲经济增长的主要引擎,其中仅数字化创新推动实现的人均增长就占28%左右[①]。根据国际货币基金组织研究估算,我国经济总体数字化每增长1%,可带动国内生产总值增长0.3%。

表 7-3　部分国家总资本、ICT 资本和非 ICT 资本增长情况

单位:%

国家	类别	2008 年	2015 年	2016 年	2017 年	2008—2017 年年均增长
美国	总资本	3.8	2.5	2.4	2.6	2.6
	ICT 资本	9.5	6.3	6.4	7.6	7.5
	非 ICT 资本	2.5	1.7	1.5	1.6	1.6
德国	总资本	2.2	1.4	1.5	1.5	1.3
	ICT 资本	8.5	7.7	6.9	5.8	6.4
	非 ICT 资本	1.4	0.7	0.9	1.0	0.7
日本	总资本	−0.7	0.9	0.5	0.7	0.2
	ICT 资本	4.3	4.8	3.4	3.2	4.2
	非 ICT 资本	−1.5	0.3	0.1	0.3	−0.5
韩国	总资本	4.6	4.0	3.8	4.0	4.2
	ICT 资本	4.2	6.4	5.8	5.0	5.9
	非 ICT 资本	4.6	3.7	3.6	3.9	4.0

资料来源:OECD 数据库。

　　世界正在进入以信息技术和信息产业为牵引的新经济发展时期,信息技术广泛深入渗透到经济社会生活各领域。近年来,我国数字经济发展势头良好。根据工业和信息化部数据,2019 年,全国移动电话用户总数超 16 亿户,移动互联网用户接入流量 1 220 亿 GB,全国移动电话用户普及率达到 114.4 部/百人,大幅高于全球平均的 101.5 部/百人。依托移动通信网络,移动支付、移动出行、餐饮外卖、视频直播、短视频等线上线下融合应用不断拓展新模式、新商圈、新

---

① 席睿德.亚洲数字革命:新的经济增长引擎[J].债券,2018(11):7-11.

消费。我国已建成全球覆盖范围最广的物联网。截至 2019 年底,蜂窝物联网连接数达到 10.3 亿个。根据国际机器人联合会(IFR)报告,我国工业机器人使用量快速增长,已成为世界上最大的工业机器人市场,占全球总安装量的 36%①。2018 年,我国安装量约 15.4 万台,超过了欧洲和美洲机器人安装总数;我国工业机器人应用密度为 140 台(每万名制造业员工所拥有的机器人数量),高于全球 99 台的平均水平。但数字化水平与发达国家仍存在差距,我国数字经济多层次、多模式并存,地区、行业、企业间发展很不平衡,总体尚处于初级阶段,考虑到劳动力供给减少和成本上升等趋势,未来我国制造业数字化转型空间巨大。

从整体上看,中国目前处于全球价值链的中间位置,依靠"大进大出"的加工贸易提升了创新密集型行业出口占比。中国社科院专家有关研究测算显示,从 2009 年到 2018 年我国四大类货物贸易行业的出口占比变动趋势来看,中国创新密集型行业出口占比最高,超过 55%②。从变化趋势看,2009 年至 2014 年中国创新密集型行业出口占比略有下降,2015 年后该类行业占比呈逐年上升态势,截至 2018 年底已超过 60%。总体上,中国出口贸易呈现"创新密集型行业主导"态势,充分反映了中国的劳动力成本上升与产业技术转型升级的基本事实,揭示了中国产业链推动创新链跨越发展的动态过程。

当前,在外部环境高度不确定的情况下,面对近年来全球经济衰退、产业链供应链循环受阻、国际贸易投资萎缩的现状,产业链低端环节对外转移加快,为降低成本,我国劳动密集型等产业企业也逐渐在劳动力成本更低的国家或地区投资设厂。我们要充分利用我国产业基础实力雄厚、产业链条完整、超大市场规模的特点,切实发挥内需优势,更好发挥创新作用,加大研发、设计等创新领域行业占比,畅通生产、分配、流通、消费等环节,推动实现内部自我循环,在填补外需下降的同时为经济高质量发展创造有利条件。

---

① 阮小雪.智能制造对中国制造业劳动力就业影响研究[D].福州:福建师范大学,2018.
② 张其仔,许明.中国参与全球价值链与创新链、产业链的协同升级[J].改革,2020(6):1-13.

"十四五"时期,新一轮科技革命和产业变革将重塑产业形态、产业结构、产业组织方式,重置国际产业竞争条件与发展生态,为我国培育产业竞争新优势、迈向中高端提供动力源泉,为我国抢占先机、迎头赶上从而实现赶超提供战略机遇。

第五节 深入实施创新驱动发展战略面临的问题和短板

党的十八大以来,我国的创新投入、创新能力、创新体制等方面都取得了显著成就,但是创新驱动发展仍然存在一些深层次的结构性矛盾。①

一、创新质量方面存在的问题

从当前情况来看,中国已成为科技创新大国。但是,目前主要是数量型指标表现抢眼,科技创新的质量还有待提高。

研发支出对原创性自主型研发的支撑力度较弱。中国知识技术密集型产业中,有相当一部分的技术来源和最终市场"两头在外",留在国内的主要是应用型研发和进口组件装配等制造环节,附加值较低。以计算机、电子及光学设备行业为例,虽然中国对欧美贸易为顺差,但对日韩等元器件主要供应地却有大幅逆差。在独角兽企业发展模式上也是如此,美国有一半此类企业是受技术创新推动的,而中国约80%依赖于业务模式的创新或者得益于国内超大规模消费市场。高端品牌是产品质量的客观反映,在2018年《世界品牌500强》排行榜中,共有28个国家入选。其中,美国占据榜单500强中的233席,稳居品牌大国第一;欧洲传统强国法国和英国分别有43个和42个品牌上榜,分列二、三位;日

---

① 魏江,李拓宇,赵雨菡.创新驱动发展的总体格局、现实困境与政策走向[J].中国软科学,2015(5):21-30.

本、中国、德国、瑞士和意大利是品牌大国的第二阵营,分别有 39 个、38 个、26 个、21 个和 15 个品牌入选。① 尽管中国有 38 个品牌入选,但相对于 14 亿人口大国和世界第二大经济体而言,似乎不太匹配,这就从一个侧面反映出中国产品质量的现状,而那些排名靠前的国家,也正是我国国内消费需求外溢的国家。

从生产要素质量上来看,要素投入质量也有较大提升空间。一是人力资本质量与发达国家差距较大。中国的研究人员占劳动力的比例约为 0.2%,仅为美国和欧盟的四分之一左右。特别是在高端人才方面,中国积累较少。中国仍属于移民净流出国,全球百强大学入围数量也较少。在受部分发达国家科技遏制的背景下,人才海外引进和培养都将受阻,如何保持科技人才接续和供给的问题严峻。例如,2015 年每百万人中研究人员为 1 177 人,远低于韩国的 7 087 人、日本的 5 231 人、英国的 4 471 人、德国的 4 431 人、美国的 4 232 人(2014 年)和 OECD 的 3 961 人(2014 年)。② 从美国硅谷和中国上海两地之间的比较来看,同为创新活动最为活跃的区域,根据硅谷指数(2016 年)显示,2015 年72% 的硅谷人口具有专科、本科及以上学历(其中 21% 具有研究生及以上学历),而同一时期上海的这一比例不足 22%。③ 二是创新投入结构不合理,资本积累水平不高。2014 年的劳均资本为 8.69 万美元(2011 年不变价格),仅相当于法国的 1/5、美国的 1/4、日本的 1/3、世界平均水平的 1/2。④⑤

二、创新效率方面存在的问题

从劳动生产率来看,尽管增速较快,改革开放以来年均增长达到 8.67%(1978—2016 年),但目前仍低于世界平均水平。根据世界大型企业联合会发布的数据计算,见表 7-4,2016 年包括我国在内的世界主要经济体的平均劳动生

---

① 2018 世界品牌 500 强,中国 38 个国家品牌上榜[EB/OL].搜狐网,2019-01-03.
② 资料来源:世界银行数据库(WDI)。
③ 资料来源:《上海市 2010 年第六次全国人口普查主要数据公报》。
④ 郭春丽,易信,何明洋.推动高质量发展面临的难题及破解之策[J].宏观经济管理,2019(1):7-14.
⑤ 张长春,徐文舸,杜月.我国生产率研究:现状、问题与对策[J].宏观经济研究,2018(1):28-41,56.

产率为 51 921 美元(各国 GDP 按购买力平价调整后的 2011 年不变价美元计,下同),我国仅为 23 486 美元,相当于世界平均水平的 45.2%、G7 国家平均水平的 25.6%、OECD 国家的 27.8%、亚太经济体的 46.9%、拉美国家的 65.5%、金砖国家的 73.0%;相当于美国的 19.7%、法国的 24.3%、加拿大的 26.2%、德国的26.4%、意大利的 26.6%、英国的 27.4%、日本的 31.4%,差距甚为明显。

表 7-4 中国与部分经济体劳动生产率的比较(1990—2016 年)

年份	中国(2011 年美元/人)	中国相当于样本经济体平均水平的百分比/%				
		世界平均	OECD 国家	金砖国家	亚太经济体	拉美国家
1990	3 953	10.7	6.9	17.5	17.9	14.5
2001	7 232	17.4	10.2	33.2	23.1	23.6
2005	10 726	23.5	13.8	41.8	28.9	33.7
2010	17 089	35.1	21.3	55.8	39.5	48.9
2015	22 631	44.1	27.1	70.2	46.5	62.8
2016	23 486	45.2	27.8	73.0	46.9	65.5

资料来源:根据世界大型企业联合会发布的数据计算。

从资本产出率来看,突出表现为投资效率持续下降,尤其是全球金融危机之后,中国的投资效率恶化趋于严重,资金配置出现了脱实向虚的趋势。据测算,用新增单位 GDP 所需的固定资产投资总额衡量的资本产出率(ICOR)指标,从 2007 年的 2.7 上升到 2015 年的 12.5 左右,之后有所回落,2016 年和 2017 年分别为 11.1 和 7.7,但仍高于世界平均水平 3 左右。①

从全要素生产率来看,由于研发效率和科技成果转化等方面的原因,我国全要素生产率水平及其增速都落后于发达国家。宾州大学国际比较项目发布的数据表明,2014 年中国全要素生产率是美国的 43%、德国的 46%、英国的

① 李凌.创新驱动高质量发展[M].上海:上海社会科学院出版社,2018:8-9.

60%、G7 国家的 52%,以及世界平均水平的 53.1%[1],在 40 个劳动生产率相近的经济体的比较中,位列第 31 名。

三、创新动力方面存在的问题

从需求拉动来看,一方面,受制于消费能力、消费环境与消费供给等因素,我国居民的消费潜力尚未得到有效释放,尤其 2000 年以后,居民消费率持续走低,目前居民消费率和最终消费率分别维持在 40%和 55%左右,低于发达国家 20%~30%。另一方面,投资需求增长乏力,基础设施投资在地方政府去杠杆和规范融资平台的双重压力下,筹资能力受限;房地产开发投资在从严调控下面临下行压力,增速放缓。[2] 国家统计局的数据表明,2017 年全国固定资产投资(不含农户)631 684 亿元,比上年增长 7.2%,同比下降 0.9%。2017 年房地产开发投资 109 799 亿元,同比增长 7.0%,2016 年为 6.9%,远低于 21 世纪第一个 10 年 20%以上的增长率。此外,对外贸易大而不强的问题依然存在,主要表现为外贸创新能力弱、出口产品附加值不高、质量有待提升等。

从供给推动来看,尚未形成规模化、系统化的创新体系,主要表现在三个方面:一是制造业提质增效的要求比较迫切,运用互联网、大数据、人工智能等先进生产方式的手段与效果还有待增强,与国际制造业的前沿技术还有较大差距;二是公共医疗、社会保障、基础教育和保障性住房等基本公共服务供给不足,信息化数字化程度不高导致居民消费力难以有效释放;三是产业转型成本过高,产业升级路径不畅,制造业和服务业的产业能级提升受阻,传统的劳动力知识结构和低人力资本等因素,使得生产资源难以从生产率低的产业向生产率高的产业跃迁。

① 王竹君,任保平.中国高质量发展中效率变革的制约因素与路径分析[J].财经问题研究,2019(6):25-32.
② 郭春丽,王蕴,易信,等.正确认识和有效推动高质量发展[J].宏观经济管理,2018(4):18-25.

四、企业激励方面存在的问题

一直以来,企业技术创新能力不足是我国企业技术创新的最大障碍。提升企业的创新能力和绩效也一直是最艰难的挑战之一。我国一直致力于建设产学研相结合的技术创新体系。根据中国企业家联合会 2015 年的调查,一方面,现有优惠政策没有成为工业企业创新成功的重要影响因素。在工业企业创新成功的 9 个重要影响因素中,按影响程度排序,企业家们认为首先是高素质的人才,其次是有创新精神的企业家,优惠政策的支持仅占第 8 位,甚至有 11.4%的企业家认为优惠政策对创新成功没有影响。另一方面,现有技术创新政策对工业企业创新成功的影响程度不大。80%以上的工业企业家认为税收优惠、金融支持、人才等政策对企业创新影响程度不高,32%～46%的企业家认为影响程度中等,27%～50%的企业家甚至认为无影响。此外,工业企业未来创新目标不高。2013—2014 年,制定了未来创新战略目标的工业企业占全部工业企业的比重为 57.2%,其中,51.7%的工业企业创新目标仅限于增加创新投入,提升企业竞争力;赶超同行业国内领先企业的仅有 20.5%;赶超同行业国际领先企业的仅占 6.7%。工业企业与高等学校、研究机构合作开展技术创新的意愿不强。在产品创新、工艺创新的 9 种可能的形式中,本企业独立开发的情景占 75%～82%,与境内高等学校合作开发的情景仅占 13.1%,与境内研究机构合作开发的仅占 2.7%。

从历史上看,自 1949 年新中国成立至 20 世纪 80 年代以前,我国通过从苏联、德国、日本和其他国家大规模引进技术,并由与企业分离的科研院所消化吸收这些技术逐步发展起完整的工业体系。从 20 世纪 80 年代至 21 世纪初加入WTO,我国技术创新通过“市场换技术”取得了一定成绩,但没有换来关键、核心技术。自《国家中长期科学和技术发展规划纲要(2006—2020 年)》发布以来,我国强化了自主创新,技术创新取得了一些点状突破。但目前,我国虽然出现少数具有一定国际竞争力的创新型企业,但绝大多数企业仍以技术引进、产品模仿为主。

从理论上看,毫无疑问,发展中国家在经济发展初期阶段必须从先进国家"引进"技术(包括交钥匙工程、购买设备、购买技术许可证、引进外资建厂等),但如果在发展过程中不能够逐渐把外来的技术知识转化为内生的技术能力,技术变化就会使这些国家永远依赖外部技术,永远处于落后状态。同时,技术发展的历史因素对技术创新有根深蒂固的影响,由此导致技术创新的路径依赖。要打破根深蒂固的技术创新路径依赖,必须制定实施强有力的技术创新政策。

从现有政策看,优惠政策的支持事实上重视鼓励生产和出口而非创新。1998年以来,随着原机械工业部、冶金工业部等十个部门所属242个研究开发机构实行企业化转制,我国工业企业因共性技术特别是基础共性技术创新的弱化,技术吸收能力和技术创新能力进一步受到削弱。同时,政府采购没有体现对自主创新的充分支持。我国的政府采购规模与发达国家相比仍然偏小,对自主创新的需求拉动作用相对有限,特别是在采购的构成上主要是货物类等实物资产,工程类和服务类占比过低,在采购领域上主要限制在政府预算安排的办公类别内,在采购主体范围上主要局限在市一级及其以上部门的政府投资中。政府采购在构成上的不合理性、范围上的狭小性、主体上的有限性严重制约了其对技术创新的促进作用。

从企业用户看,电信、铁路、航空、电力和其他重大装备等领域的生产企业,必须通过相关运营部门或者企业才能进入市场,而那些垄断性的运营部门或企业往往以中国技术"落后"为由而引进外国"先进"技术,所以中国企业难以获得借助国内市场来证明自己技术能力并持续改进产品的机会①。

五、高校院所激励方面的问题

从高校院所对科研人员的考核与评价机制看,还存在重视基础研究与原始

---

① 亦郢.给新技术以应用机会[N].经济参考报,2006-02-21.

创新,轻视应用研究与成果转化;重视成果鉴定和报奖,轻视成果产业化和商业化的情况。部分院所甚至在业绩考核、职称晋升等方面完全不考虑成果转化和社会服务,导致高校及科研院所一刀切地"唯论文论",抑制了科研人员的成果转化和服务社会的积极性。同时,由于以专利数量为导向,申请人往往在不考虑专利应用的情况下就开始进行专利申请,较少考虑其未来的市场价值,导致专利质量低、后续转化困难、维持期短等一系列问题,不能从根本上促进高水平专利的产出,也无法从源头上解决知识产权转化困难的问题。科研人员更愿意承担国家纵向科研任务,而不愿进行科技成果推广应用,不善于从目前企业急需开发的新产品及急需攻关的难题中寻求课题。另外,由于科研人员过度追求技术指标,缺乏市场观念,研发产品转化慢,也丧失了很多商机。

　　从产学研合作机制看。首先,目前高校、科研院所与企业的合作,普遍存在着形式大于内容、签约不少但实质合作内容和成效不多。实际中只有依托项目形式的比较实在,其他的合作都流于形式,难以产生实质性的创新成果。这导致产学研合作很多仍处在低层次合作阶段,难以从原始创新开始,确定产业化目标,形成自主创新、获得自主知识产权技术的合力和优势。其次,高校及科研院所的技术成果存在实用性不强,与企业实际技术需求脱节的情况,不能很好地与市场需求对接。科研人员更愿意做国家的项目,工业企业提出的问题往往比较实际而且复杂,无法上升到国家经费支持的层面,导致企业真正需要的项目没人做。再次,产学研合作还面临科技研发的信息不对称,缺少必要的中介服务体系,缺少产业化的专门人才,缺乏对产业化的激励机制等。高校立项的科研项目无法紧扣社会发展和企业需求,导致了科技成果众多但转化率低的尴尬局面。风险投资机构和中介机构也很难真正了解高校可转化的科技成果,同时,高校及科研院所往往缺少产业化运作能力及资金支持,因此很难依靠自身力量进行科技成果的产业化。最后,科技成果从诞生到转化为商品,一般要经历三个阶段:研究开发、中试、批量生产。按照国外的经验,这三个阶段需要的资金比例为 1∶10∶100①,我国对中试和批量生产阶段的资金投入不足、高校院所缺乏对产业化的激励机制等,也造成大量科技成果停留在实验室,无法产业化。

从高校及科研院所科技成果转化看。目前高校和科研院所的知识产权成果均属于国有资产中的无形资产的范畴,在进行科技成果转化时,需要经历评估、备案、审批等流程,涉及多个部门,需要花费大量的时间和精力,影响了科技成果转化的效率。同时,国有资产的收益权中关于利益如何分配也没有明确的说法,导致科研人员及其团队获得的收益较少,知识产权转化的利益驱动作用不明显,科研人员往往没有进行科技成果转化的积极性。虽然严格的国有资产管理对于防止国有资产流失起到了一定作用,但也使高校和科研院所错失了很多机会,不利于高校和科研院所科技成果转化。目前在科技成果转化的过程中缺少相应的政府部门或机构对成果的经济效益进行权威的评估,国有资产的处置受到制约。同时,现行的高校财务制度与科技成果转化的奖励制度不匹配,成果转化的奖励不能直接给予科研人员,制约了科研人员从事成果转化活动的积极性。

六、相关问题的成因剖析

一是思想观念认识方面的原因。新发展理念在政策实施过程中还有待进一步落实,部分地区仍旧坚持"以量取胜"的传统观念。② 以 GDP 为考核导向的做法使地方政府过度地关注经济增长,很多时候甚至以牺牲民生、环境、资源为代价。高校等科研与教育单位为了迎合 GDP 的发展理念,不得不从传统的基础学科研究中脱离出来,进行横向课题研究,从而使得我国基础科研成果稀少、质量低下。③ 科研体制行政化、科研组织官僚化突出会导致科研机构创新动力

① 黄瑶.高校科技产业财务管理与风险控制研究[D].昆明:昆明理工大学,2007.
② 李洪文.我国创新驱动发展面临的问题与对策研究[J].科学管理研究,2013,31(3):26-29.
③ 汪建成,毛蕴诗.技术引进、消化吸收与自主创新机制[J].经济管理,2007,29(3):22-27.

不足。① 科学家只要有了创新性成果,随之而来的就是行政职务和各种头衔。一些人搞科研,想尽办法获奖,哪个科研项目能够尽快出成果,就做什么项目,遇到难度大的基础科研项目,往往绕过去,不肯吃苦,不肯忍受寂寞。受这种环境和氛围的影响,很多青年科技工作者在选择自己的研究方向和导师时,往往更关注专业的热门程度和导师的影响力,而不是根据自己的兴趣和学术发展的自然规律。目前的应试教育体系不利于学生创新精神和创新思维的培养。基础教育阶段灌输式、记忆式的教学方法使学生养成了刻板、固化、服从权威的思维方式,而国内大多数高等院校也主要强调专业知识的传授,缺少对科学思维、科学方法方面的引导和训练。到目前为止,我国的科技发展以模仿跟踪为主,自主创新较少。

二是科技创新政策体系滞后于国家创新战略转型。党的十八大以来,国家不断加大科技创新的经费投入,不断推进国家创新体系的顶层设计。然而,虽然政策文件明确将创新驱动发展作为国家和区域经济社会发展的核心战略,但激发企业创新活力、支持企业创新发展的行政考核评价体系、政府财政投入方式以及税收激励政策等政策体系建设尚不完善,直接导致创新型企业融资难、融资贵、知识产权保护不易等问题。② 在长三角地区企业抽样调查中发现,有70%~80%的企业存在向政府寻求财政和税收支持,却没有将政府财政补贴或者税收优惠的经费完全投入到创新研发中去。一些企业为追求短期利益的最大化,成立专项部门,以"科技研发""创新投入"的名义向政府圈钱,此外,部分地方政府基于短视的经济发展观,对要素市场交易活动进行不同程度的干预与控制,要素市场存在着不同程度的扭曲。在要素市场较为健全的东部地区,政府财政补贴对于企业创新绩效具有促进作用,而在要素市场不健全的中西部地

① 刘那日苏.资源型地区创新驱动发展研究[M].北京:经济管理出版社,2019:180-181.
② 张彬,方家喜,刘旸晖,等.21部委合推创新驱动发展战略[N].经济参考报,2013-10-09(2).

区,政府财政补贴与企业创新绩效之间呈现负向关系。①

三是政产学研用统筹协同不足。创新驱动发展不是一个单一层面,而是需要政府、企业,科研机构及人员,高校、金融机构等协同合作。目前,我国大部分地区产学研协同创新仍然停留在一般意义上的技术转让、合作开发和委托开发等较低层次的合作上,以企业为核心共建研发机构及技术联盟、共建科工贸一体化的经济实体等高层次的合作还匮乏,科技与经济的对接、研发与产业的对接以及科研工作者创新劳动与利益收入的对接还不够。长期以来我国的创新资源都集中在科研机构以及大学中,而这些经费主要是依靠财政进行维持运行的,在实际发展中并没有形成依靠科研成果来进行维持运营的发展模式。② 因此,一定程度上我国的 R&D 活动与生产需求脱节,一直存在着科技成果向现实生产力转化不力、不顺、不畅的痼疾,科技创新链条上存在诸多难点、堵点、痛点,致使许多科研成果停留在"纸上科研""创新盆景""实验样品"阶段,科技发展与经济发展"两张皮"的问题长期存在。③ 当前,急需增强科技成果对经济发展的驱动力,改变有的政府部门只管投资不关心科技投入收益、有的科研机构只管研发不关注成果产业化的倾向,将经济社会发展的需求充分体现在科技规划中。知识服务业的市场化发展是解决科技成果产业化的非常重要的环节,目前科技成果产业化存在价值评估、市场交易、产权让渡、利益分享等一系列障碍。要解放思想、解放知识生产力,就要改变现有知识服务业的发展桎梏。要把科技保险业、科技交易市场、科技金融业、科技担保业、科技期权业等各种业态的发展,与科技研发机构—企业之间的合作发展结合起来,充分发挥市场的力量来解决。

四是科技成果评价方式还不能完全适应自主创新的要求。目前科技成果

---

① 魏江,李拓宇,赵雨菡.创新驱动发展的总体格局、现实困境与政策走向[J].中国软科学,2015(5):21-30.

② 李明杰.创新驱动发展面临的问题与对策[J].经贸实践,2017(14):63.

③ 刘那日苏.资源型地区创新驱动发展研究[M].北京:经济管理出版社,2019:185.

评价方式、科研院所对科研人员研究能力的评价标准有待完善。第一,在评价科学基础研究成果时,我国普遍以 SCI 收录作为标准,将其作为个人评职晋级和衡量高校、科研院所科研实力强弱的主要依据之一。SCI 导向在一定程度上影响我国科技的长远健康发展。第二,过分强调科研成果数量而忽视成果质量。我国许多大学和科研院所在职位考核和晋升时都把发表论文的数量作为重要依据,从而导致一定程度上科研人员选择时间周期短、容易出文章的题目,而面对那些难度大、周期长的思维性、方法性和工具性问题敬而远之,滋生了学术浮躁之风,不利于产生重大突破性的研究成果。第三,在课题立项和评审过程中,往往强调研究成果近期的社会经济效益,而对基础性的科学思维方法与工具的重视程度不够,致使我国一些学术领域的发展缺乏明确的方向、学术研究缺乏可持续性,制约了科技创新。

五是企业创新激励效果不佳。完善的管理机制对企业科技创新的发展具有重要的影响,但多数企业在技术创新方面没有建立长效的增长机制,科技创新投入的资金占销售额的比例比较少,投入科技创新的资金从来没有一个明确的定数,多数都是企业决策者酌情而定的。[1] 许多国有企业具有很强的创新能力,但是缺乏创新动力;而许多民营企业具有创新的动力,却缺少实现创新的能力。因此,国家要鼓励国有企业和民营企业合作,促进国有企业创新资源的释放,实现国有企业和民营企业创新能力与动力的互补。企业家的激励作用尚未体现,也缺乏更多敢于改造制度环境的战略型企业家。企业家对于企业创新至关重要,优秀的企业家能以创新的思维、蓬勃的热情推动企业的技术创新、服务创新、商业模式创新、制度创新等,从而加快企业转型,适应国际市场需求,逐步形成创新的国际话语权。

六是创新基础设施不完善。数字经济时代对创新提出了新要求。目前我国各地大数据信息平台建设不够完善,未能形成有效的网络效应,产学研各主

---

[1] 刘佳佳,徐紫若,崔晓.创新驱动对企业发展自主品牌的影响因素分析——以徐州地区为例[J].辽宁农业职业技术学院学报,2016,18(5):52-54.

体间的知识共享、知识协同与知识创造不充分,行业监管有待规范,进而影响了知识服务于技术创新的过程。在创新基础设施的建设上要及时转换思路,聚焦"大数据""互联网+"等新基础设施的投入,要面向"大众创新、万众创业"来布局创新基础设施。比如,要解决创新风险的问题,政府就需要全方位为企业提供资金、信息支持,同时,合理做好监管,为企业创新行为提供保障。

七是区域发展不平衡导致创新发展的不平衡。区域创新体系构建的不完善,导致西部地区的企业在创新资源、科技资源以及人才资源等的配置上存在"抽水机效应",即中西部的高端创新资源被源源不断地输送到东部地区。经济发展到一定程度,由于成本要素等的制约,在产业转型升级客观规律的引导下,确实会出现低端资源转出该地区,而高端资源将不断流入的格局,如台湾地区、香港地区把低端制造环节转移到内地,转而引入高端资源促进产业转型。① 我国西部地区则表现为"高端流出低端流入",即科技成果在"西部开花",转而被"抽取"到"东部结果"。例如,西安市每万人中的大学生数量、科技投入、国家研究机构数量和规模、发明专利数量以及院士等高层次人才数量,均优于浙江,但作为省会的西安,其地区生产总值和高新技术产业产值却在相当长的时间内,还不及浙江省的一个地级市。在西安地区很多国家级高校、科研机构的研究成果,转移到东部地区,科技成果创造的经济价值在东部地区实现。② 这种区域之间的经济发展不平衡,再加上制度发展、创新能力、科技资源配置、科技成果应用等不平衡,严重影响了西部的创新驱动发展,进一步拉大了中西部、东西部之间的差距。

---

① 魏江.多层次开放式区域创新体系建构研究[J].管理工程学报,2010(S1):31-37.
② 魏江,李拓宇,赵雨菡.创新驱动发展的总体格局、现实困境与政策走向[J].中国软科学,2015(5):21-30.

第六节　国家创新能力的分层与评价

党的十八大以来,我国坚持实施创新驱动发展战略,把创新摆在国家发展全局的重要位置。《国家创新驱动发展战略纲要》提出,我国到 2020 年进入创新型国家行列、2030 年跻身创新型国家前列、2050 年建成世界科技创新强国的"三步走"战略目标。创新驱动发展战略是以自主创新能力为支撑、以科技创新为核心要素的全面创新和协同创新推动经济社会科学高效发展的战略指导思想。创新驱动系统是一个以科技创新为核心,包含体制创新、管理创新、文化创新、服务创新以及商业模式创新等的复合系统。[①]

开展创新评价,以量化的形式来描述创新活动的情况和成效,将有助于决策部门把握地区创新活动的现状和特点,并能据此较为及时和准确地预测未来的趋势,从而有利于决策部门合理配置区域内的创新资源,科学制定创新发展战略。开展创新评价,还将有利于对区域之间的创新能力进行比较分析,发现区域的优势与劣势。另一方面,开展创新评价,也将有助于企业及时掌握区域内乃至全国的创新动态,调整企业创新策略,对创新投入做出正确的判断,增强企业创新的动机和动力。[②] 因此,本节在正确认识国家创新能力内涵的基础上,根据数据的可获取性,以八大综合经济区域为对象,对我国整体创新能力进行评价,并对比分析区域间的差异。

一、创新能力测度指标体系

本部分基于技术创新理论,在正确理解创新能力的概念、内涵和特征的基础上,根据数据的可获取性,以《中国创新发展报告(2017—2018)》中的区域创

---

① 王珍珍.创新驱动发展:效率评价与路径选择[M].北京:社会科学文献出版社,2018:17.
② 张景安.深圳创新评价[M].北京:科学出版社,2011:53.

新能力指标体系为基本框架,从创新环境、创新投入、创新产出及创新绩效四个方面设计创新能力测度指标体系。为了更科学合理地反映创新能力,在创新环境方面,增加了每百家企业拥有的网站数的指标,考查信息通信技术对创新的作用;在创新绩效方面,增加了单位能耗创造的 GDP 指标,以反映创新带来的生态效益。具体指标体系见表 7-5。[①]

表 7-5　创新能力测度指标体系

一级指标	二级指标	变量标识	单位
创新环境	每百家企业拥有的网站数	X_1	户
	本科以上学历人数占就业人数的比重	X_2	%
	有 R&D 活动的规模以上工业企业占比	X_3	%
	地方财政科技拨款占地方财政预算支出的比重	X_4	%
创新投入	R&D 经费支出	X_5	亿元
	R&D 经费支出占 GDP 比重	X_6	%
	R&D 人员全时当量	X_7	万人年
	每万人研究与开发人员数	X_8	人
创新产出	发明专利授权数	X_9	件
	每万人发明专利授权数	X_{10}	件
	科技论文数	X_{11}	篇
	每万个研发人员科技论文数	X_{12}	篇
创新绩效	高技术产品出口占货物出口额的比重	X_{13}	%
	高技术产业产值占 GDP 的比重	X_{14}	%
	新产品销售收入占产品销售收入的比重	X_{15}	%
	单位能耗创造的 GDP	X_{16}	万元/吨标准煤

注:表中所有指标数据来自历年《中国统计年鉴》《中国能源统计年鉴》《中国科技统计年鉴》,经计算而得。

---

① 陈劲.科技创新:中国未来 30 年强国之路[M].北京:中国大百科全书出版社,2020.

二、创新能力总体分析

为客观反映我国不同区域创新能力的实际状况,本部分从区域创新能力测度指标体系中选取了6项核心指标,分别为X_3[有R&D活动的规模以上工业企业占比(%)]、X_6[R&D经费支出占GDP比重(%)]、X_7[R&D人员全时当量(万人年)]、X_{10}[每万人发明专利授权数(件)]、X_{14}[高技术产业产值占GDP的比重(%)]和X_{16}[单位能耗创造的GDP(万元/吨标准煤)],以此分析不同地区的表现。由于需要对全国各省(自治区、直辖市)的截面数据进行比较,[①]省份过多,研究对象繁杂,因此本节将有数据的30个省(自治区、直辖市)划分为八大综合经济区域:东北综合经济区,包括辽宁、吉林、黑龙江;北部沿海综合经济区,包括北京、天津、河北、山东;东部沿海综合经济区,包括上海、江苏和浙江;南部沿海综合经济区,包括福建、广东和海南;黄河中游综合经济区,包括陕西、山西、河南和内蒙古;长江中游综合经济区,包括湖北、湖南、江西和安徽;西南综合经济区,包括云南、贵州、四川、重庆和广西;西北综合经济区,包括甘肃、青海、宁夏、新疆。

(一)有R&D活动的规模以上工业企业占比

有R&D活动的规模以上工业企业占比反映了工业企业对研发活动的重视程度。计算2013—2017年八大综合经济区该指标数据,见表7-6。根据表7-6数据绘制2013—2017年八大综合经济区有R&D活动的规模以上工业企业占比的发展趋势图,如图7-1所示。

---

① 香港、澳门、台湾和西藏数据暂缺。

表 7-6　2013—2017 年中国八大综合经济区有 R&D 活动的规模以上工业企业占比

单位:%

地区	年份				
	2013 年	2014 年	2015 年	2016 年	2017 年
东北综合经济区	6.215	7.140	6.940	10.126	13.572
北部沿海综合经济区	11.623	13.722	15.761	19.081	23.231
东部沿海综合经济区	25.236	28.381	32.305	37.001	39.468
南部沿海综合经济区	13.936	15.661	18.785	24.030	31.894
黄河中游综合经济区	8.497	9.884	10.770	12.039	15.800
长江中游综合经济区	13.223	14.425	16.310	19.814	24.681
西南综合经济区	8.070	10.469	11.803	14.762	19.750
西北综合经济区	10.567	11.479	13.586	14.940	14.086

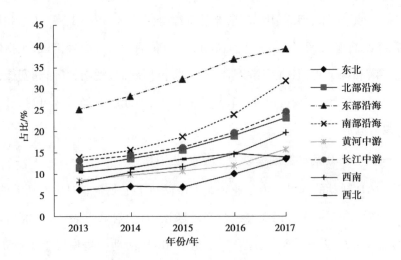

图 7-1　2013—2017 年中国八大综合经济区有 R&D 活动的
规模以上工业企业占比的发展趋势图

从整体看,2013—2017 年我国八大综合经济区有 R&D 活动的规模以上工业企业占比呈现上升趋势。分区域来看,首先,东部沿海综合经济区有 R&D 活动的规模以上工业企业占比高于其他地区,其次为南部沿海综合经济区;长江中游、北部沿海、西南、黄河中游、东北综合经济区有 R&D 活动的规模以上工业企业占比发展趋势基本一致。2013—2015 年增幅较小,2016 年有显著提升,长江中游、北部沿海综合经济区略高于其他区域;西北综合经济区有 R&D 活动的规模以上工业企业占比在 2013—2016 年呈缓慢上升趋势,2017 年稍有下滑,即有 R&D 活动的规模以上工业企业数明显减少,该情况可能与西北地区企业对研发活动不够重视有关。

(二)R&D 经费支出占 GDP 比重

R&D 经费支出占 GDP 比重(R&D 经费强度)衡量一个地区对研发创新活动在财力上的支持与重视程度,将 2013—2017 年八大综合经济区 R&D 经费强度整理成表 7-7。根据表 7-7 的数据绘制 2013—2017 年各地区 R&D 经费强度的发展趋势图,如图 7-2 所示。

表 7-7 2013—2017 年中国八大综合经济区 R&D 经费强度

单位:%

地区	年份				
	2013 年	2014 年	2015 年	2016 年	2017 年
东北综合经济区	1.335	1.265	1.146	1.269	1.300
北部沿海综合经济区	2.604	2.661	2.774	2.765	2.770
东部沿海综合经济区	2.582	2.657	2.714	2.753	2.812
南部沿海综合经济区	2.025	2.073	2.154	2.208	2.303
黄河中游综合经济区	1.244	1.252	1.281	1.311	1.350
长江中游综合经济区	1.518	1.567	1.625	1.635	1.795
西南综合经济区	1.103	1.123	1.185	1.243	1.334
西北综合经济区	0.736	0.754	0.778	0.799	0.797

2013—2017 年中国八大综合经济区 R&D 经费强度呈现逐年上升趋势,表明各大经济区工业企业对研发创新活动愈加重视,但重视程度在区域间存在差异。东部沿海综合经济区、北部沿海综合经济区 R&D 经费强度相近,明显高于

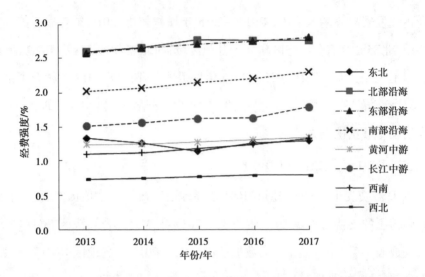

图 7-2　2013—2017 年中国八大综合经济区 R&D 经费强度的发展趋势图

其他地区;南部沿海综合经济区、长江中游综合经济区 R&D 经费强度持续增加,这两个区域 2017 年 R&D 经费强度已达到 2.303% 和 1.795%;西南综合经济区的发展趋势与黄河中游综合经济区相似,2013—2016 年西南综合经济区较黄河中游综合经济区稍落后,2017 年与其趋于一致,发展态势良好;东北综合经济区 R&D 经费强度在 2015 年之前处于下降趋势,2016 年开始回升,与西南综合经济区、黄河中游综合经济区保持一致;西北综合经济区 R&D 经费强度在 2013—2017 年一直处于最低水平,表明西北综合经济区需要加强对研发经费的支持。

（三）R&D 人员全时当量

R&D 人员全时当量指标反映区域对研发人力资本的投入状况,根据 2013—2017 年八大综合经济区该指标数据(表 7-8),绘制 2013—2017 年八大综合经济区 R&D 人员全时当量的发展趋势图,如图 7-3 所示。

表 7-8　2013—2017 年中国八大综合经济区 R&D 人员全时当量

单位:万人年

地区	年份				
	2013 年	2014 年	2015 年	2016 年	2017 年
东北综合经济区	20.56	21.20	19.12	19.10	18.18
北部沿海综合经济区	71.13	74.60	77.49	78.56	79.09
东部沿海综合经济区	94.30	100.54	105.68	110.39	114.16
南部沿海综合经济区	63.12	65.02	63.60	65.56	71.33
黄河中游综合经济区	33.21	34.40	33.26	34.47	34.14
长江中游综合经济区	39.93	42.10	43.05	44.24	47.32
西南综合经济区	25.54	27.37	27.97	29.78	33.57
西北综合经济区	5.51	5.83	5.72	5.70	5.57

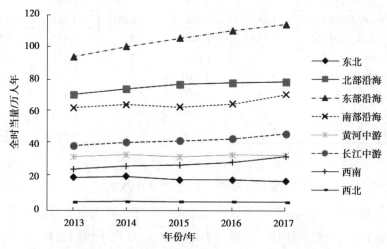

图 7-3　2013—2017 年中国八大综合经济区 R&D 人员全时当量的发展趋势图

2013—2017 年 R&D 人员全时当量在八大综合经济区中存在明显差异。东部沿海综合经济区 R&D 人员全时当量水平和增速高于其他地区,与其他区域的差距逐年拉大;北部沿海综合经济区、南部沿海综合经济区 R&D 人员全时当量保持上升趋势,但增长速度较为缓慢;长江中游、黄河中游、西南综合经济区发展水平基本相似,2017 年为 30 万~50 万人年;东北综合经济区 2014 年后

R&D 人员全时当量呈缓慢下降趋势,即研发人员资本投入出现明显缩减,说明该区域应该增加人才引进量;西北综合经济区 2013—2017 年 R&D 人员全时当量基本保持不变,处于最低水平。

(四)每万人发明专利授权数

每万人发明专利授权数是发明专利授权数与每万人常住人口的比值,反映一个国家或地区科技创新产出的质量。计算 2013—2017 年八大综合经济区该指标数据,将计算结果整理成表 7-9。根据表 5-5 数据绘制 2013—2017 年各地区每万人发明专利授权数的发展趋势图,如图 7-4 所示。

表 7-9　2013—2017 年中国八大综合经济区每万人发明专利授权数

单位:件

地区	年份				
	2013 年	2014 年	2015 年	2016 年	2017 年
东北综合经济区	0.689	0.716	1.172	1.238	1.445
北部沿海综合经济区	1.683	1.888	2.890	3.283	3.574
东部沿海综合经济区	2.433	2.810	4.831	5.473	5.647
南部沿海综合经济区	1.533	1.690	2.540	2.925	3.426
黄河中游综合经济区	0.476	0.537	0.793	0.900	1.015
长江中游综合经济区	0.557	0.657	1.172	1.391	1.416
西南综合经济区	0.430	0.515	0.851	1.010	1.063
西北综合经济区	0.263	0.289	0.456	0.486	0.502

我国 2013—2017 年每万人发明专利授权数在八大综合经济区中存在明显差异。从整体看,八大综合经济区可分为 3 个层次。首先为东部沿海综合经济区,其每万人发明专利授权数明显高于其他地区,且逐年增幅明显;其次为北部沿海、南部沿海综合经济区,两个综合经济区每万人发明专利授权数同样表现出持续增长特征,发展趋势相似,但相较于东部沿海综合经济区稍低;再次为长江中游综合经济区、东北综合经济区、黄河中游综合经济区、西南综合经济区、西北综合经济区,均明显低于其他综合经济区,表明这些综合经济区自主创新能力有待提升,应加大科学投入,建立企业为主体、市场为导向、产学研结合的技术创新体系。

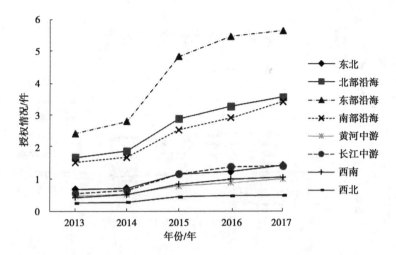

图 7-4　2013—2017 年中国八大综合经济区每万人发明专利授权数的发展趋势图

（五）高技术产业产值占 GDP 的比重

高技术产业产值占 GDP 的比重反映一国或地区高技术产业的整体发展状况,体现其创新经济效益。计算 2013—2017 年八大综合经济区该指标数据,将计算结果整理成表 7-10。根据表 7-10 数据绘制 2013—2017 年八大综合经济区高技术产业产值占 GDP 的比重的发展趋势图,如图 7-5 所示。

表 7-10　2013—2017 年中国八大综合经济区高技术产业产值占 GDP 的比重

单位:%

地区	年份				
	2013 年	2014 年	2015 年	2016 年	2017 年
东北综合经济区	8.050	8.095	7.411	7.660	7.157
北部沿海综合经济区	15.602	16.008	16.222	15.434	15.272
东部沿海综合经济区	30.200	29.468	29.706	28.533	27.819
南部沿海综合经济区	36.034	35.745	36.515	37.280	37.423
黄河中游综合经济区	8.606	9.728	11.464	12.301	13.471
长江中游综合经济区	10.994	12.011	13.704	14.352	15.690
西南综合经济区	13.018	13.895	14.013	15.109	15.830
西北综合经济区	1.253	1.341	2.159	2.619	4.060

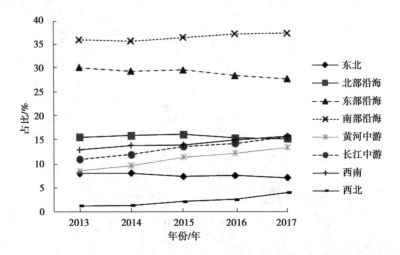

图 7-5　2013—2017 年中国八大综合经济区高技术产业产值占 GDP 比重的发展趋势图

2013—2017 年高技术产业产值占 GDP 的比重在八大综合经济区中发展趋势不同,该指标的数值大小反映出各个综合经济区的创新效益。南部沿海综合经济区高技术产业产值占 GDP 的比重领先其他地区,在 2013—2017 年基本保持不变;东部沿海综合经济区 2013—2017 年高技术产业产值占 GDP 的比重下滑,说明该地区的企业创新能力在下降;西南综合经济区、长江中游综合经济区、黄河中游综合经济区高技术产业产值占 GDP 的比重呈上升趋势,但黄河中游综合经济区高技术产业产值占 GDP 的比重低于前两者,在一定程度上反映了黄河中游综合经济区高技术产业创新经济效益不高;东北综合经济区、西北综合经济区 2013—2017 年高技术产业产值占 GDP 的比重不足 10%,表明这些区域企业高新技术产品自主创新能力不强,应当引进创新型人才,提升科技创新产出质量。

(六)单位能耗创造的 GDP

单位能耗创造的 GDP 反映能源消费水平和能源利用效率。计算 2013—2017 年八大综合经济区该指标数据,见表 7-11,绘制 2013—2017 年八大综合经济区单位能耗创造的 GDP 的发展趋势图,如图 7-6 所示。

表 7-11　2013—2017 年中国八大综合经济区单位能耗创造的 GDP

单位:万元/吨标准煤

地区	年份				
	2013 年	2014 年	2015 年	2016 年	2017 年
东北综合经济区	1.281	1.358	1.379	1.268	1.328
北部沿海综合经济区	1.490	1.558	1.605	1.716	1.795
东部沿海综合经济区	2.006	2.155	2.256	2.424	2.607
南部沿海综合经济区	2.045	2.191	2.316	2.494	2.706
黄河中游综合经济区	1.092	1.150	1.170	1.229	1.307
长江中游综合经济区	1.635	1.760	1.846	1.980	2.103
西南综合经济区	1.280	1.385	1.472	1.578	1.697
西北综合经济区	0.646	0.674	0.656	0.678	0.710

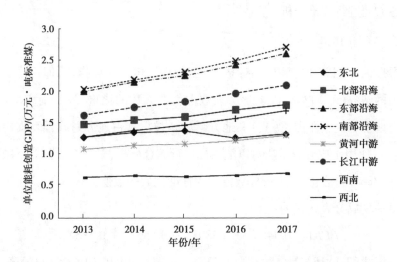

图 7-6　2013—2017 年中国八大综合经济区单位能耗创造 GDP 的发展趋势图

从整体看,2013—2017 年中国八大综合经济区单位能耗创造的 GDP 总体
呈现上升趋势,表明我国区域能源利用效率提高,但利用效率在区域间存在差
异。南部沿海综合经济区、东部沿海综合经济区单位能耗创造的 GDP 发展水

平和增长趋势基本相似,高于其他区域,反映出这两个区域能源利用效率高;长江中游、北部沿海、西南综合经济区单位能耗创造的 GDP 增长量与增长速度较为接近,长江中游综合经济区能源利用效率略高于后两者;黄河中游综合经济区单位能耗创造的 GDP 一直保持上升趋势,且增长速度较快,2016 年开始与东北综合经济区接近,2017 年与东北综合经济区基本一致,发展势头良好;西北综合经济区单位能耗创造的 GDP 在 2013—2017 年一直处于最低水平,表明西北综合经济区经济发展结构有待优化,能源利用效率有待提升。

三、创新能力综合分析

为更深入了解 2017 年全国有数据的 30 个省(自治区、直辖市)区域创新能力的发展情况,本节运用主成分分析法,根据 2017 年区域创新能力的各项指标数据,分别对 30 个省(自治区、直辖市)创新环境、创新投入、创新产出、创新绩效等各方面进行评价分析。

(一)创新环境

根据区域创新能力测度指标体系,创新环境包括 4 项指标,即每百家企业拥有的网站数(X_1)、本科以上学历人数占就业人数的比重(X_2)、有 R&D 活动的规模以上工业企业占比(X_3)和地方财政科技拨款占地方财政预算支出的比重(X_4)。使用主成分分析法对以上指标进行综合分析,第一主成分能反映原始变量 63.886% 的信息,其中指标数值均为标准化后的数值。

第一主成分表达式为:

$$PCR1 = 0.448X_1 + 0.380X_2 + 0.559X_3 + 0.586X_4 \quad (7\text{-}1)$$

根据式(7-1)计算第一主成分的得分,表 7-12 列出了 30 个省(自治区、直辖市)创新环境得分及排名情况。

表 7-12　2017 年 30 个省（自治区、直辖市）创新环境得分及排名情况

省（自治区、直辖市）	创新环境得分	排名
北京	3.28	1
广东	3.27	2
江苏	3.09	3
浙江	2.71	4
上海	2.42	5
天津	2.23	6
安徽	1.08	7
山东	0.66	8
湖北	0.43	9
福建	0.09	10
重庆	−0.13	11
湖南	−0.20	12
辽宁	−0.40	13
江西	−0.45	14
河南	−0.52	15
四川	−0.63	16
陕西	−0.71	17
宁夏	−0.73	18
云南	−0.91	19
贵州	−0.94	20
河北	−0.95	21
海南	−0.95	22
甘肃	−1.09	23
山西	−1.27	24
黑龙江	−1.43	25

续表

省(自治区、直辖市)	创新环境得分	排名
新疆	-1.48	26
内蒙古	-1.50	27
吉林	-1.59	28
广西	-1.64	29
青海	-1.75	30

创新环境得分排名前五位的省(直辖市)为北京、广东、江苏、浙江和上海,其中北京创新环境得分最高,得分达到 3.28。说明北京资本雄厚,人才集聚;广东经济发达,基础设施建设完善;浙江、江苏和上海属于长江三角洲繁荣地带,地理位置优越,人力资本丰富,良好的教育水平与经济实力有助于创造良好的创新环境。创新环境得分大于 0 的省(直辖市)还包括天津、安徽、山东、湖北、福建,这 5 个省(直辖市)区域的创新环境高于全国一般水平,良好的创新环境能够推动经济发展。创新环境得分排名后五位的省(自治区)为新疆、内蒙古、吉林、广西和青海,政府应当营造良好的创新氛围,加强教育,引进人才,实施创新驱动发展战略。

(二)创新投入

根据区域创新能力测度指标体系,创新投入包括 4 项指标,即 R&D 经费支出(X_5)、R&D 经费支出占 GDP 比重(X_6)、R&D 人员全时当量(X_7)和每万人研究与开发人员数(X_8)。使用主成分分析法对以上指标进行综合分析,第一主成分能反映原始变量 82.676% 的信息。第一主成分表达式为:

$$PCR1 = 0.517X_5 + 0.494X_6 + 0.488X_7 + 0.500X_8 \qquad (7-2)$$

根据式(7-2)计算第一主成分的得分,表 7-13 列出了 30 个省(自治区、直辖市)创新投入得分及排名情况。

表 7-13　2017 年 30 个省(自治区、直辖市)创新投入得分及排名情况

省(自治区、直辖市)	创新投入得分	排名
北京	4.77	1
江苏	3.92	2
广东	3.64	3
上海	2.56	4
浙江	2.52	5
山东	1.85	6
天津	0.84	7
湖北	0.13	8
福建	0.12	9
安徽	0.06	10
陕西	−0.08	11
四川	−0.11	12
湖南	−0.22	13
河南	−0.30	14
重庆	−0.33	15
辽宁	−0.37	16
河北	−0.62	17
江西	−0.98	18
山西	−1.23	19
吉林	−1.25	20
黑龙江	−1.28	21
云南	−1.30	22
宁夏	−1.35	23
甘肃	−1.36	24
内蒙古	−1.37	25
广西	−1.50	26

续表

省(自治区、直辖市)	创新投入得分	排名
贵州	-1.56	27
青海	-1.68	28
新疆	-1.75	29
海南	-1.76	30

北京创新投入得分高达 4.77,位居全国第一。得分在 0 以上的还包括江苏、广东、上海、浙江、山东、天津、湖北、福建和安徽这 9 个省(直辖市),这说明共有 10 个省(直辖市)的企业创新能力处于全国平均水平之上,企业重视 R&D 经费支出,R&D 人力资本比较丰厚。青海、新疆和海南这 3 个省(自治区)的创新资源情况最为落后,政府应该加大研发经费投入,增加研发人员,注重开展研发活动,发展高新技术企业,提高区域创新能力。

(三)创新产出

在区域创新能力测度指标体系中,创新产出水平主要由 4 项指标反映:发明专利授权数(X_9)、每万人发明专利授权数(X_{10})、科技论文数(X_{11})和每万个研发人员科技论文数(X_{12})。使用主成分分析法对以上指标进行综合分析,第一主成分能反映原始变量 71.925% 的信息。第一主成分表达式为:

$$PCR1 = 0.505X_9 + 0.549X_{10} + 0.581X_{11} + 0.325X_{12} \tag{7-3}$$

根据式(7-3)计算第一主成分的得分,表 7-14 列出了 30 个省(自治区、直辖市)创新产出得分及排名情况。

表 7-14　2017 年 30 个省(自治区、直辖市)创新产出得分及排名情况

省(自治区、直辖市)	创新产出得分	排名
北京	6.73	1
江苏	2.68	2
上海	2.46	3

续表

省(自治区、直辖市)	创新产出得分	排名
广东	1.59	4
浙江	1.08	5
陕西	0.97	6
湖北	0.59	7
山东	0.26	8
辽宁	0.15	9
黑龙江	0.12	10
天津	0.06	11
四川	0.06	12
安徽	−0.18	13
湖南	−0.18	14
吉林	−0.21	15
重庆	−0.27	16
甘肃	−0.49	17
福建	−0.57	18
河南	−0.74	19
山西	−1.02	20
河北	−1.11	21
广西	−1.13	22
江西	−1.15	23
云南	−1.20	24
新疆	−1.20	25
海南	−1.27	26
贵州	−1.42	27
宁夏	−1.53	28
内蒙古	−1.55	29
青海	−1.56	30

北京的创新产出得分高达 6.73,明显高于其他省(自治区、直辖市),居于首位。其次为江苏、上海、广东、浙江、陕西,这些地区的创新产出得分均在 0.8 分以上,位居第二层次。而湖北、山东、辽宁、黑龙江、天津、四川的创新产出得分均大于 0,位居第三层次,这 6 个省份的创新产出在一般水平以上。海南、贵州、宁夏、内蒙古、青海的创新产出得分位于全国后五位,表明创新产出水平最为落后,有待加强。

(四)创新绩效

在区域创新能力测度指标体系中,创新绩效主要由 4 项指标反映:高技术产品出口占货物出口额的比重(X_{13})、高技术产业产值占 GDP 的比重(X_{14})、新产品销售收入占产品销售收入的比重(X_{15})和单位能耗创造的 GDP(X_{16})。使用主成分分析法对以上指标进行综合分析,第一主成分能反映原始变量 59.271% 的信息。第一主成分表达式为:

$$PCR1 = 0.301X_{13} + 0.566X_{14} + 0.555X_{15} + 0.529X_{16} \qquad (7\text{-}4)$$

根据式(7-4)计算第一主成分的得分,表 7-15 列出了 30 个省(自治区、直辖市)创新绩效得分及排名情况。

表 7-15　2017 年 30 个省(自治区、直辖市)创新绩效得分及排名情况

省(自治区、直辖市)	创新绩效得分	排名
广东	3.24	1
江苏	2.52	2
重庆	2.38	3
北京	1.97	4
天津	1.90	5
上海	1.88	6
浙江	1.43	7
安徽	0.62	8

续表

省(自治区、直辖市)	创新绩效得分	排名
河南	0.60	9
江西	0.56	10
湖北	0.56	11
湖南	0.51	12
四川	0.35	13
福建	0.23	14
陕西	0.13	15
吉林	0.04	16
山东	−0.05	17
广西	−0.37	18
贵州	−0.76	19
海南	−1.04	20
山西	−1.06	21
辽宁	−1.12	22
云南	−1.37	23
河北	−1.38	24
黑龙江	−1.75	25
宁夏	−1.76	26
甘肃	−1.91	27
内蒙古	−1.93	28
青海	−2.09	29
新疆	−2.33	30

广东、江苏、重庆的创新绩效得分位列前三,高技术产品产值和新产品产值占比大,创新成果转化率较高,高技术产业新产品效益可观。北京、天津、上海

和浙江的创新绩效得分紧随其后,位于 0.8 以上,表明这些省(直辖市)的创新
对经济发展具有较好的促进作用。安徽、河南、江西、湖北、湖南、四川、福建、陕
西和吉林的创新绩效得分大于 0。全国共有 16 个省(直辖市)得分大于 0,说明
一半地区的创新绩效水平在全国平均水平之上。内蒙古、青海、新疆的创新绩
效得分在全国处于末尾位置,创新绩效较低,对此政府应该改善创新环境,大力
发展高新技术企业,提高创新资源利用效率;企业应当增加 R&D 投入,实现创
新效益最大化。

(五)区域创新综合能力

为了评价各省(自治区、直辖市)的综合创新能力,对创新环境、创新投入、
创新产出、创新绩效 4 项指标进行主成分分析,第一主成分解释了原始变量
86.259%的信息。计算各省(自治区、直辖市)创新能力的综合得分,表 7-16 列
出了 30 个省(自治区、直辖市)的区域创新能力综合得分及排名情况。依据表
格数据绘制出 30 个省(自治区、直辖市)区域创新能力综合得分条形图,如图
7-7所示。

表 7-16 2017 年 30 个省(自治区、直辖市)区域创新能力综合得分及排名情况

省(自治区、直辖市)	区域创新综合能力得分	排名
北京	8.38	1
江苏	6.14	2
广东	5.91	3
上海	4.67	4
浙江	3.92	5
天津	2.52	6
山东	1.42	7
湖北	0.84	8
安徽	0.80	9
重庆	0.76	10

省(自治区、直辖市)	区域创新综合能力得分	排名
陕西	0.12	11
福建	-0.05	12
湖南	-0.06	13
四川	-0.19	14
河南	-0.50	15
辽宁	-0.86	16
江西	-1.04	17
吉林	-1.56	18
河北	-2.00	19
黑龙江	-2.18	20
山西	-2.30	21
贵州	-2.35	22
广西	-2.36	23
云南	-2.38	24
甘肃	-2.42	25
海南	-2.52	26
宁夏	-2.66	27
内蒙古	-3.16	28
新疆	-3.37	29
青海	-3.53	30

北京创新综合能力得分高达 8.38,高于其余省(自治区、直辖市),位居全国第一;第二层次为江苏、广东、上海、浙江、天津、山东,创新综合能力得分在 1.0以上,分别为 6.14、5.91、4.67、3.92、2.52 和 1.42,创新综合发展情况较好;第三层次包括湖北、安徽、重庆、陕西,创新综合能力得分大于 0,说明这些省(自治区、直辖市)区域创新综合能力高于全国平均水平;海南、宁夏、内蒙古、新疆、青海

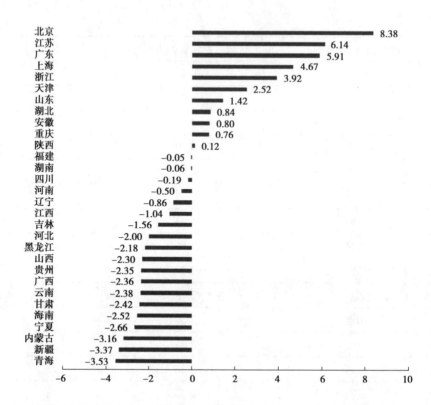

图 7-7　2017 年 30 个省 (自治区、直辖市) 区域创新能力综合得分条形图

的创新综合能力得分排在全国后五位, 表明这些省 (自治区) 区域创新综合能力薄弱。

　　为详细分析我国 30 个省 (自治区、直辖市) 创新发展过程中的优劣势, 更为直观地反映实际情况, 基于 2017 年 30 个省 (自治区、直辖市) 创新环境、创新投入、创新产出和创新绩效四个方面得分, 见表 7-17, 利用系统聚类分析的 Ward 法, 得到聚类谱系图, 如图 7-8 所示。

表 7-17　2017 年 30 个省 (自治区、直辖市) 创新能力二级指标得分

省 (自治区、直辖市)	创新环境得分	创新投入得分	创新产出得分	创新绩效得分
安徽	1.08	0.06	−0.18	0.62
北京	3.28	4.77	6.73	1.97

续表

省(自治区、直辖市)	创新环境得分	创新投入得分	创新产出得分	创新绩效得分
福建	0.09	0.12	−0.57	0.23
甘肃	−1.09	−1.36	−0.49	−1.91
广东	3.27	3.64	1.59	3.24
广西	−1.64	−1.50	−1.13	−0.37
贵州	−0.94	−1.56	−1.42	−0.76
海南	−0.95	−1.76	−1.27	−1.04
河北	−0.95	−0.62	−1.11	−1.38
河南	−0.52	−0.30	−0.74	0.60
黑龙江	−1.43	−1.28	0.12	−1.75
湖北	0.43	0.13	0.59	0.56
湖南	−0.20	−0.22	−0.18	0.51
吉林	−1.59	−1.25	−0.21	0.04
江苏	3.09	3.92	2.68	2.52
江西	−0.45	−0.98	−1.15	0.56
辽宁	−0.40	−0.37	0.15	−1.12
内蒙古	−1.50	−1.37	−1.55	−1.93
宁夏	−0.73	−1.35	−1.53	−1.76
青海	−1.75	−1.68	−1.56	−2.09
山东	0.66	1.85	0.26	−0.05
山西	−1.27	−1.23	−1.02	−1.06
陕西	−0.71	−0.08	0.97	0.13
上海	2.42	2.56	2.46	1.88

续表

省(自治区、直辖市)	创新环境得分	创新投入得分	创新产出得分	创新绩效得分
四川	−0.63	−0.11	0.06	0.35
天津	2.23	0.84	0.06	1.90
新疆	−1.48	−1.75	−1.20	−2.33
云南	−0.91	−1.30	−1.20	−1.37
浙江	2.71	2.52	1.08	1.43
重庆	−0.13	−0.33	−0.27	2.38

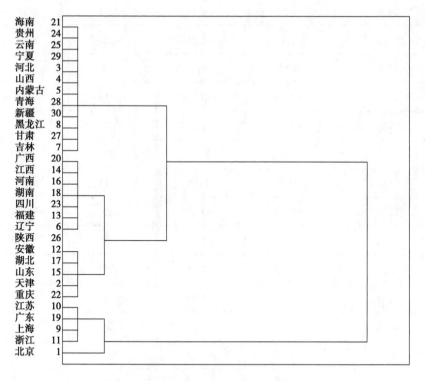

图 7-8　2017 年 30 个省(自治区、直辖市)区域创新能力聚类谱系图

由图 7-8 的聚类谱系图,可将 30 个省(自治区、直辖市)分为四类。

第一类只包含北京一个城市,北京在创新环境、创新投入、创新产出得分都居于首位,创新绩效位于前列,创新综合能力得分最高,表明其区域创新综合能力最强。

第二类包括浙江、上海、广东和江苏。这4个省(直辖市)位于东南部沿海地区,优越的创新环境、优秀的人才与丰富的资源促进了经济的发展,创新综合能力低于北京但高于其他25个省(自治区、直辖市),其区域创新综合能力领先。

第三类包括13个省(直辖市),分别为重庆、天津、山东、湖北、安徽、陕西、辽宁、福建、四川、湖南、河南、江西和广西。这些省(直辖市)创新产出得分不突出,创新绩效一般,区域创新综合能力一般。因此,当地政府应加大创新投入,进一步改善创新环境。

第四类包括12个省(自治区),分别为吉林、甘肃、黑龙江、新疆、青海、内蒙古、宁夏、河北、云南、山西、贵州和海南。这些省(自治区)位于西部及南部、北部边缘地区,其创新能力薄弱,区域创新综合能力弱,经济发展落后,创新环境较差,创新投入不足。这些地区需要改善创新环境,加大创新资源投入力度,提高教育水平,引入创新型人才,支持发展高技术产业,促进经济发展。

四、国家创新能力总结

对2013—2017年八大综合经济区6项关键指标的描述性分析表明,在2013—2017年,我国各区域创新能力全面提升,各地区对创新活动的重视程度加强,创新财力、人力投入不断增加,创新产出质量持续提升,高技术产业发展态势良好,能源利用效率不断提高。

通过对区域创新能力的6项关键指标分析可知,东部地区仍然是我国创新发展的动力源,东部沿海、北部沿海、南部沿海这3个综合经济区的6项关键指标都处于领先地位,并且大致呈现出逐年递增趋势;而西北综合经济区的6项关键指标数值均较为落后,部分指标值在2017年甚至出现下滑,表明其区域创新能力发展不容乐观。

各省(自治区、直辖市)区域创新能力子系统和综合得分分析结果也说明了各区域差距显著。分析发现:北京、江苏、广东、上海、浙江这5个省(直辖市)在创新环境、创新投入、创新产出、创新绩效以及创新综合能力方面均处于领先位置,而这些省(直辖市)分别属于北部沿海、东部沿海、南部沿海综合经济区,特别是东部沿海综合经济区,其3个省(直辖市)的创新综合能力均较高,这与东部沿海城市快速的经济发展有着不可分割的联系;而西北综合经济区4个省(自治区)——甘肃、青海、宁夏和新疆的创新综合能力均处于全国末几位。

对2017年30个省(自治区、直辖市)的创新能力进行聚类分析,根据不同区域创新能力的特点可以将其归为四大类:第一类是首都北京,其创新环境、创新投入、创新产出得分高于其他省(自治区、直辖市),创新绩效得分位于全国前列,其区域创新综合能力最强;第二类位于东南部沿海地区,包括浙江、上海、广东和江苏4个省(直辖市),创新综合能力低于北京但高于其他25个省(自治区、直辖市),其区域创新综合能力领先;第三类位于中部地区,分别为重庆、天津、山东、湖北、安徽、陕西、辽宁、福建、四川、湖南、河南、江西,其区域创新综合能力一般,需要加强改革创新;第四类位于西部及南部、北部边缘地区,包括12个省(自治区),分别为甘肃、黑龙江、新疆、青海、内蒙古、宁夏、河北、云南、山西、广西、贵州、海南,其区域创新综合能力弱,创新资源不足。从四大区域板块来看,在新发展阶段,各区域有着不同的目标定位,将形成不同的发展路径。建议进一步加强分类指导,各尽其能,各扬所长,发挥比较优势,优化创新资源配置。创新能力位于全国前列的区域应当积极承接国家重大创新项目,提升原始创新能力,建设自主创新的动力源。同时,中国是一个整体,各个省(自治区、直辖市)都应该相互帮助,在发展自身的同时,对创新能力相对落后的省(自治区、直辖市)投资当地的企业给予一定的政策资金支持,带动落后地区的经济发展。对于创新能力较为落后的地区,地方政府要加强创新教育,培育创新型人才,完善区域创新环境,制定和实施创新政策,吸引外地企业入驻,注重引进技术的消化吸收和创新,促进产学研合作,增强区域创新活力;同时要利用当地优势,发展创新型新兴产业,加强创新对经济发展的驱动作用。

①东部地区重点是进一步提升创新和开放水平,提升国际竞争力。第一,建设综合性国家科学中心和科技创新中心,建设一批世界一流研发机构,布局5G网络、数据中心、物联网等新型基础设施,支持发展数字经济,带动传统产业数字化、智能化转型。第二,率先探索经济一体化发展的有效途径,消除歧视性、隐蔽性区域市场壁垒,打破行政性垄断,构建统一、开放、竞争、有序的商品和要素市场。第三,推进自由贸易试验区升级,加快营造市场化、法治化、国际化的全球一流营商环境,构建与国际接轨的开放型经济新体制。

②中部地区和川渝等西部重点地区,重点是完善基础设施和产业发展平台,增强经济和人口承载能力,实现高质量发展。第一,结合"十四五"时期人口、产业、城镇布局,加快建设城市群,推动中心城市、节点城市和重要县城各司其职、协同发展,逐步由特大城市单点辐射向多节点多通道网络状经济区转变,提高大中小城市综合承载能力和治理现代化水平。第二,加快贯通沿江、京广等国土开发主通道,延伸形成京港台、京广、呼南南北复合通道和经济轴带,建设一批集聚发展、特色鲜明的产业平台和产业集群,降低综合成本,畅通流通体系,承接产业转移,打造重要的综合制造业基地和农产品加工基地。

③东北地区和西北地区要重点促进生态文明建设、农业现代化建设和特色产业发展,增强内生发展动力和自我发展能力。第一,加大生态资源保护力度,做好政策措施系统集成协同,完善生态产品价值实现机制,实施山水林田湖草一体化保护与修复行动,畅通"绿水青山"和"金山银山"双向转化路径。第二,完善粮食主产区利益补偿机制,加大对粮食主产区和产粮大县的奖补力度,稳定强化种粮补贴,完善耕地地力补贴、最低收购价政策、生产者补贴等支持政策,推动从农业大省向农业强省转变。第三,聚焦具有比较优势的行业和产业链,改造提升传统优势产业,发展新兴特色产业,深入推进东西部协作和东北与东部对口合作,改善营商环境,积极推动建立与东中部地区稳定的产业链、供应链、资金链联系,共同建设产业园区,大力发展"飞地"经济。第四,多措并举支持西藏、新疆等地区补齐民生短板。

④围绕国家发展全局,加快促进各类要素在区域板块间合理流动和高效集聚。第一,总结有关国家在人均 GDP 超过 1 万美元后区域政策调整经验,由解决特定区域问题转向构建全国高质量发展的动力系统,研究制定全国层面优化国土空间开发格局和区域经济布局的措施,形成高质量发展的动力源、增长极和支撑区,促进比较优势发挥。第二,加快户籍制度改革,健全与常住人口挂钩的基本公共服务转移支付制度,增强土地管理灵活性,完善能源消费双控制度,引导要素和人口稳步向城镇化重点地区流动,使优势地区有更大发展空间。第三,建立对粮食、生态和能源资源供给的引导性财税制度,形成受益者付费、生产者保护者得到合理补偿的良性局面,增强特殊类型地区维护国家粮食安全、生态安全、边疆安全、能源资源安全等方面的功能。

第七节　新时代创新型国家建设的目标定位

创新目标定位是确定国家创新发展的宏观方向,明确创新的未来发展方向和重点,主要包括两方面内容:一是创新方向的战略选择,即创新着力点;二是创新行为的定位,即创新行为承担者在创新中所应承担的角色、地位和作用①。要实现创新驱动发展,必须对创新定位和创新方向等方面进行考量。总的原则是,坚持以习近平新时代中国特色社会主义思想为指导,落实党的十八大以来坚持实施创新驱动发展战略的部署,深入贯彻新发展理念,牢牢把握"五位一体"总体布局和"四个全面"战略布局要求,面向现代化建设总体目标要求,坚持创新在社会主义现代化建设全局中的核心地位,把科技自立自强作为国家发展的战略支撑,面向世界科技前沿、面向经济主战场、面向国家重大需求、面向人民生命健康,深入实施创新驱动发展战略,把创新摆在国家发展全局的重要位置。继 2020 年进入创新型国家行列,围绕到 2030 年跻身创新型国家前列、2050

---

① 刘悦,张嵋喆.新形势下中国特色自主创新道路的选择[J].中国经贸导刊,2015(9):17-18.

年建成世界科技创新强国的战略目标,建设世界创新型国家,从理论和实践层面推进中国特色的创新道路,完善国家创新体系,加快建设创新型国家。

一、明确发展定位，推动整合式创新

在世界百年未有之大变局、中国特色社会主义建设全局的大背景下,建议着力推进整合式创新,即战略视野驱动下的全面创新和协同创新。其核心要素包括战略、全面、开放和协同四个方面。

第一,战略指的是"统领性、全局性、整体性"的思想。在企业技术创新管理中,战略视野要求企业领导者不能将技术创新视为单一的活动,而应将之内嵌于企业发展的总体目标和企业管理的全过程,根据全球经济社会和科技的大趋势,借助跨文化的战略思维,确定企业和生态系统的发展方向,从而实现"战略引领看未来"。产业和国家也需要根据所处环境和创新体系制定全局性的战略,使得各要素相互连接,促进竞争优势的形成。

第二,全面指全面创新,即与生产过程相关的各种生产要素的重新组合,包括全要素创新、全员创新和全时空创新 3 个层面。全要素创新是指创新需要系统观和全面观,需要调动技术和非技术的各种要素,进一步激发和保障所有员工的创新活力;全员创新是指创新不再只是企业研发人员和技术人员的专属权利,而应是全体人员的共同行为;全时空创新是指企业在信息网络技术平台上实现创新时空观的全面扩展①。

第三,开放指开放式创新。开放式创新聚焦企业内外部知识的交互,强调企业要突破原有的封闭式创新,通过获取市场信息资源和技术资源,实现"从外部获取知识(内向开放)"和"从内部输出知识(外向开放)"的有机结合,弥补企业内部创新资源的不足,进而提高创新绩效。在开放式创新的环境中,企业与环境之间的边界变得模糊,越来越多的企业通过跨边界合作,构建开放式创新

---

① 陈劲,尹西明,梅亮.整合式创新:基于东方智慧的新兴创新范式[J].技术经济,2017,36(12):1-10,29.

生态系统,赢得持续竞争优势。①

第四,协同指协同创新,含义是以知识增值为核心,企业、政府、知识生产机构(大学、研究机构)、中介机构和用户等为了实现重大科技创新而开展的大跨度整合的创新组织模式。② 协同创新一方面强调创新的整体性,即创新生态系统是各要素的有机结合而非简单相加;另一方面强调创新的动态性,即创新生态系统是不断变化的。

整合式创新是战略驱动、纵向整合、上下互动和动态发展的新范式。在开放式创新环境下,技术创新管理不再是单一技术要素的组合、管理和协同,身处开放式创新系统的企业、大学和科研机构以及个体,都需要以战略性、全局性和整体性的视野看待创新,实现战略、科技、人文和市场等的互搏融合,调动全民的创新创业活力。

二、明确组织保障,完善国家创新体系

党的十九大指出,要加强国家创新体系建设,强化战略科技力量,实现科技实力大幅提升,跻身创新型国家前列。明确提出"深化科技体制改革,建立以企业为主体、市场为导向、产学研深度融合的技术创新体系,加强对中小企业创新的支持,促进科技成果转化。倡导创新文化,强化知识产权创造、保护、运用。培养造就一大批具有国际水平的战略科技人才、科技领军人才、青年科技人才和高水平创新团队"。2012 年中共中央、国务院下发《关于深化科技体制改革加快国家创新体系建设的意见》,对深化科技体制改革、加快国家创新体系建设提出具体的指导意见。《"十三五"国家科技创新规划》进一步明确建设高效协同的国家创新体系的目标。为进一步打通科技创新到经济发展的通道,2017 年 9 月中共中央、国务院颁布《关于印发国家技术转移体系建设方案的通知》,指

---

① 陈劲.企业创新生态系统论[M].北京:科学出版社,2017.
② 陈劲.协同创新[M].杭州:浙江大学出版社,2012.

出"国家技术转移体系是促进科技成果持续产生,推动科技成果扩散、流动、共享、应用并实现经济与社会价值的生态系统",并确立"到 2020 年,适应新形势的国家技术转移体系基本建成","到 2025 年,结构合理、功能完善、体制健全、运行高效的国家技术转移体系全面建成"的中长期战略目标。

在全球创新的时代,国家、产业和企业竞争不再是单一维度的竞争,而是基于创新生态系统的竞合。[①] 建设国家创新体系的思路急需从开放走向基于自主的整合,借助整合式创新这一符合中国历史和国情的创新理论,构建中国特色的新型国家创新生态系统。整合式创新理论是战略视野驱动的创新范式,由陈劲等系统性地回顾当前各国的创新范式及其不足,结合中国特色创新实践而提出,这一理论强调国家和企业创新生态系统建设必须遵循系统观、统筹观与和平观,实现战略创新、协同创新、全面创新和开放创新的有机整合[②]。

新型国家创新生态系统的基本内涵是:发挥整体思维、系统思维和全局思维,整合国内集中力量办大事的制度优势和开放共赢的全球资源优势,发挥企业尤其是国有企业在重大科技攻关、重大基础研究领域与战略性新兴产业的作用,强化企业在科技创新的主体地位,由科研院校与企业组成促进创新的"新引擎"。其特色是:在强化以企业为核心主体的国家创新体系的基础上,进一步打造以央企为龙头、国企为主力军、民营企业为生力军,大型企业与中小企业和谐共生,国企民企多维、多领域协同推进一二三产业融合发展和区域协调高质量发展的整合创新生态。通过理论创新、战略创新、实践创新、制度创新、文化创新,实现基于产业链、创新链、资金链、价值链的高效协同整合。在此过程中,要坚持国家创新体系与国家技术转移体系同步完善,自主创新与开放创新相辅相成,需要政府助推协同创新,进一步强化自主和开放的效果;以自主实现重大突破,以开放调动全员全要素,以产学研用高效协同打通研究强、科技强到产业

① 赵黎明,冷晓明.城市创新生态系统[M].天津:天津大学出版社,2002.
② 陈劲,尹西明.建设新型国家创新生态系统　加速国企创新发展[J].科学学与科学技术管理,2018,39(11):19-30.

强、经济强和国家强的通道。这一新型国家创新生态系统的建设和完善,需要以国家战略引领视野,通过强国使命、顶层设计来实现国内外统筹发展;通过体制机制改革和财税金融政策全面强化企业创新主体地位,激励全社会、全员、全时空参与创新,充分调动企业和国家创新所需要的金融、人才、信息、流程、制度、文化等全方位的创新要素。①

三、坚持问题导向,研究解决重点问题

创新不仅是开发新技术来实现价值跨越的"跳蛙过程",也不仅是对现有技术扩散改进并消化吸收的"搭载过程",更是一个基于本土需要对外国已有的先进技术进行再创新的综合过程②。创新方向的选择和推进十分重要,一定程度上决定了我国创新发展的实际效果。创新方向的核心就是以增强自主创新能力为目标,使得创新发展方向符合国家发展的基本形势和要素禀赋,而非沿着发达国家的脚步亦步亦趋,或者盲目模仿其他国家的方向和措施。

一是技术推动还是需求拉动。总原则是,高技术风险利用技术推动以获得产业发展的技术,高市场风险则利用需求拉动以推动产业发展使用技术。其中,技术风险涉及人们在做实验、解释实验结果并将实验结果应用于实践的过程中,如何才能获得科学的研究成果。市场风险,源于竞争对手和客户反应方面的不确定性,以及其他所有共同决定商业结果的要素所带来的不确定性。

二是产品创新还是工艺创新。一般而言,在不同的技术生命周期,创新的重点和方向各有侧重。技术生命周期的导入阶段、生长阶段,主要涉及的是技术开发问题,目的是要较竞争对手更快地开发技术,因此更侧重于产品创新;而技术生命周期的成熟阶段、衰退阶段,主要涉及的是使用和集成技术问题,目的是要较竞争对手以更高效、更低成本配置和控制技术,因此更加侧重于工艺创

---

① 陈劲,尹西明.建设新型国家创新生态系统 加速国企创新发展[J].科学学与科学技术管理,2018,39 (11):19-30.

② 张煜柠.创新潜力:中国超过印度[N].中国社会科学报,2009-06-11(3).

新。同时,创新周期长的产业应更侧重于工艺创新,而创新周期短的产业则应更侧重于产品创新。

三是大企业创新还是小企业创新。不同规模的企业各自拥有不同的创新资源、创新能力、创新预期以及创新方式,很难明确得出企业规模越大就一定更加有利于创新或者说企业规模越小就一定更加有利于创新的结论。对我国而言,我们必须摒弃过去那种仅重视大企业创新,而忽视小企业创新的误区。必须高度重视中小企业创新和大企业创新间的互补性,吸取两者各具优势的制度安排,根据不同的情景模式选择最适合的、最有效的创新或创新组合。同时,在不同的产业领域以及创新的不同阶段选择最适合的创新企业规模,以发挥不同的作用。当然,在全球竞争日趋激烈、创新不断复杂化和创新门槛趋于提升的背景下,作为后发国家,特别是在众多试图追赶的行业领域,需要集中相关创新资源于大企业,以促进创新活动并实现创新的更高成功率。

四是颠覆性创新还是渐进性创新。从我国的资源和能力禀赋看,创新能力还有待提升;如果过于偏重颠覆性创新,面对的风险和阻力会很大,可能并不适合我国的发展现状。侧重于渐进性创新但不放弃在少数领域的颠覆性创新可能更具务实精神,更符合我国当前的实力。当然,作为大国,也不能永远跟随发达国家制定的规则,因为基于连续性技术的竞争环境中,领先者往往无人能及。同时,从技术生命周期的不同阶段看,导入阶段和生长阶段、成熟阶段的前期等阶段更多要求"有效率地做事",要求具备较强的开发能力,更需要渐进性创新以使产品性能满足主流高端市场的需要;而在成熟阶段的后期、衰退阶段等阶段更多要求"做对的事情",要求具备较强的探索能力,更需要颠覆性创新以便将先发者服务不好、服务不了的用户发展为自己的"种子用户"。

五是传统产业创新还是新兴产业创新。我国的产业发展面临着传统产业转型升级和新兴产业培育发展的双重任务。因此,片面地宣扬以传统产业创新为主或新兴产业创新为主可能略显不合时宜。鉴于传统产业仍有广阔的市场需求且是我国综合经济实力的重要支柱,我们应注重结合现有产业基础和创新能力,积极有序地加强传统产业创新,以促进传统产业的持续、健康发展和转型升级。同时,为避免长期陷入跟随者的角色定位,在当前发展阶段和未来较长一段时间内,我们应结合世界科技经济发展总体趋势,在实现国家目标、体现国家战略意图的要求下,根据"有所为有所不为"的原则,在新兴产业创新方面,选择有限领域,力争实现重点突破,必须突出战略性、前瞻性,体现出鲜明的决策导向性。

六是资本节约型技术进步还是劳动节约型技术进步。我国工资较低、劳动力资源丰富,且在未来很长一段时间内都还要持续高度重视就业效应,必须进行适宜的技术选择,矫正当前产业发展中偏好于"资本密集型"技术的倾向和现实,更加重视资本节约型技术进步。即应该采用不需要太多资金且可以扩大就业的"劳动密集型""适用技术",而不是盲目求高、求新、求精、求尖。而且,我们还要逐步重视对劳动要素内部结构(熟练劳动与非熟练劳动或高技能劳动与低技能劳动)产生影响的技能偏向型的技术进步。尽管现阶段我国应避免过度投资引进发达国家先进的"劳动节约型"技术,但并不意味着我们要排斥引进先进技术。

七是企业技术创新还是企业管理创新。当前在我国,从决策者到众多研究者再到普通民众,对提升企业创新能力的理解更多体现为技术能力的提升,却相对忽略了管理能力的提升。为此,在强调技术创新的决定性作用的同时,我们必须更加重视技术创新与管理创新的协调发展;没有管理创新的匹配,技术创新就难以发挥应有效果。特别是,在互联网及其相关技术引发新变革的时代背景下,以及进入"中等收入"发展阶段后,我们要想加快企业技术创新的步伐、提升企业技术创新的效率,可能都更加需要有与之相匹配的企业管理创新来适应①。

---

① 刘悦,张嵎喆.新形势下中国特色自主创新道路的选择[J].中国经贸导刊,2015(9):17-18,25.

四、坚持目标导向，明确主攻方向

创新驱动发展战略的要求主要体现为六个方面。

一是构建强大的基础研究体系。只有在基础研究领域不断投入，积极探索从微观到宏观层面的理论，才能为产业技术的创新提供坚实的知识保障。要发挥大学、科研机构和企业从事基础研究和应用基础研究的积极性，为理论原创做更多的努力。积极鼓励有条件的大学从事高水平的基础研究，通过从事基础研究，培养一大批高端基础研究人才。要积极发挥中国科学院、中国社会科学院在基础研究中的作用。中国科学院作为我国自然科学最高学术机构，应将高水平、具有转型意义的基础研究作为工作重点。要积极鼓励条件成熟的企业成立企业研究院，积极从事应用基础研究乃至基础研究①。

二是构建强大的产业创新体系。传统的国家创新体系在设计和建设中明显忽视了产业创新体系，导致我国在一些产业技术领域缺乏核心技术。为此，要积极发挥各部委和各行业龙头企业的作用，积极构建包括农业、制造业、服务业等方面的产业创新体系。要积极探索新型科研机构的建设，努力在产业共性技术的研发和试制方面取得显著的突破。

三是构建更为科学的企业创新体系。积极发挥大型企业在科技创新方面的作用。要积极发挥国有企业，尤其要有效地发挥央企在国家战略性、基础性、公益性科技创新方面的作用，通过制度创新，进一步调动国有企业科技人员的积极性和创造性。要充分发挥大型民营企业在竞争性领域的创新示范作用。中小企业是颠覆性创新的积极开发者，需要进一步关注。因此，在企业创新体系中，要充分发挥国有企业和民营企业的战略互补性、大型企业和中小企业的能力互补性，建设好国企民企联动、大中小企业协同的整合式的企业创新体系。

四是积极建设高端协同的区域创新体系。积极打造北京、上海、深圳、雄安

---

① 陈劲.关于构建新型国家创新体系的思考[J].中国科学院院刊,2018,33(5):479-483.

区域创新体系,使之成为国内外重要的科技创新中心。要积极开展各区域科技创新平台的建设,形成支撑科技强国的多个区域创新体系。要进一步开发具有整合效应的区域创新体系,突出区域创新体系的战略协同。以"长三角"为例,要积极建设以上海为中心的苏、浙、皖协同的超大城市群区域创新体系。要重视乡村创新系统研究和建设,通过建设乡村创新系统,实现城市和乡村创新系统的联动发展,推动城乡融合发展、区域协调发展,形成区域内和跨区域的整合式创新发展。

五是高度重视教育创新体系建设对科技强国建设的战略意义。积极培养具有国家情怀、科技能力、创新品质、人文素养的战略性人才。为此要大力加强社会主义、爱国主义教育,大力加强创造力、工程实践能力和创业精神的培育。

六是加强科技创新政策的整合。将科技发展与生态文明、贸易、实体经济紧密结合,构建科技、金融、贸易、外交为一体的国家创新政策体系。[①]

五、明确不同创新主体的作用

创新主体具备对创新活动自主的决策权、具有进行创新活动所必需的基本能力、承担创新活动的责任与风险、获取创新活动的收益等特征,不同创新主体有其不同能力和发展规律,发挥着不同作用。

一是企业尤其是本土企业,是走中国特色自主创新道路的关键性主体要素,其主要作用是应用新知识产生创新性技术。企业是使技术商业化且获得商业利益的实践者。

二是政府的任务是将注意力放在市场失灵上,即通过建设有效的机制,创造良好的外部环境以保证创新的产生和发展,并在"不针对任何可以预见的商业化应用的基础研究、对市场还没有关注到的新技术的研究,以及能显著增加国家的技术积累的技术研究"等领域进行投入。同时,政府作为技术学习的一

---

① 陈劲.关于构建新型国家创新体系的思考[J].中国科学院院刊,2018,33(5):479-483.

个推动者发挥着重要作用,应成为技术学习的主动的促进者。即通过各种直接手段或间接手段介入自主创新活动,加大科技投入,加强自主创新成果的产业化,并围绕重大战略目标组织和集成社会创新资源实施国家重大自主创新任务。

　　三是大学和科研院所,作为自主创新活动的重要承担者,主要功能是培育具有创新精神、创新能力和能适应全球化发展的创新型人才,传播科学知识、从事科学研究和科技成果转化。"面向未来,增强自主创新能力,最重要的就是要坚定不移走中国特色自主创新道路,坚持自主创新、重点跨域、支撑发展、引领未来的方针,加快创新型国家建设步伐"。"要坚持科技创新和制度创新'双轮驱动',以问题为导向,以需求为牵引,在实践载体、制度安排、政策保障、环境营造上下功夫,在创新主体、创新基础、创新资源、创新环境等方面持续用力,强化国家战略科技力量,提升国家创新体系整体效能。要优化和强化技术创新体系顶层设计,明确企业、高校、科研院所创新主体在创新链不同环节的功能定位,激发各类主体的创新激情和活力"①。

---

① 　刘悦,张嵎喆.新形势下中国特色自主创新道路的选择[J].中国经贸导刊,2015(9):17-18,25.

8

新时代创新驱动发展的新任务

新时代我国发展的内外环境正在发生变化,面对新形势新要求,新时代的创新驱动发展,要更好发挥市场配置资源的决定性作用和更好发挥政府作用。战略性科技攻关要强化新型举国体制的作用,推动基础研究主要依靠激发人才创新精神;产业技术开发应用要发挥好企业创新活力;突破"卡脖子"技术瓶颈要强化产学研协同创新。完善科技创新体制机制,不断增强科技创新体系化能力,不断增强科技安全风险防范,集中力量实现创新重大突破。

第一节　强化国家战略科技力量

我国已经进入社会主义现代化国家建设的新发展阶段,适应新发展阶段,贯彻新发展理念,构建新发展格局,需要坚持创新在现代化建设全局中的核心地位,更好发挥政府作用,提高创新整体效能。同时,随着新一轮科技革命和产业变革的深入发展,国际科技竞争格局正在深刻调整,在新冠肺炎疫情冲击下,全球经济社会的不确定性不稳定性增加,单边主义、保护主义、逆全球化表现更为突出,也给创新发展提出了新任务,对打好关键核心技术攻坚战提出了新的要求。强化国家战略科技力量,推进创新体系优化组合,完善国家创新体系,构建创新驱动发展新局面显得异常迫切。强化国家战略科技力量,加强原创性引领性科技攻关,提升供给体系适配性,构建新发展格局显得异常重要。

第一,探索完善社会主义市场经济条件下新型举国体制。党的十九届四中全会提出,要构建社会主义市场经济条件下关键核心技术攻关新型举国体制。党的十九届五中全会提出,要健全社会主义市场经济条件下的新型举国体制,打好关键核心技术攻坚战。举国体制是在特定领域实现国家意志的一项特殊制度安排,不是计划经济的产物,也不是某一个国家独有。世界主要的创新大国在事关国家全局和长远发展的战略高技术领域都采取过集全国资源、举全国之力的做法,如美国的曼哈顿计划、阿波罗计划、信息高速公路计划等,日本的月光计划、超大规模集成电路计划,欧盟的尤里卡计划等。举国体制的核心要义之一是集中力量办大事,这是我们党的优良传统,是中国特色社会主义的显著优势。新中国成立初期,在"一穷二白"的情况下,我国集中力量发展生产力和推动工业化,"一五"时期组织实施 156 项重大工程、694 个大中型建设项目,在此基础上建立起完整的工业体系和国民经济体系,并取得了"两弹一星"等重大科技成就,铸就了国家安全、国防安全的战略基石。党的十八大以来,我国充分发挥集中力量办大事的优势,在载人航天、探月工程、北斗导航、高速铁路等领域取得了举世瞩目的成果。新型举国体制是在新发展阶段,在中国特色社会主义市场经济条件下,以社会主义现代化建设中实现国家发展和国家安全为目标,科学统筹、集中力量、优化机制、协同攻关,以现代化重大创新工程聚焦国家战略制高点,着力提升我国综合竞争力、保障实现国家安全的创新发展体制安排。要充分发挥国家作为重大科技创新组织者的作用,强化跨部门、跨学科、跨央地整合力量,尊重科学规律、经济规律、市场规律,构建科技、产业、金融、人才、知识产权等方面的政策协调机制。要聚焦国家战略目标,科学合理遴选重大任务,在重要新兴技术领域加大布局力度,在重点领域、关键环节实现自主可控,提升对产业链供应链的科技支撑能力。要发挥市场在资源配置中的决定性作用,用好规模巨大的国内市场,强化责任落实,形成动员有力、协同高效、用活市场、激励有效、权责统一的运行机制。

第二,加强基础研究和原始创新。基础研究是创新的源头活水,是我国科技长远发展的根基。2020 年 9 月,习近平总书记在科学家座谈会上强调:"我国面临的很多'卡脖子'技术问题,根子是基础理论研究跟不上,源头和底层的东西没有搞清楚。"然而,基础研究投入高、周期长、应用链条长,导致企业更愿意在满足市场需求的"短平快"应用型研究上投入。因此,要制订基础研究十年行动方案,完善基础技术供给体系,重点布局基础学科研究中心,瞄准人工智能、量子信息、集成电路、生命健康、脑科学、生物育种、空天科技、深地深海等前沿领域,实施一批具有前瞻性、战略性的国家重大科技项目。制订实施战略性科学计划和科学工程,推进科研院所、高校、企业科研力量优化配置和资源共享,鼓励企业与高校、科研机构等深度合作,促进基础研究、应用基础研究与产业化对接融通,提高企业研发能力。要着力优化学科布局和研发布局,加强数学、物理等重点基础学科建设,建立健全符合科学规律的奖惩激励机制,推动基础学科与应用学科均衡协调发展,鼓励开展跨学科研究,加强不同学科的交叉融合,积极开辟新的学科发展方向。要引导广大科研人员树立创新自信,瞄准重大前沿科学问题,在独创独有上下功夫,勇于挑战最前沿的科学问题,在原创发现、原创理论、原创方法上取得重大突破。要完善共性基础技术供给体系,紧紧围绕经济社会发展的重大需求,从中发现重大科学问题,从科学原理、问题、方法上集中进行攻关,积极探索开辟新的技术路线,为解决核心技术问题提供更多源头支撑。

第三,强化引领发展的高水平创新主体建设。高水平的创新主体是开展高水平科技创新活动的重要载体,也是科技强国的重要标志。要明确具有国家紧迫战略需求和有望引领未来战略制高点的重大领域,发挥好重要院所高校的作用。推进科研院所、高校、企业科研力量优化配置和资源共享,推进国家实验室建设,构建围绕国家使命,依靠跨学科、大协作、高强度支持开展协同创新的研究基地。要加快重组国家重点实验室体系,通过调整整合,做强、做大、做优国家重点实验室,加强多学科交叉融合,提升承担和完成国家重大科技任务的能力。要深入推进事业单位改革,进一步强化国家科研机构的体系化能力和集群化优势,加快推进"双一流"高校建设,提升服务国家战略需求、支撑经济社会高质量发展的能力。要充分发挥企业在科技创新中的主体作用,支持领军企业联合行业上下游、产学研力量,组建体系化、任务型的创新联合体,带动企业创新活动。一是聚焦产业发展的关键环节、关键领域、关键产品,加大重大创新平台在企业布局的力度,鼓励企业牵头组织实施国家重大科技任务。二是支持领军企业牵头组建重大创新联合体,集成高校、科研院所的科技成果,统筹行业上下游的创新资源,形成体系化、任务型的协同创新模式。在功能定位上,创新联合体以完成国家重大关键核心技术攻关任务为导向,以国家战略需求为牵引,突破产业安全、国家安全的重大技术瓶颈制约。

第四,完善国家科技力量区域布局。要遵循创新区域高度集聚规律,加快推进北京怀柔、上海张江、安徽合肥等综合性国家科学中心和粤港澳大湾区综合性国家科学中心先行启动区建设,布局建设空间分布上集聚、功能方向上关联的国家重大科技基础设施集群,集聚世界一流人才开展多学科交叉前沿研究,打造重大原始创新策源地,支持北京、上海、粤港澳大湾区加快形成国际科技创新中心,推动京津冀、长三角、珠三角等重点区域率先实现高质量发展。围绕国家重大区域战略布局,推动国家自主创新示范区、高新区等重点区域高质量发展,打造一大批各具特色的区域创新高地,引领带动其他区域加快走上创新驱动发展道路。要支持北京、上海、粤港澳大湾区加速国家实验室培育建设,推进国家重点实验室体系化发展,加速北京怀柔、上海张江、大湾区、安徽合肥综合性国家科学中心建设,推进世界一流重大科技基础设施集群建设,围绕优势领域新培育一批新型研发机构。支持国家自主创新示范区、国家高新区等立足自身基础条件,着力攻克重要领域关键的核心技术。

第五,落实重点攻关项目"揭榜挂帅"制度。"揭榜挂帅"也被称为"科技悬赏制",是一种以科研成果来兑现科研经费投入的体制。"揭榜挂帅"制度能够进一步完善现行科研资助体系①。第一,突破纵向委托式科研资助的资格限制,构建机会均等的开放式社会创新模式。"揭榜挂帅"制度采用结果导向的评审机制,不设门槛的公开招标使得参与者在申请资格上享有平等地位,起到集思广益的作用,促进原始创新思想大量涌现,充分激发社会科技创新潜能。第二,"揭榜挂帅"制度唯成果兑奖的资助方式,使得科研工作者由关注科研立项转移到关注科研成果,政府部门由关注整个申请立项审查环节的过程管理,转移到最终科研成果的目标管理,改变了科学基金制中最为激烈的竞争发生在申请环节的现象,变过程管理为目标管理,变入口竞争为出口竞争。第三,"揭榜挂帅"

---

① 曾婧婧.完善机制流程,以"揭榜挂帅"激发创新活力[N].科技日报,2020-06-12.

制度有助于防范研发成果的不可验性带来的科研资金低效使用风险。通过设立明确的悬赏目标,依托开放式竞争甄别机制,在技术达到悬赏目标时才予以奖励。若在规定时间内,无人达到预定目标,则奖金不予发出,使得科研资金低效使用的风险几乎为零。要在部分领域通过"揭榜挂帅"方式,从众多创新活跃的主体中,遴选一批创新能力强、掌握关键核心技术的单位,促进各类创新要素集聚,形成产学研用深度融合的技术创新体系。

第二节　完善科技创新体制机制

新时代完善科技创新体制机制的总目标是,充分发挥市场配置资源的决定性作用,更好地发挥政府作用。一方面,要发挥企业在技术创新中的主体作用,完善创新体制机制,使企业成为创新要素的集成和科技成果转化的生力军,围绕企业打造科技、教育、产业、金融紧密融合的创新体系。另一方面,要充分发挥我国社会主义制度能够集中力量办大事的显著优势,打好关键核心技术攻坚战。

第一,要完善企业技术研发机制。坚持市场机制和政府作用相结合,发挥企业的主体作用,引导和鼓励企业创新发展,加强研发攻关和应用推广,发挥市场对技术研发方向、路线选择及各类创新要素配置的决定性作用。强化国家战略引领,引导创新要素更多投向核心技术攻关,大力营造公平竞争的市场环境。一方面,建立健全基础研究支撑体系。把提升原始创新能力摆在更加突出的位置,进一步加强基础研究的前瞻部署,推动不同领域创新要素有效对接,创新政府管理方式,引导技术能力突出的创新型领军企业加强基础研究。加大中央财政对基础研究的支持力度,健全技术创新基金运行机制,引导地方、企业和社会力量增强基础领域科研投入。另一方面,建立健全产业创新生态体系。强化企业创新主体地位,支持龙头企业联合高校和科研院所组建产学研用联合体,推动体制机制创新,开展核心技术研发攻关。面向关键核心技术领域,建立集快速审查、快速确权、快速维权为一体的知识产权保护制度,切实加大知识产权侵权查处惩罚力度。同时,加大对企业科技创新的资金支持力度,在现有的基础上,进一步扩大企业技术开发投入享受减免税范围;在公平、公正的前提下加大对自主研发项目的资金支持,建立对自主研发投入的奖励机制如资金奖励、税收优惠奖励等。在融资方面,出台针对高新技术企业的产品研发和生产所需流动资金贷款贴息政策。

第二,健全知识产权保护运用体制。实施创新驱动发展战略,需要完善知识产权相关法律法规,加快新领域新业态知识产权立法和行政执法。需要进一步改革国有知识产权归属和权益分配机制,扩大科研机构和高等院校知识产权处置自主权。对于高校及科研院所,可以考虑适当下放科技成果的处置权、收益权以及地方高校等的资产处置权(包括知识产权),有利于促进高校、科研院所的科技研发和成果转化。但即使权力下放,实际操作中也可能涉及技术等无形资产的定价问题、知识产权纠纷等问题,甚至可能导致国有资产流失。因此,在权力下放的同时,必须有相应的政策文件保障。建立多元化考核评价体系,建立不同领域、不同类型人才的评价体系,明确评价的指标和要素。发挥科技奖励引导和激励作用。探索建立高校院所、企业之间科技人员的流动合作机制。考核指标中加大对产业化人员的激励。

第三,要强化创新要素支撑。搭建投融资服务平台,综合发挥政策性和商业贷款、科技银行、证券市场、保险资金、融资担保资金等对战略性新兴产业发展的支撑作用,促进金融机构和战略性新兴产业企业需求衔接匹配。加大战略性新兴产业专项债券发行力度。研究依托政府融资担保基金设立战略性新兴产业专项板块,扩大中小企业融资规模、降低融资成本。拓展符合"双创"与战略性新兴产业发展特点的融资渠道,加大直接融资力度,发挥国家新兴产业创业投资引导基金、战略性新兴产业投资基金、国家中小企业发展基金示范带动作用,更多依靠天使投资、创业投资、私募股权投资等提供多元融资支持,鼓励创业投资机构通过资本纽带构建产业链上下游协作互动的产业生态圈①。支持领军企业利用其产业链整合能力开展供应链金融服务，拓展对上下游优质企业的服务力度。完善数据等新型要素支撑，大力推进政府信息公开、信息共享和数据库建设，鼓励企业和社会力量适应市场需求发展各类大数据平台，加大数据资源开发、开放和共享力度，充分发挥其放大社会生产力的乘数效应。加快相关领域改革，建立跨界协同、多元共治的数字经济管理方式，促进知识、信息、数据等新生产要素合理流动、有效集聚和利用。

第四，要实施人才优惠政策，以激发科研人员创新动力。把人才培育引进作为引进新变量、培育新优势的重要抓手，完善政府对产业人才的激励和表彰机制，实施战略性新兴产业领军人才计划和杰出工程师行动，依托重大项目和重大工程建设一批创新人才培养示范基地。在重点区域和重点领域建设一批产业技术研究院等新型研发机构，加快培育急需人才②。探索建立高端人才长效激励机制，在住房安居、子女入学、医疗保健等方面给予一定的配套政策措施。根据社会发展需要对高等教育结构、规模进行调整，建立一批新学科和专业，进一步完善布局结构；另一方面要大力发展职业技术教育及职业培训。围绕产业结构调整和装备制造业发展的实际需要，重点发展好一批特色职业技术学院，培养"灰领"高技能人才、"蓝领"技能人才③。在人才引进和使用方面，帮助企业筛选相关专业的资深专家、教授及其团队，推荐给企业；同时，对高端人才给予特殊优惠政策，出台高端人才所得税优惠政策；在项目启动资金，在家属安置、子女上学等方面给予高端人才政策支持。完善股权激励机制，进一步形成有利于人才创新创业的分配制度和激励机制。健全完善人才吸引、培养、使用、流动和激励机制，发展有关人才的公共服务体系。

①② 盛朝迅.从三个维度构建支撑战略性新兴产业发展的"四梁八柱"[J].中国发展观察,2020(Z5):41-43.

③ 杨振权,毕岩.浅谈东北老工业基地振兴中的人力资源优化配置[J].人力资源管理(学术版),2009(11):158.

第三节　加快发展数字经济

深入实施创新驱动发展战略,需要迎接数字时代,激活数据要素潜能,加快建设数字经济、数字社会、数字政府,以数字化转型整体驱动发展方式变革。要围绕建设数字中国,明确"十四五"数字经济和智能产业发展、促进传统产业数字化智能化转型、推动数字政府建设、加强数据有序共享、智慧城市建设等方面的具体目标、主要任务和重大举措。

一、明确数字经济的内涵

数字经济是指以数据作为关键生产要素,以网络通信技术作为核心驱动力,以现代信息网络作为重要载体,通过网络信息技术在农业、工业、服务业、公共服务等重要领域深度融合应用,重塑经济社会发展与治理模式的新型经济形态。[①] 近年来,我国数字经济持续快速发展,在规模总量、GDP 占比、特色亮点、竞争能力等方面取得了长足进步。

数字经济包括数字产业化与产业数字化两大部分。数字产业化对应的产业主要为信息制造业、信息通信业、软件服务业等信息产业,以及基于互联网平台的信息技术服务业新业态、新模式。产业数字化主要集中在传统产业部门对信息技术应用的环节,具体包括数字化投入对传统农业、工业、服务业的贡献。"数字经济"是数据成为关键生产要素的经济形态。其中,"数据""关键要素""经济形态"是三个必不可少的核心要素。"经济形态"表明数字经济不是若干产业之和。经济形态是对代表当前最先进生产力的生产活动的抽象描述,每种经济形态都包括自己独特的通用目的技术、生产要素、生产模式、主导产业、基

[①] 《深入实施创新驱动发展战略》丛书编写组.深入实施创新驱动发展战略[M].北京:中国计划出版社,2020.

本结构和基本观念等。数字经济具有独特通用目的技术——数字技术、生产要素——数据、生产模式——数字化生产、主导产业——信息产业、基本结构——平台化生态化、基本观念——开放共享等。因此，不能将数字经济局限于 ICT 或 TMT 等若干产业，而是应该看到除了上述产业之外，数字经济还包括其他产业数字化转型的部分。①

一是万物互联化。随着 5G、人工智能技术的兴起，人、机器、数据通过互联网连接在一起，形成"万物互联"。低功耗广域网技术（LPWAN）解决了广覆盖和低功耗、低成本两难问题，使物联网快速地渗透到各个领域，越来越多的设备、车辆、终端等纳入信息网络之中②。通过"万物互联"，信息流、资金流、人流、物流、车流等在经济各个领域层面形成网状结构，相互之间的依存度增强，单向、封闭的经济状态向开放、自由、共享的互联互通状态发展，推动工业机器人、智慧城市、智能家居、智能穿戴设备等智能化生产生活方式加速到来。世界银行研究认为，宽带普及率每提升 10%，GDP 就增长 1.38%。

二是知识智能化。人工智能对未来的影响，不亚于 20 世纪 70 年代的计算机、20 世纪 90 年代的互联网。人工智能正引发链式突破，推动生产和消费从工业化向自动化、智能化转变，生产效率再次实现大飞跃，推动工业社会重新洗牌。网络、信息、数据、知识开始成为经济发展的主要要素，深刻改变了生产要素结构。与传统经济相比，知识、数据等价值创造占比持续增加，经济形态呈现智能型、知识型特征③。在人工智能领域，我国和美国是两大巨头，我国在海量数据方面拥有巨大优势。中国互联网用户数量比美国和欧洲的总和还要多，中国手机支付人数是美国的 50 倍，外卖食品配送量是美国的 10 倍，共享单车是美国的 300 倍④，这一优势使中国在积累大数据方面处于领先位置。当前，金融、交通、工业、医疗、无人驾驶等成为人工智能主要应用领域。金融领域，人工

① 张铭慎.因势利导用好数字经济四大趋势[J].中国经贸导刊,2018(18):57-59.
②③ 李成霞.数字经济与数字农业理论综述[J].经济管理(全文版).2018(11):9.
④ Paul Triolo,李开复.中国的人工智能革命:理解中国的结构性优势[J].机器人产业,2018(1):83-95.

智能主要应用于智能投顾、智能客服、安防监控等。交通领域，人工智能正成为优化交通改善出行的重要技术。工业领域，智能机器人的应用日趋广泛，德国"工业4.0"已全面布局人工智能。医疗领域，人工智能主要应用于监测诊断、智能医疗设备等。

三是数据要素化。在数字经济时代，数据是新的生产要素，是基础性资源和战略性资源，也是重要生产力。数据作为新生产要素的重要作用日益凸显，数据的开放、共享和应用能够优化传统要素配置效率，提高资源、资本、人才全要素生产率。著名未来学家托夫勒提出，"世界已经告别了依靠暴力和金钱控制的时代，未来世界政治的魔方将控制在'信息强权'手中"。2016年全球数据中心的分布情况显示，45%的大型数据中心位于美国，美国超大型数据中心数量全球第一，中国和日本分别以8%和7%的占比，排在第二位和第三位。就中国情况来看，数据中心主要集中在北京、广东、上海、浙江、江苏等经济发达省市。

四是财富虚拟化。国际社会把数字经济作为开辟经济增长的新源泉。人类财富的形态发生改变，虚拟货币、虚拟物品登上历史舞台，虚拟财富与货币兑换的路径被打通，财富数量开始与占据或支配信息、知识和智力的数量和能力相关联。根据中国信息化百人会数字经济报告，全球数字经济正在以超出预期的速度加快发展，呈现出不断扩张的态势。2019年美国数字经济总量达到13.1万亿美元，中国数字经济规模为5.2万亿美元，日本为2.4万亿美元，英国为1.76万亿美元。2019年美国数字经济占GDP比重为61%，英国为62.3%，日本为47%，中国为34%。2019年美国数字经济增速高达6.2%，同期GDP增速为2.2%；日本数字经济增速为4.8%，同期GDP增速为0.7%；英国数字经济增速为1.7%，同期GDP增速为1.5%；中国数字经济增速高达15.6%，同期GDP增速为6.1%[①]。

面对数字经济浪潮，我国提出"网络强国"战略，推进"数字中国"建设，不

---

① 第四届世界互联网大会.世界互联网大会蓝皮书：数字经济成为中国经济新引擎[N].人民日报,2017-12-22.

同省份根据各自省情,选择不同的发展路径。

专栏8-1: 重点地区发展数字经济的探索

　　广东是电子信息制造大省,产业规模多年位居全国第一。互联网、大数据和人工智能与制造业融合发展趋势明显。云计算、物联网、大数据在制造业企业的应用率均超过20%。制造企业的互联网销售率、互联网采购率达到42.6%、41.5%,居全国前列;电子商务交易额、网络零售交易额、跨境电子商务交易额等指标名列全国前茅,国家级电子商务示范城市数量、示范园区总数和示范企业数量(含深圳)均居全国第一。2019年全省电子商务交易总额达到5.7万亿元,同比增长10.5%,总量居全国第一。其中,B2B电子商务交易额超过3万亿元,网络零售2.53万亿元,占全国网上零售额的23.76%,稳居全国第一。

　　浙江省将发展信息化作为支撑浙江未来发展的八大万亿产业之首。坚持以发展互联网为主体的数字经济为重点,将创新能力、产业活力作为经济发展的最核心指标,把发展数字经济作为"一号工程"强力推进。数字经济核心产业增加值占GDP的比重以年增0.7个百分点快速提升。2017年1—9月实现增加值3 454亿元,同比增长15.9%,高出浙江省GDP增速7.8个百分点,占浙江省GDP的比重达9.35%。围绕阿里巴巴集团等大企业布局建设数字经济集聚区、产业基金、西湖大学、之江实验室等一批具有强劲创新活力的要素载体。每年在杭州举办超过6万人的云栖大会,2015—2017年推动全省11万家企业上云。

　　贵州通过发展数字经济,为落后地区经济转型发展贡献了贵州方案。中国信息通信研究院发布的《中国数字经济发展白皮书(2020年)》显示,2019年贵州数字经济增速达22.1%,继续领跑全国,连续5年排名全国第一。

2019 年,以大数据为引领的电子信息产业收入达到 1 500 亿元;全省软件业务收入、规模以上电子信息制造业增加值、电信业务总量分别增长 21.3%、12.9%、76.8%,电信业务总量、收入增速分别排名全国第 4、第 5 位,电子元件、集成电路产量分别增长 36.1%,53.1% 以上。2013 年以来,贵州省将大数据作为推动经济社会发展"一号工程"来抓,建设实施大数据战略行动、建设国家大数据综合试验区,出台加快大数据产业发展应用若干政策,推动大数据向全社会各领域渗透,实现"弯道取直、后发赶超"。借助互联网超越时空限制的特点,成功牵手国内外顶级企业参与数字经济工作,与国家统计局共建大数据统计学院,引进苹果大数据中心、华为七星湖数据存储中心等国际国内影响力大的大数据中心落户,高通、惠普、微软、IBM、甲骨文、富士康、阿里巴巴、腾讯、京东、百度、浪潮等一批国内外领军企业纷纷落户贵州。

二、明确数字经济重点任务

一是建设数字政府。在数字中国和智慧社会建设上,电子政务与数字经济具有正相关性。在数字经济领域深入推进"放管服",全面推进商事制度改革,降低企业制度成本,推进信息技术与政府治理深度融合,破解数字经济领域违法违纪行为监管难题,以"制度创新+技术创新"在全国打造"数字政府"。推进政务信息系统整合,构建国家、省、市、县、镇五级畅通的网络支撑体系,构建形成大平台共享、大数据慧治、大系统共治的顶层架构,促进互联网和政务服务深度融合。加快打破"信息孤岛",构建政府信息资源共享体系,实现跨层级、跨区域、跨系统、跨行业协同管理和服务。建立健全基于大数据的科学决策、社会治理和市场监管机制,实现政府决策科学化、政务服务高效化、社会服务精准化,推进政府廉洁、高效运行,提升城市数字化治理能力。健全政府部门间的数据共享机制,释放大数据活力。

二是推动数据资源开放应用。数据经济的关键是数据资源,在确保个人隐私、政府企业秘密的前提下,推动政府、企业数据开放应用。建设"开放中国"政府统一开放平台,提供面向公众的政府数据服务,有序实现数据开放。建立政府数据资源"负面清单"管理,"负面清单"之外的数据全部向社会开放。鼓励和引导公众和社会机构对政务数据、公共服务领域数据进行采集、挖掘、整理和分析,实现数据社会化开发利用。推动各级政府部门与企业、社会机构加强合作,支持社会数据通过政府开放接口进行第三方合作开发,形成一批体验优质、理念创新的新型数字化应用,丰富数据资源和数据产品。探索数据交易规则,建设大数据交易流通和大数据交易平台,支持各地区根据实际需要建立数据交易市场。推动数据资产确权、评估、定价、质押、抵押。

三是企业管理模式转变。在数字经济浪潮下,企业组织结构和管理流程等内部管理均需要进行数字化转型。利用数字技术推动企业从流程驱动、中心控制的组织形式转型为共享平台、高度去中心化新型组织,改变企业计划、管理、运营、生产的整个过程。无缝对接客户个性化需求,通过"互联网+"实现企业业务线上扩展,围绕自身产品建立细分生态,即通过互联网等信息技术拓展原有的产品。建设网络化开放式个性化定制平台,企业通过线上、线下多渠道采集对接用户个性化需求,发展动态感知、实时响应消费需求的个性化定制新模式。推进设计研发、生产制造和供应链管理等关键环节的柔性化改造,开展基于大规模定制的服务模式和商业模式创新。建设 3D 打印等共性服务平台,为用户在线提供快速原型、模具开发和产品定制等服务。

四是推动共享经济和平台经济发展。围绕生产性服务和生活性服务两大领域,用信息网络技术赋能供需匹配,对分散、闲置资源进行优化配置,提高社会资源利用效率,培育共享经济。推动分享、协作模式向制造资源、科技研发、知识技能、金融租赁、物流运输及教育培训等领域渗透,发展生产资料、生产技术、生产服务分享模式,支持构建分享型研发设计平台、在线知识共享平台、劳务资源分享平台等。拓展共享经济应用场景,培育和丰富共享经济的衍生产品。打造平台经济,发展专业化生产性服务平台,开展研发设计、第三方物流、检验检测、批发零售、信息服务、咨询策划等服务平台建设,引导平台企业积极探索服务产品定制等互联网服务新模式,面向全国提供专业化服务。聚焦信息消费、旅游消费、文化消费等新兴消费模式,培育面向百姓生活需求的细分服务平台,为城乡居民提供快速、精准、多样化、本地化服务。发展创新创业互联网平台,发挥平台在资源汇集、信息传播等方面的作用,助力形成创新创业新生态。根据数字平台的不同类型、不同功能属性、不同行业领域、不同发展阶段,分类对待,加强反垄断管理。

五是实体经济数字化转型。打造工业互联网平台体系,支持制造业企业、信息通信企业、互联网企业、电信运营商等建设跨行业、跨领域的工业互联网平台,助力实体经济提质增效;支持平台加强内部合作,加快面向不同行业和场景开发模块化、低成本、快部署的应用服务。支持企业"上云上平台",通过按需付费的模式,使用平台通用信息技术基础设施和业务系统,降低信息化一次性投入成本,快速提升信息化水平。开展工业互联网创新应用示范,支持制造业龙头企业联合工业互联网平台商和服务商,打造工业互联网应用标杆示范项目,推动产业集群所在地政府与工业互联网平台商合作,推动服务商与制造企业精准对接,引进和整合高校、科研院所、企业创新资源,打造协同研发、数据利用、咨询评估、创业孵化等公共创新服务载体。积极推进网络协同制造,建设协同研发设计平台,推动行业生产要素与资源集聚,发展产业链上下游协同以及网络众包等研发设计新模式。实施生产全流程网络化协同试点示范,推动企业内部加快工业网络、控制系统、管理软件和数据平台等各类资源的集成整合、互联互通,实现全流程信息共享和业务协同。鼓励制造业骨干企业通过互联网平台整合制造商、供应商、销售商、物流服务商和客户资源,推动企业间生产制造、客户管理、供应链管理、营销服务等系统的横向集成。

第四节　完善新型基础设施

以新一代信息基础设施为基础,新型基础设施的内涵外延不断演进丰富,正对全球经济发展和国际竞争格局产生重大影响。目前,我国高速光纤网络已覆盖所有城市、乡镇及98%以上行政村,建成了全球规模最大、覆盖最优的4G网络,5G基站数量位居全球第一;交通、物流、能源等领域数字化、网络化、智能化水平不断提高,新型基础设施发展已具备坚实基础。"十四五"要围绕构筑引领未来的战略性、网络型基础设施,明确新一代信息链接网络建设、计算平台建设、传统基础设施数字化智能化改造等方面的具体目标、主要任务和重大举措。

一、明确新型基础设施的内涵特征

以网络化、智能化、数字化为核心的新一轮工业革命,是未来全球经济增长的重要动能,是影响国家间产业竞争格局的主要因素。可以说,当今的工业化社会和以城市化为核心的人类现代生活,都是历次工业革命的成果。当前正在兴起的新一轮工业革命,以人、机器和资源间实现智能互联为特征,正在日益模糊物理世界和数字世界、制造和服务之间的边界,为利用现代科技实现更加高效和环境友好的经济增长提供了广阔空间[①],将有力推动经济社会的跨越式发展。网络化、智能化、数字化技术的加速突破和应用是当前蓬勃发展的新一轮工业革命的核心动力。之所以称这一场技术和产业变革是一轮革命,是因为智能技术和数字技术的连锁突破和大规模应用,不仅正在催生一批新的先导产业,而且将与传统技术和产品融合,从根本上改变传统产业的技术基础、要素投入结构、组织模式和商业形态,从而最终促进经济结构和发展方式的深刻变革以及经济增长潜力的充分释放[②]。由于新一代网络型基础设施使得数据生成、

---

①② 谢伏瞻.论新工业革命加速拓展与全球治理变革方向[J].经济研究,2019,54(7):4-13.

存储和传输的成本显著下降，数据开始成为经济系统中的新关键要素，甚至可能逐步取代传统的投入要素而成为经济系统中新的最重要的经济资源。

"新基建"中的"新"，指的是以工业物联网、5G、数据中心为代表的"数字新基建"。数字新基建所涵盖的是面向数据感知（采集）、传输、存储、计算、分析、应用、安全等能力需要的新一代基础设施。国家发改委于2020年4月20日首次明确，新型基础设施是以新发展理念为引领，以技术创新为驱动，以信息网络为基础，面向高质量发展需要，提供数字转型、智能升级、融合创新等服务的基础设施体系。数据是要素，连接是基础，算法是核心，算力是关键。新型基础设施是指以适应新一轮科技革命与产业变革需要为导向，将数据作为主要要素，在连接的基础上，以算法为核心，连接网络、平台，支撑数据的感知、连接、汇聚、融合、分析、决策、执行、安全等各环节运行，面向现代化建设和数字经济发展，并提供智能化产品和服务的新一代网络型基础设施体系。新型基础设施是数字时代的新结构性力量和信息高速公路。新型基础设施主要包括三个方面的内容：

一是信息基础设施。这主要是指基于新一代信息技术演化生成的基础设施，比如，以5G、物联网、工业互联网、卫星互联网为代表的通信网络基础设施，以人工智能、云计算、区块链等为代表的新技术基础设施，以数据中心、智能计算中心为代表的算力基础设施等。

二是融合基础设施。这主要是指深度应用互联网、大数据、人工智能等技术，支撑传统基础设施转型升级，进而形成的融合基础设施，比如，智能交通基础设施、智慧能源基础设施等。

三是创新基础设施。这主要是指支撑科学研究、技术开发、产品研制的具有公益属性的基础设施，比如，重大科技基础设施、科教基础设施、产业技术创新基础设施等。

新型基础设施伴随着生产制造的底层技术不断迭代，不仅具有传统基础设施的公共性、基础性等特征，而且具有快速迭代、泛在支撑、融合创新、智能引领、价值赋能、投资多元、安全至上等内在特点，是促进经济新动能和传统实体经济数字化转型的关键条件。

一是具有"快速迭代"的特点。新型基础设施在推动人、机、物的数字化、网络化、智能化过程中,伴随着技术的持续快速迭代。大数据、云计算、互联网、物联网、人工智能、区块链、5G 为代表的数字技术正在融合发展、广泛渗透,数字资源已经成为重要生产要素,以及继农业经济、工业经济之后的主要经济形态。在数字技术对生产生活方式改变、产业转型升级的强大推动下,技术不断创新,标准不断提升,衍生出新的内容和形式,呈现出持续快速迭代升级的趋势。

二是具有"泛在支撑"的特点。新型基础设施连接范围大幅扩展,推动数字化、网络化、智能化在广度、深度和速度上不断发展。随着超速率、广连接、大容量、低时延、高可靠性的 5G 技术投入商用,互联网向物联网延伸。物联网基于物的连接,有着比互联网更巨大的空间。在现代信息网络平台,海量的数据、海量的资源集聚在一起,无数的智能机器和智慧大脑在网络平台上持续互动,相互交流,彼此作用,拓宽了发展的空间,创造了无限的商机,极大地提升了资源配置效率①,可以说发展路径正在从"先修路后致富"向着"先上网再图强"转变。

三是具有"融合创新"的特点。新基建与传统基础设施的根本区别在于,新基建既有基础硬件,如集成电路,又有基础软件,如操作系统,可以通过物理世界与数字空间的融合集成、相互映射、全面创新,进而赋予工业、农业、交通、能源、医疗等垂直行业更多、更大的发展动能、势能,实现全局资源优化配置,最终产生明显的催化、倍增和叠加效应,实现广而深的渗透作用。与此同时,在新技术推动下,现代通信网络集感知、传输、存储、计算、处理于一体,更加具有协同性、融合性,进一步体现了新型基础设施的创新能力和发展水平。

四是具有"智能引领"的特点。人工智能具有"头雁"效应,具有深度学习、跨界融合、人机协同、群智开放、自主操控等特点,对新型基础设施建设乃至数字经济发展全局起到引领作用。

---

① 徐宪平.新基建:构筑数字时代的新结构性力量[EB/OL].北京大学光华管理学院,2019-12-19.

五是具有"价值赋能"的特点。新基建与传统基础设施的根本区别在于,新基建可以赋予工业、农业、交通、能源、医疗等垂直行业更多、更大的发展动能、势能,产生明显的催化、倍增和叠加效应,其渗透范围更广、程度更深。

六是具有"投资多元"的特点。传统基础设施投资基本上是政府主导的,而新基建与新产业、新业态、新商业模式,以及新产品紧密联系,直接作用于、服务于制造业等垂直行业,市场化运作程度高,以市场、企业为主体,投资主体、投资模式是多元的。

七是"安全至上"的特点。围绕"自主可控、安全可信",新型基础设施建设和应用对网络安全提出了更高的要求,相关新技术、新产品、新模式、新业态的安全模式、标准和规则有待建立完善。核心电子元器件、高端芯片、基础软件,还有半导体材料和设备、新型显示器件、数据库管理系统等"核高基"要素将成为攻关重点。

人工智能、工业互联网、云计算、物联网、区块链等领域发展迅猛,为新技术新模式深度融合与系统创新创造了条件,带动社会经济的效率提高、成本降低和能力提升。

专栏8-2:新型基础设施建设的国内外现状

中国:加快推进新型基础设施建设

我国目前处于5G网络大规模商用准备阶段,5G网络设备制造水平全球领先,各省市纷纷围绕智慧城市、智慧生活、智慧工厂、智慧医疗、智慧交通等领域,大力培育5G应用生态,未来"5G+"模式有潜力伴随各行业互联互通和数字化转型推进,形成在全球具有先进意义的各类应用场景,并进一步催生面向新一轮科技变革和产业革命的动力产业与先导产业,构成现代化经济体系和高质量发展的重要基础。

美国:发挥先发优势布局工业互联网等新型基础设施

美国通过积极实施国家信息基础设施行动动议、国家宽带计划、联邦政府云计算等一系列战略,掌握了全世界数量最多最先进的"互联网+"关键技术,关键性云计算市场份额占有率超过六成,全球排名前20的芯片公司大多集中在美国,此外还拥有完善的芯片、感知、云计算、人工智能、物联网等产业生态,均处于国际领先水平,并从政府、法律、技术及投资层面形成了全方位的组织推进模式。美国尤其大力推行工业互联网,促进制造业与互联网深度融合,集中了全球近半数工业互联网平台,建设全领域、全产业和全价值链的创新技术集成应用体系。

日本:推进机车设施革命,打造超智能社会

日本以谨慎、务实为原则,在5G时代到来之际,推进包括基础设施革命在内的五大革命。日本在芯片和传感器领域处于国际领先地位,围绕工业互联网已形成较为完善的产业供应链,"机器+OT"制造已形成常态化,创新技术应用范围不断扩大,垂直行业数字化转型不断加快,新型基础设施与各行业业务创新的融合度不断提高。同时,日本高度重视人工智能发展,积极推进超智能社会基础设施建设,加快人工智能在金融、医疗、交通等领域的应用。

韩国:聚焦十大新型基础设施关键产业

韩国分别于2016年和2018年宣布实施新型基础设施相关九大领域国家战略项目与《人工智能发展战略》,从人才、技术、设施三个层面详细规划了未来发展方向、投入水平与建设标准。目前,韩国智能信息技术(移动通信、AI、IOT、大数据、云计算等)产业聚焦十大产业五大业务,跨领域跨行业融合已初见成效,在高端芯片、半导体制造、5G通信等方面达到世界领先水平;未来,韩国将结合场景应用和垂直行业应用,探索新型基础设施融合应用,以进一步巩固制造业高精尖产品优势①。

---

① 国家信息中心,北京经济技术开发区,北京亦庄投资控股有限公司.5G时代新型基础设施建设白皮书[R/OL].2019-11.

二、明确新型基础设施建设的关键领域

面向新一轮科技革命与产业变革,按照国家战略要求,围绕感知、链接、汇聚、融合、分析、决策、执行、安全等八个方面,推进新型基础设施建设,需要在关键核心领域尽快取得突破。

①传感器与物联网。围绕航天、医疗、稀有气体感知等领域的具有特定用途的高精尖传感设备与物联网设备;通信等物联网核心技术。

②5G 技术。基于 5G 技术应用愿景,包括光传输器件、基站等进口比例较大的设备;超 100G 相干 DSP、FPGA、高端千兆以上以太网芯片、光收发模块和高端滤波器等 5G 核心技术。

③云计算。云计算的全新技术体系及完整的技术生态;云计算体系结构的创新及持续迭代。

④高端芯片。高端通用芯片、先进工艺、关键材料和关键设备;CPU、GPU、AI 等基础芯片;高端光电子芯片、硅光集成芯片、高速光器件测试封装等产品工艺平台,400G 硅光器件等关键技术;光刻胶、超净高纯试剂、电子特种气体、硅晶圆材料等关键材料技术;光刻设备、刻蚀设备、薄膜沉积设备、离子注入设备、湿法设备等核心设备。

⑤开源性平台建设。围绕开源性平台的大数据处理软件、开源云计算平台等新型平台基础设施;端边云网协同的分布式数字基础设施;链接、计算、存储、AI 算法等一体化的数字基础设施平台。

⑥人工智能关键算法。人工智能算法创新,针对现有框架的差异化发展路径;自主实用新型算法及算法训练场景;行业算法开放平台。

⑦操作系统。自主开发的云端操作系统;基于自研操作系统的软、硬件及智能应用开发平台;围绕城市、制造、医疗、交通等各个领域,涵盖行业资源的行业操作系统平台。

⑧软件。芯片设计软件、CAD/CAE 设计软件、虚拟仿真软件等核心工业软

件;电子设计自动化(EDA)等芯片的工具软件国产化;基础软件的云化、平台化和服务化;关键环节行业知识结晶的软件化构建升级。

⑨混合现实技术。研制 AR/VR 技术,搭建虚拟现实开放平台,构筑行业基础软件和数字孪生的核心引擎;行业操作系统和行业基础软件领域在重构周期中的优势技术获取。

⑩区块链。区块链点对点技术、非对称加密技术与分布式技术等核心技术跨行业跨类别使用;区块链+各类场景及有关安全保障技术①。

三、明确新型基础设施建设的应用场景

5G 商用时代已经到来,5G 通过与大数据、物联网、人工智能、区块链等新一代前沿技术深入融合,逐渐衍生出众多服务于生产生活和城市管理的应用场景。传统行业与 5G 技术的深入融合,提高了产业生产效率,提升了生活的舒适度与便利度,拓展了各行业各领域的应用圈,催生了智能生产与智慧生活的落地。在工业、农业、金融、交通、教育、电力、医疗、城市管理、公共安全、媒体等领域,逐步涌现出有望率先实现技术突破并形成商业闭环的应用场景。随着 5G 技术的商用、新基建的加速推进,网络应用的热潮将从 2C 转向 2B,从消费互联转向工业互联网,垂直行业的应用场景会越来越多,应用价值会越来越高。

根据不同的应用领域及其重要性,选取的十个应用场景覆盖了生产、生活和城市管理领域,从无人工厂到车联网、自动驾驶,从金融科技、智能支付到远程诊断,应用场景遍布各个领域,未来将吸引更多的有效投资,激发更多的经济活力,释放更多的消费需求。

①智慧工厂。智慧工厂通过各种形式采集生产环节中的数据,传输至工业互联网平台,用于控制、分析、预测各类生产参数。5G 技术高速率低延时的特点有效地为工业数据的传输提供了保障。以智慧工厂工业专网分流应用场景

---

① 国家信息中心,北京经济技术开发区,北京亦庄投资控股有限公司.5G 时代新型基础设施建设白皮书[R/OL].2019-11.

为例,其基础设施主要包括 5G 终端、5G 基站、MEC、5G 核心网,通过切片商城、5G 切片感知、端到端切片安全隔离、切片动态迁移、切片的 UPF 下沉和 UPF 分流等关键技术,实现机器视觉切片的快速部署和视频流的快速回传。

②车联网。车联网的服务分为车载娱乐业务、交通安全与辅助驾驶业务、自动驾驶业务。随着 C-V2X(4G/5G)技术的应用,车联网实现了汽车与道路基础设施(V2I)、车与车(V2V)、车与人(V2P)的点到点通信,提高了交通安全和通勤效率;而辅助驾驶业务的升级版则是自动驾驶,目前自动驾驶在矿山、港口等封闭道路已基本实现。通过路侧部署的智能感知设备对道路情况、车辆情况等进行获取,利用 5G 网络、边缘计算能力将路侧和车端实施感知信息在边缘侧进行融合计算,形成决策信息下发到车端,融合车路协同,为自动驾驶提供决策辅助。

③智慧金融。智慧金融依托于互联网技术,运用大数据、人工智能、云计算等金融科技手段,使金融行业在业务流程、业务开拓和客户服务等方面得到全面的智慧提升,实现金融产品、风控、服务的智慧化。随着 5G 和 AI 的深度结合,以指纹、声纹、静脉、脸、虹膜等生物特性作为主要依据,依赖云平台的承载能力、4G/5G 的优良通信环境以及二代身份证数据库的搭建,生物支付交易将在金融交易以及 ERP 商业交易中得到广泛应用。

④智慧社区。数字化小区是基于国家新型城镇化提出的"以人为本"目标,采用信息化、智能化社会管理与服务构建的五大功能体系,包括"平安社区""绿色社区""宜居社区""创客社区"等"5G+"社区模式。以数字化小区服务平台为例,其基础设施主要包括智能网联设备和通信网络设备,以 4G/5G 无线网和物联网建设为通信手段,以搭建智慧灯杆管理平台、智慧社区服务平台、智能小区服务平台为依托,按照万物互联、和谐、统一、美观的目标,构建"智慧社区+智能小区"的整体生态。

⑤智慧农业。智慧农业是指利用 5G 技术、物联网技术、云计算技术和大数据等信息技术实现"三农"产业的数字化、智能化、低碳化、生态化、集约化,从空

间、组织、管理整合现有农业基础设施、通信设备和信息化设施,使农业和谐发展,实现"高效、聪明、智慧、精细"和可持续发展,是将科学技术融合在农业发展领域中的具体实践和应用。

⑥智慧安防。伴随物联网、5G 网络图像传输和处理技术、终端接收技术的迅速发展,网络视频监控系统将传统的视频、音频及控制信号数字化,能够及时准确地为公安人员提供视频、图像和精准的海量视频监控数据,使公安人员更加快速地找到目标人物,为安全防范提供更加有力的支撑。

⑦智能电网。当前,基于 5G 的大带宽、低延时、广连接特性以及独特的"网络切片"技术,围绕电力系统发电、输电、变电、配电、用电全流程,电力行业公司、运营商和设备商加速推进 5G+智能电网落地。以 5G 智能分布式配电为例,其基础设施平台是电力通信网络和多种能源、信息的互联,以通信网络为网络信息总线,承担了智能电网源、网、荷、储各个环节的信息采集、网络控制的功能。

⑧智慧医疗。采用 5G 技术,通过数据采集系统实现手术室内多路高清、超高清影像及医疗数据的同步集中回传,利用医疗云平台,可对院内医生办公室、专科医联体医院等进行双向会诊、直播,可实现面向公网的大会现场和移动端的直播/转播。5G 网络作为信息的传输媒介,是现实远程医疗实时、可靠、安全信息传输的必要条件;另外,以 MEC、人工智能、云存储等新技术,将散乱无序的信息进行分析处理,为前端的应用输出有价值的信息。通过云计算、MEC、大数据、人工智能、区块链等技术推动医疗信息化及远程医疗平台改造升级。

⑨智慧教育。借助 5G 网络超宽带、超低时延、海量连接、超高可靠性的特性,受益于 4K/8K 高清、VR 虚拟与增强现实技术、人工智能等新技术的引入,智慧教育将在教学效果、教学智能、教学创新和教学网络覆盖等方面得到极大的提升,打造智能化、感知化、泛在化的教育新模式,通过个性化、精细化、沉浸式学习教学,提高课堂教学效果,增强学生学习兴趣,提升学习效率。

⑩智能媒体。智能媒体利用 5G 网络高速率、低时延的特性,通过专业 VR

直播摄像机实时采集到的现场 VR 视频,对 VR 视频进行拼接、编码,通过推流服务器进行推流,然后通过 VR 云服务器将 VR 视频分发至用户终端观看,让用户具有不一样的视听感受。①

第五节　发展创新型产业集群

深入实施创新驱动发展战略,要坚持围绕产业链部署创新链,围绕创新链布局产业链,加快推进制造强国、质量强国建设,促进先进制造业和现代服务业深度融合,构建实体经济和科技创新协同发展的现代产业体系。"十四五"时期,要在现有基础上,进一步加大力度培育发展战略性新兴产业集群,推动相关企业、科研单位、金融机构、中介服务机构的空间有效集聚、分工合作、协同创新,促进科研、创业、金融等领域和产业链协同。以前沿技术引领新兴产业发展,加快传统产业改造升级,推动产业链、创新链协同布局,加快建设富有竞争力的产业集群和产业平台。

一、大力发展新兴产业

新一代信息技术、生物技术、新能源、新材料、高端装备、新能源汽车、绿色环保以及航空航天、海洋装备等战略性新兴产业代表全球科技和产业发展方向,对于深化供给侧结构性改革、促进新旧动能接续转换、高起点建设现代产业体系、支撑创新驱动发展国家战略和抢占新一轮科技革命和产业变革制高点等具有重要意义。"十四五"时期,要认清形势、厘清思路、抓住机遇,推动战略性新兴产业持续健康稳定发展。

重点发展知识技术密集、资源能源消耗少、成长潜力大、综合效益好、具有

---

① 国家信息中心,北京经济技术开发区,北京亦庄投资控股有限公司.5G 时代新型基础设施建设白皮书[R/OL].2019-11.

长远带动作用的新兴产业,形成接续有力、相互支撑、融合互动的产业梯队。一方面要加快基础材料、关键芯片、高端元器件、新型显示器件、高端在线检测仪器、关键软件等核心技术攻关,夯实产业发展基础;另一方面,要稳步推进工业互联网、人工智能、物联网、大数据、云计算、区块链等技术集成创新和融合应用,促进新一代信息技术和制造业、服务业、现代农业深度融合,强化新技术新业态新模式对生产、流通、分配等经济活动的改造,使数字化的研发、生产、流通、交换、消费成为主流,形成数字经济发展新动能。

瞄准重点行业转型升级、重点领域创新发展、重大工程项目建设、重大科技攻关项目等重大战略需求,创新体制机制、整合要素资源,集中力量突破一批关键核心技术,研制一批高端装备产品,打破产品应用瓶颈,畅通"产品研制—示范应用—改进提升—产业化"的循环,实现产业做强做优。聚焦产业链的关键环节,以关键共性技术、前沿引领技术、现代工程技术、颠覆性技术的创新等为突破口,以新一代信息技术、轨道交通装备、高端船舶和海洋工程装备、智能机器人、智能汽车、现代农业机械、高端医疗器械和药品、重要矿产资源、新材料等领域为重点,系统梳理我国制造业"卡脖子"关键短板技术和产品,推进关键核心技术攻关,实施重大产业化项目,力争突破一批关键技术、推出一批高端产品、形成一批中国标准,不断增强产业核心竞争力。更好地发挥先进制造产业投资基金、国家战略基金导向作用,创新运用投贷联动、股债联合等方式,引导更多中长期社会资金和民间资本,投入制造业关键技术产业化领域。同时,出台首台(套)自主创新示范应用支持政策。首先,完善政府采购和国家垄断企业的采购制度。政府应采取有力措施制止重复设备引进,并用经济杠杆平衡和鼓励企业采用自主研发技术装备,充分利用政府采购途径或国家政策导向,对首台(套)的创新进行支持①。

---

① 孙伯淮.重大装备自主创新亟须破解首台(套)难题[M]//孙树义.中国工业经济年鉴2007.北京:中国财政经济出版社,2007:672-674.

专栏8-3：推进国产化首台（套）示范应用

重大技术装备是国之重器,事关综合国力和国家安全。首台（套）重大技术装备是指国内实现重大技术突破、拥有知识产权、尚未取得市场业绩的装备产品。近年来,我国重大技术装备发展取得了显著成就,有力支撑了经济发展和国防建设,但产业基础薄弱、创新能力不强等问题尚未得到根本解决,首台（套）示范应用不畅成为装备制造业创新发展的瓶颈。要坚持政府引导与市场机制相结合、政策激励与制度保障相结合、供给提升与需求牵引相结合、重点突破与协同推进相结合,加快完善首台（套）研发创新、检测评定、示范应用体系,着力完善政策支持、健全保障机制、营造良好环境,推动首台（套）示范应用取得实质性进展,为装备制造业迈向中高端提供坚实保障。

一是加快构建首台（套）示范应用体系。依托重大工程建设和有条件的行业骨干企业等,建立首台（套）示范应用基地。依托行业协会、龙头企业,组建由用户、工程设计、设备成套、研发、制造、检测等单位参加的首台（套）示范应用联盟,搭建供需对接平台。鼓励组建示范应用联合体,通过合资合作等方式建设示范应用生产线。

二是加强首台（套）知识产权运用和保护。对首台（套）产品的核心关键专利申请,依法给予优先审查支持,提高审查质量和效率,增强授权及时性和专利权稳定性。按照风险共担、利益分享的原则,鼓励首台（套）研制、系统集成、示范应用等企业知识产权成果依法分享。严厉打击知识产权侵权假冒行为。完善知识产权纠纷多元解决机制,在重大技术装备等重点领域探索开展知识产权仲裁调解。

三是加强重大技术装备研发创新支持。通过中央财政科技计划（专项、基金等）,统筹支持符合条件的重大技术装备及相关共性技术研发。充分利用现有资金渠道,加大对首台(套)相关公共平台的支持,重点推动重大技术装备创新研究院、关键共性技术研究开发和检测评定机构等平台的建设和运行。利用产业投资基金等渠道,支持首台(套)示范应用基地和示范应用项目建设。落实支持重大技术装备发展的税收优惠政策。

四是优化金融支持和服务。鼓励发展首台(套)融资租赁业务,鼓励有条件的融资租赁、金融租赁公司设立首台(套)租赁部门或专业子公司,更好地满足首台(套)等重点领域融资租赁需求。加强银行信贷支持。鼓励有条件的商业银行建立首台(套)企业和项目贷款绿色通道,鼓励开发性、政策性金融机构在业务范围内,为符合条件的首台(套)示范应用项目提供贷款支持。拓宽直接融资渠道,满足首台(套)企业融资需求。优化首台(套)保险运行机制,细化并动态调整首台(套)推广应用指导目录,优化保险公司共保体的运行模式和机制,完善能进能出的动态调整机制。鼓励保险机构根据市场需求,创新险种,扩大承保范围。

五是发挥国有企业作用。落实国有企业责任,大力推动和积极支持国有企业参与关键共性技术研发平台、检测评定机构、首台(套)示范应用基地、示范应用联盟等建设,积极采用首台(套)产品。完善考核评价制度,将首台(套)研制、示范应用情况等纳入国有企业相关考核事项清单,作为重要参考依据。建立容错机制,制定首台(套)示范应用过失宽容政策,合理界定并适当豁免相关企业及负责人的行政、经济、安全等责任,充分调动和保护应用首台(套)的积极性。

二、加快制造业改造升级

石化、钢铁、有色、建材、轻工、纺织、汽车、装备制造、航空航天、工程机械、医药医疗等制造业改造提升是振兴实体经济的重要内容,是深化供给侧结构性改革的重点领域,一方面实施传统产业改造,将直接拉动国内装备制造、系统集成、工程设计和施工等市场需求;另一方面,对增强应对外部风险挑战能力,促进形成强大国内市场,保持经济持续健康发展,推动高质量发展具有重要意义,是一项必须长期坚持的战略任务。

拓展"智能+",运用互联网、物联网、大数据、人工智能等先进技术改造提升传统产业,推进制造过程、装备、产品智能化升级,推动传统产业加速向数字化、网络化、智能化发展。制订智能制造认证实施规则,探索建立和推广模块化、低成本、易部署的智能化改造系统解决方案,加快现有设备智能化改造,推广应用新型智能装备。深化新一代信息技术与制造业融合发展,实施制造业数字化转型行动,做大做强工业数字经济。

坚持绿色发展理念,加快传统产业绿色改造,形成绿色生产方式,构建科技含量高、资源消耗低、环境污染少的产业结构。加快钢铁行业超低排放改造,实施重污染行业达标排放改造。支持石化、建材等重点行业清洁生产改造和园区化发展。实施城镇人口密集区危险化学品生产企业搬迁改造。

推动服务业高质量发展,优化生产性服务业供给,推进先进制造业和现代服务业深度融合。鼓励生产性服务业企业加快服务模式创新,增强生产服务渗透能力。鼓励传统产业向产业链两端高附加值生产服务拓展延伸,支持研发、设计、采购分销、运营管理、售后服务等环节专业化、高端化发展。加快培育技术能力强、服务水平高、规模效益好的专业化检验检测认证企业,建设国家产业计量测试中心。支持生产性服务业集聚区升级发展,建设面向中小企业的生产性服务业公共平台,健全中小企业技术改造服务体系。

落实新发展理念和高质量发展要求,顺应新一轮科技革命和产业变革趋势,更好地引导社会投资方向,有效发挥精准投资作用,引导企业加快技术改造和设备更新。钢铁、有色、建材、石化等原材料工业要巩固供给侧结构性改革成果,严格控制总量,大力优化存量,推动组织结构优化和生产力布局调整,促进安全绿色高效发展。强化装备制造业的战略性地位,优化基础装备产业体系,健全专用装备、高端装备自主体系,掌握重大技术装备发展主导权,为制造强国建设提供有力支撑。坚定电动化、智能化战略转型方向,增强关键技术创新引领能力,扩大汽车产业规模和体系优势,促进相关产业协同发展。轻工、纺织等消费品工业要扩大优质产品供给,提高产品附加值,更好地满足人民群众消费升级的需求。

三、促进大中小企业融通创新发展

我国企业的创新模式逐渐从单打独斗,走向众创、共创、广域协同,资源整合从产业链整合走向跨行业、跨界融合互补。大企业向中小企业开放资源、共享成果,以数据和资源赋能中小企业;中小企业在新的产业形态下实现快速迭代,创新成果通过创新链、供应链、数据链回流大企业,为大企业注入活力。构建大中小企业融通发展的产业生态,有利于进一步提升中小企业专业化能力,激发产业创新活力,加快新旧动能转化,促进经济高质量发展。"十四五"时期,要继续鼓励大中小企业创新组织模式、重构创新模式、变革生产模式、优化商业模式,进一步深入推动大中小企业融通发展。

构建大中小企业深度协同、融通发展的新型产业组织模式,提高供应链运行效率。发挥龙头骨干对供应链的引领带动作用,在智能制造、高端装备制造领域形成带动能力突出、资源整合水平高、特色鲜明的大企业。打造多方共赢、可持续发展的供应体系,带动上下游中小企业协同发展。鼓励大企业利用"互联网+"等手段,搭建线上线下相结合的大中小企业创新协同、产能共享、供应链互通的新型产业创新生态,促进生产制造领域共享经济新模式新业态发展,重构产业组织模式,推动中小企业高质量发展,降低自身创新转型成本,形成融通发展的格局①。推动中小企业"专精特新"发展,大力培育细分领域专业化"小巨人"和制造业单项冠军企业;深入开展"互联网+小微企业"行动,提高中小企业信息化应用水平。

---

① 工业和信息化部、发展改革委、财政部、国资委.促进大中小企业融通发展三年行动计划的通知[EB/OL].中国政府网,2018-11-28.

打造产研对接的新型产业创新模式,提升产业自主创新能力。鼓励大企业建立开放式产业创新平台,畅通创新能力对接转化渠道,实现大中小企业之间多维度、多触点的创新能力共享、创新成果转化和品牌协同,引领以平台赋能产业创新的融通发展模式。

加速构建数据协同共享的产业数字化发展生态,推动中小企业数字化转型。鼓励企业进一步完善数据平台建设,在云计算、大数据、人工智能、网络安全等领域形成数据规模大、集聚能力强的企业。集成具有较好数据服务基础的中小企业,支持中小企业依托平台对外提供服务,通过共享平台计算能力和数据资源,扩大数据规模,强化中小企业品牌影响力。鼓励平台为中小企业提供数字化系统解决方案,支撑中小企业智能制造,引领行业数字化转型。

支持创新资源集聚、产业生态完善、协作配套良好的地区,推动基于融通模式的区域产业生态。鼓励建立龙头骨干带动的专业化配套集群。探索建立产学研协同区域创新网络,推动大中小企业针对产业、区域的共性技术需求展开联合攻关,加快共性技术研发和应用。打通区域内外企业信息链和资金链,加速区域内外大中小企业创新能力、生产能力、市场能力的有效对接,推动资源能力的跨行业、跨区域融合互补,提升产业协同效率。强化品牌意识,制定区域品牌发展战略,探索共建共享区域品牌的路径和方式,促进企业品牌与区域品牌互动发展。

第六节 构建协同创新体系

"产学研用"协同创新是指企业、高校、科研机构、用户各创新参与主体以市场、用户的需求作为出发点和落脚点,以资源共享、优势互补为基础,以合作研发、利益共享、风险共担为原则,组合形成一段时期的利益共同体,共同开展科技创新、推进科技成果转化。新技术发展成为新产业进而成为新动能,其决定因素不仅在于技术是否成熟,还在于应用条件是否具备,法律法规、体制机制、标准和市场等相关体系和环境是否完善,关键是要创造有利于新兴产业发展的良好生态,构建"产学研用"相结合的协同创新体系。

一、明确协同创新重点任务

一是面向基础科学研究。我国基础科学研究短板依然突出,重大原创性成果缺乏,要瞄准世界科技前沿,准确研判重大科学问题的突破方向,下好"先手棋",实现前瞻性基础研究、引领性原创成果重大突破,夯实世界科技强国建设的根基。此外,基础和应用之间的联系日益紧密,面向实际应用、开发全新市场的场景式研发与创新,有力地促进着多领域技术组合,进而对基础研究形成逆向牵引;强化问题导向的基础研究,推动粒子物理前沿、物态调控、催化科学、材料跨尺度设计、量子通信与量子计算机、全球变化与应对、生物大分子系统认知与操控、干细胞与再生医学、极端条件下可靠性制造等领域的共性理论突破。

二是面向国家重大需求。当前,国家对战略科技的需求比以往任何时期都更加迫切,必须围绕国家重大战略需求,着力攻破关键核心技术,要聚焦信息、生物、新材料、空天、制造、新能源等方向,部署战略高技术研究。在信息领域,重点开发新一代人工智能、集成电路、先进计算、移动通信、区块链、基础软件等技术。在生物领域,重点部署开发基因编辑、生物治疗、合成生物育种、生物资源开发与利用、生物安全等技术。在新材料领域,重点部署材料基因工程、材料素化、极限化制备服役、结构与复合材料、功能与智能材料、电子材料等技术开发。在空天领域,重点部署开发空间飞行器在轨服务、先进宇航动力、空间物资利用及制造、空间智能控制等技术。在先进制造领域,重点部署高性能制造、智能工厂、激光制造、增材制造、半导体制造等技术研发。在新能源领域,重点推动氢能与燃料电池、先进核能、先进储能、无线电能传输等技术突破。

三是面向国民经济主战场。科学研究既要追求知识和真理,也要服务于经济社会发展和广大人民群众。为实现绿色发展,要增强生态产品供给能力,发展生态系统保护与修复、环境污染防治、废弃源头减量减害等技术。为推动城乡协调发展,要发展绿色高效用水、智能农林业装备、农林产品精深加工、智慧农业等技术,加强新兴服务、创新型科研服务、科技云平台、媒体融合等技术开发和应用。为推动全社会共享技术发展成果,要加强慢性病治疗与精准医学、传染性疾病防控、新药创制、创新医疗器械、中医药传承创新等技术研发,开发社会风险防控、产品质量安全、生物安全、交通安全、公共安全装备等技术,发展智能建造、低碳城市能源系统、智慧出行、智慧物流、智慧市政系统等。

二、优化协同创新环境

强化知识产权保护,提高创新成果利用效率。推动建立大中小企业共创、共有、共享知识产权激励机制,提升知识产权转化运用效率。加快推进中小企业知识产权战略,推进工程试点城市建设,加强知识产权保护意识,提高知识产权保护能力,降低企业维权成本。

强化以市场需求为导向的价值理念。推动"产学研用"紧密结合,突破"各自为政"的壁垒,改变"先有成果,再找企业"的思维模式,以市场为导向,紧盯需求,用户直接参与产学研合作。推进产学研用一体化必须建立以"用"为导向的创新要素融合新机制,进一步明确产学研用合作的工作重点和着力方向,拓展新技术、新产品市场应用空间,充分发挥市场在配置科技创新资源中的决定性作用。

打造多元化"产学研用"创新合作模式。推进产学研用一体化,关键在于抓好企业主体、市场导向、政府引导、平台建设四大核心问题,实现政、产、学、研、用五大创新主体的密切合作与协同作战。为此,要充分发挥政府引导作用,以重大项目推动产学研合作;按照"市场主导+政府扶持+内生性发展"模式,优化整合大学科技园、科技企业孵化器、众创空间等各类平台载体,打造科技创新共同体,加速创新要素聚集①。

---

① 王蔚然.经济新常态下构建环大学产业带的实践意义[J].住宅与房地产,2018(33):247.

三、搭建协同创新平台

一是要加强信息平台建设,建立产学研用的对接机制。充分发挥公共服务平台优势,满足企业技术创新需求,向全社会开放大型科技仪器、设备和公共实验室,为各种研发提供设计、检测、测试等专业技术服务。

二是要促进科技中介服务市场的资源整合,健全产学研用一体化的各类中介机构。积极扶持、培养生产力促进中心、评估咨询机构、科技信息中心、知识产权法律中介机构等一批自主创新的知识型中介服务机构,并依托中介服务机构,建立产学研信息交流服务平台,解决产学研结合中信息不对称的问题。

三是要完善资金的投入和管理体系。建立和完善由政府引导的以直接和间接投融资相结合的多渠道、多层次、多元化的科技成果转化投融资体系;按照市场和效益合理地分配资金,提高资金使用效率;根据各类科技成果转化活动的不同特点,采取部门监管、社会监管、专家监管相结合的监管形式;规范风险投资市场,完善风险投资的信息服务体系,加强对风险投资的监管,建立内部风险控制系统①。

专栏8-4:各具特色的区域协同创新体系案例

第一,直接面向产业服务的多方共建模式。广东省科技厅组织和支持建立的各类产业科技创新平台包括5种组建形式:一是省市两级政府与中国科学院联合共建,如中国科学院广州生物医药与健康研究院等;二是省科技厅、市政府与中国科学院相关研究所联合共建,如广东电子工业研究院等;三是省科技厅、市区政府支持,由相关科研机构、大学等联合共建,如华南家电研究院、华南精密制造研究院等;四是由各地市政府与中国科学院联合共建,如广州中国科学院工业技术研究院、中国科学院深圳先进技术

---

① 郭瑞东.着力推进产学研用一体化[N].河北日报.2018-08-22(7).

研究院等;五是由省科技厅支持,相关科研机构或大学联合共建,如广东省材料检测与评价科技创新平台。

第二,"实体组织"和"虚拟组织"相结合。实体组织如"现代纺织技术及装备创新服务平台",绍兴轻纺科技中心与浙江理工大学、浙江大学共同成立了"浙江省现代纺织工业研究院"。虚拟组织如新药创制科技服务平台,现有的四家创建单位以科研项目和科技服务为纽带形成产学研联盟,通过虚拟的联合,使新药创新链上的各个环节环环相扣,形成了信息高度畅通、既独立又联合的技术联盟关系,为制药企业提供相关服务。

第三,多纽带链接的建设模式。上海研发公共服务平台建设模式具有多样化的特征,即应用了链式、分布式、市区联动模式、孵化器模式、公共服务模式以及"加盟"模式等多模式建设。上海生物医药专业技术服务平台是链式建设模式的典型代表,该平台的直接出口是上海生物医药专业技术服务平台门户,不单独设立统一的实体平台,而是由分布在生物医药研发产业链上、具有不同分工的16家研究中心共同组成的。在针对不同科研项目时,由具有不同职能的中心自由组合、联合申请。平台整合了上海地区各类离散的科学数据资源,建立了多个数据中心和数据库,而这些数据库是分布在不同的单位来提供数据共享服务的。市区联动模式是结合上海市培育"一区一新"特色产业集群的战略规划,统筹专业孵化器、园区和公共服务平台布局,由市、区联合推动,建立具有行政区经济特色的平台。

第四,"产学研"合作的共建模式。江苏省引导优势科技资源向企业聚集,全面部署高校、院所在企业中建设重点实验室,支持企业重点实验室建到高校校园,将高校、院所的智力资源优势与龙头企业的产业优势紧密结合,以产业引导应用基础研究;重庆市整合高校、科研院所和企业的优势科技资源,共建产业(中试)基地,以成果共享、利益分享的方式,联合攻关关键共性技术,形成较为完善的产学研联盟和成果转化机制。

　　第五,中小企业专业镇的建设模式。广东省将科技创新平台建设作为完善区域创新体系的重要内容,为中小企业提供技术创新支撑,政府对经济实力雄厚、产业集群已形成一定规模的专业镇,以政府资金投入为主,市场化运作模式,开展共性关键技术创新服务,或通过组建产品质量检测中心,为企业提供检测服务,在促进产品质量提升的同时实现资源共享,服务和带动产业发展。目前,各类技术创新平台已经分布全省,覆盖了机械、五金、陶瓷、电子、建材、家具、花卉、针织服装等30多个产业、产品类别。

第七节　培育世界级创新中心

　　遵循创新区域高度集聚的规律,聚焦国家区域发展重大战略,加快打造一批具有强大的科技创新策源功能、高端产业引领功能和示范带动效应的区域创新高地,辐射带动全国创新发展。

　　在现代区域经济格局中,中心城市和城市群集聚能力强、空间效率高、规模效应明显,是经济发展中最活跃的增长极和动力源。在创新资源高度集聚规律作用下,全球创新资源加速向若干区域集聚,催生了一大批创新要素集聚、创新体系健全、创新效益高、创新效率好、辐射带动作用强的创新高地,成为经济发展的动力源。放眼世界,美国的波士顿—华盛顿城市群、日本的太平洋沿岸城市群等,都是本国经济发展极为重要的创新增长极,这些区域汇聚了大量的创新资源,贡献了许多科技创新成果。

　　创新高地作为影响区域发展的重要变量,是后发地区迎头赶上、实现跨越发展的新动力。比如,美国东北部五大湖地区等由于水运便利、矿产丰富,在19世纪后期已经成为重工业中心,但随着传统重工业纷纷倒闭,该地区从繁荣走向衰落,被形象地称为"铁锈地带"。随着科技创新的发展及其强大的带动作用,密歇根州安娜堡集聚了大量的人工智能企业,匹兹堡从一座钢城转变成全球机器学习中心,"铁锈地带"焕发新生机。美国模式下的全球科技创新中心都具备了"三大资源"(教育资源、人才资源和政策资源)、"三大资本"(民间资本、国有资本和国际资本)、"三大产出"(高水平科研成果、新企业高速成长和新产业高效传导)等重要特征①。

科技创新中心形成的重要动力是制度创新。英国、德国、美国、日本等发达国家的先进地区除了具备完善的市场环境,还都相继开创了有利于创新的专业化制度。如英国先后出现工厂系统、学徒制、科学社团和专利制度;法国相继建立技术学院和专业工程师制度;德国通过创办专科学院和大学,开创了教学、科研相统一的高等教育体系,还建立了企业内部实验室制度;在美国,国家实验室、公司化企业(即股份制和经理人制)、移民制度、风险投资以及大学技术转移等影响深远;在日本,精益生产体系、质量管理革命等也受到全球推崇。这些重大的制度创新奠定了科技创新中心的基础②。

当前,我国经济发展的空间结构正在发生深刻变化,中心城市和城市群正在成为承载发展要素的主要空间形式,具体表现在以下三个方面。一是区域经济发展分化态势明显,长三角、珠三角等地区已初步走上高质量发展轨道,一些省份增长放缓,全国经济重心进一步南移。二是发展动力极化现象日益突出,经济和人口向大城市及城市群集聚的趋势比较明显,北京、上海、广州、深圳等特大城市发展优势不断增强,杭州、南京、武汉、郑州、成都、西安等大城市发展势头较好,形成推动高质量发展的区域增长极。三是部分区域发展面临较大困难,东北地区、西北地区发展相对滞后,一些城市特别是资源枯竭型城市、传统工矿区城市发展活力不足。

党的十八大以来,党中央、国务院确立京津冀协同发展、长江经济带发展、粤港澳大湾区建设、长三角一体化发展、黄河流域生态保护和高质量发展、推进海南全面深化改革开放等重大国家战略,在充分发挥各地区比较优势的基础

① 张杰.努力建设全球科技创新中心(大家手笔)[N].人民日报.2015-07-20(7).
② 熊鸿儒.抓住全球科技创新中心建设机遇[J].新经济导刊,2015(6):83-85.

上,推动各类创新要素在区域间的合理流动和高效配置,增强创新发展动力,加快构建高质量发展的动力系统。2019年12月10日,中央经济工作会议强调,要加快落实区域发展战略,完善区域政策和空间布局,发挥各地比较优势,构建全国高质量发展的新动力源,推进京津冀协同发展、长三角一体化发展、粤港澳大湾区建设,打造世界级创新平台和增长极。

"十四五"时期,要适应新形势,围绕国家重大区域发展战略,加快建设科技与经济深度融合、有力支撑经济高质量发展的科技创新中心,打造重大原始创新成果持续涌现的综合性国家科学中心,提升京津冀、长三角、粤港澳大湾区、成渝等四大城市群配置全球要素和创新策源能力,使之成为引领我国高质量发展的主要动力源。

第一,以科技创新中心建设为引领,推动重点区域率先实现经济高质量发展。

"十四五"时期,要聚焦引领带动区域高质量发展目标,集聚一流大学、科研院所和企业研发机构,贯通基础研究、应用基础研究、中试验证、产业化等创新链条,加快产出一批重大原创性成果,推动产业迈向全球价值链中高端,不断增强经济创新力和竞争力。

大力支持建设北京全国科技创新中心,发挥其在京津冀协同发展中的引领示范和核心支撑作用,塑造更多依靠创新驱动、更多发挥先发优势的引领型企业。推动上海加快向具有全球影响力的科技创新中心进军,发挥在长三角区域一体化发展中的头雁效应,不断强化在服务国家参与全球经济科技合作与竞争中的枢纽作用。加快推进粤港澳大湾区国际科技创新中心建设,支持香港、澳门更好地融入国家发展大局,建立健全创新合作机制,共同建设开放型区域创新体系。支持成渝建设具有全国影响力的科技创新中心,发挥国家战略大后方比较优势,强化重庆和成都中心城市带动作用,大力增强协同创新发展能力,增强西部高质量发展动力。

专栏 8-5：《长江三角洲区域一体化发展规划纲要》对构建区域创新共同体的部署

联合提升原始创新能力。加强科技创新前瞻布局和资源共享，集中突破一批"卡脖子"核心关键技术，联手营造有利于提升自主创新能力的创新生态，打造全国原始创新策源地。加强上海张江、安徽合肥综合性国家科学中心建设，健全开放共享合作机制。推动硬 X 射线自由电子激光装置、未来网络试验设施、超重力离心模拟与实验装置、高效低碳燃气轮机试验装置、聚变堆主机关键系统综合研究设施等重大科技基础设施集群化发展。优先布局国家重大战略项目、国家科技重大专项，共同实施国际大科学计划和国际大科学工程。加快科技资源共享服务平台优化升级，推动重大科研基础设施、大型科研仪器、科技文献、科学数据等科技资源合理流动与开放共享。

协同推进科技成果转移转化。充分发挥市场和政府作用，打通原始创新向现实生产力转化通道，推动科技成果跨区域转化。加强原始创新成果转化，重点开展新一代信息技术、高端装备制造、生命健康、绿色技术、新能源、智能交通等领域科技创新联合攻关，构建开放、协同、高效的共性技术研发平台，实施科技成果应用示范和科技惠民工程。发挥长三角技术交易市场联盟作用，推动技术交易市场互联互通，共建全球创新成果集散中心。依托现有国家科技成果转移转化示范区，建立健全协同联动机制，共建科技成果转移转化高地。打造长三角技术转移服务平台，实现成果转化项目资金共同投入、技术共同转化、利益共同分享。

共建产业创新大平台。瞄准世界科技前沿和产业制高点，共建多层次产业创新大平台。充分发挥创新资源集聚优势，协同推动原始创新、技术创新和产业创新，合力打造长三角科技创新共同体，形成具有全国影响力的科技创新和制造业研发高地。发挥长三角双创示范基地联盟作用,加强跨区域"双创"合作,联合共建国家级科技成果孵化基地和双创示范基地。加强清华长三角研究院等创新平台建设,共同办好浦江创新论坛、长三角国际创新挑战赛,打造高水平创新品牌。

强化协同创新政策支撑。加大政策支持力度,形成推动协同创新的强大合力。研究制订覆盖长三角全域的全面创新改革试验方案。建立一体化人才保障服务标准,实行人才评价标准互认制度,允许地方高校按照国家有关规定自主开展人才引进和职称评定。加强长三角知识产权联合保护。支持地方探索建立区域创新收益共享机制,鼓励设立产业投资、创业投资、股权投资、科技创新、科技成果转化引导基金。在上海证券交易所设立科创板并试点注册制,鼓励长三角地区高成长创新企业到科创板上市融资。

第二,以综合性国家科学中心建设为抓手,强化创新驱动发展的源头供给。

"十四五"时期,综合性国家科学中心建设要以强化原始创新功能为主攻方向,布局建设一批重大科技基础设施、科教基础设施和前沿交叉研究平台,推动高水平大学、科研院所和企业深度融合,营造自由开放的创新环境,努力实现科学新发现、技术新发明、产业新方向、发展新理念从无到有的跨越,产出重大原创科学成果和颠覆性产业技术,夯实建设世界科技强国的根基。

大力推进北京怀柔综合性国家科学中心建设,聚焦物质科学、空间科学、地球系统科学等领域前沿方向,强力支撑北京建设全国科技创新中心。强化支持上海张江综合性国家科学中心建设,以光子科学与技术、生命科学等重点方向为突破口,打造大型开放式研究基地,使其成为带动区域创新能力提升和促进经济社会发展的科技创新高地。稳步推进安徽合肥综合性国家科学中心建设,着重强化量子信息、核聚变能源等方向的国际领先地位,支撑重大科学研究和成果转化。加快推进大湾区综合性国家科学中心建设,打造应用基础研究集聚地、中试验证和成果转化基地、体制机制创新试验区。

第八节　建设特色鲜明的创新型园区

"十四五"时期,要引导各类创新园区依托所在地区资源优势、产业优势、制度优势,提升各类园区创新能力,因地制宜探索各具特色的创新驱动发展模式,成为地方创新驱动发展的重要载体。

一、明确创新型园区的内涵

创新型园区的内部结构可分为创新组织、创新集群和创新经济三个层次。企业、大学、政府、研究机构构成创新组织,创新组织围绕产业链、价值链、知识链通过创新互动,推进创新集群的成长,创新集群发展壮大后就演化为创新经济。因此,创新型园区建设的核心是营造创新环境、培育创新集群。

创新要素的富集程度。园区的创新要素主要包括科技人才、创业人才、企业家、创新技术、种子资金、风险资本、创新文化等。科技人才是知识技术的载体,是从事高新技术创新、产生创新科技成果的主体力量,主要是从事技术开发。创业人才是具有胆略、敢冒风险、自带资金创办企业的领头人。企业家是对创新型要素进行创造性组合的组织者,是推动科技型企业诞生和发展的创业者,是一个企业能否发展壮大的核心要素。对于科技型企业来说,企业家往往是既懂技术,又擅长经营管理的复合型人才,因而称为科技型企业家。种子资金是指在技术成果产业化前期和企业创业初期投入的资本。风险资本是一种以私募方式募集资金,以公司等组织形式设立,投资于未上市的新兴中小型企业(尤其是新兴高科技企业)的一种承担高风险、谋求高回报的资本形态。创新创业文化是园区不可缺少的软要素,没有创新创业文化作支撑,园区即使有丰富的智力资源和科技人才,也不会形成旺盛的创新活力。

支撑创新的载体和组织的完善程度。支撑创新的载体和组织主要包括大学、科研机构、大学科技园、重点实验室、企业技术中心、工程技术研究中心、技术转移中心、孵化器、公共技术服务平台、中介服务机构等。大学和科研机构是知识智力最为密集的聚集区，是进行知识创造的主要载体。园区区域布局的首要条件就是邻近大学和科研机构，充分利用大学和科研机构的知识智力资源，为园区源源不断地输送各类人才和创新型科技成果，促进校园文化与企业文化的整合，形成创新型的文化氛围。

大学科技园是以具有较强科研实力的大学为依托，将大学的综合智力资源优势与其他社会优势资源相结合，为高等学校科技成果转化、高新技术企业孵化、创新创业人才培养、产学研结合提供支撑的平台和服务的机构。实验室是科技研发人员进行试验的场所，是科学研究的基地和科技的产出地；企业技术中心的中心任务是为企业开发新技术、新产品，推进企业技术创新；生产力促进中心的宗旨是背靠政府，面向企业，组织社会科技力量，为广大中小企业提供综合配套服务，协助其建立技术创新机制；技术转移中心的主要任务是开展共性技术的开发和扩散，推动和完善企业技术中心建设，促进高校科技成果转化和技术转移。高新区拥有这些知识创新的载体和平台，就可更好地促进知识创新。孵化器通过为新创办的科技型中小企业提供物理空间和基础设施，提供一系列的服务支持，降低创业者的创业风险和创业成本，促进科技成果转化，培养成功的企业和企业家。公共技术服务平台是指在产业集中度较高或具有一定产业优势的地区，构建的为中小企业提供技术开发、试验、推广及产品设计、加工、检测等的公共技术支持系统。科技中介服务机构的主要功能是在政府与科技、科技与经济、科技与社会之间，在不同的利益主体之间发挥纽带、桥梁作用[①]。

企业群体的衍生与成长活力。园区企业群体的衍生是指通过创新要素的流动和重新组合从原有的大学、科研机构和企业中，不断分化出新的创业企业。

---

① 张克俊.国家高新区提高自主创新能力建设创新型园区研究[D].成都:西南财经大学,2010.

企业的不断衍生促进了高新区的专业化分工,使大量的中小型创新型企业仅专注于最具有竞争力的创新活动,以达到规模经济与专业化效益。同时,企业的衍生促进企业之间的交流和协作关系,形成地方化网络。因此,园区企业的衍生能力是衡量其创新能力和创新型园区的一个重要指标。世界上知名的高科技园区,其内部的企业衍生和繁殖能力非常强,充分表现出高科技园区的创新活力。硅谷每年不断有大批新企业诞生,又有大批企业倒闭,创新型企业呈现高速增长之势,使硅谷成为世界上最具创新活力的高科技园区。

发挥创新要素效能的创新网络发达程度。发达的创新网络、高度密集的创新服务组织、浓厚的创新合作氛围,构成了园区的区域创新系统,推动园区内的创新要素最大限度地发挥效能,促进园区由个体创新、线性创新转变为群体创新、网络创新。自 20 世纪以来,随着技术、市场、竞争的变化,技术创新的范式和主导模式也在发生变化,先后经历了四代主导模式,即以研究开发作为创新起点的技术推动模式、以市场需求作为创新起点的市场拉动模式、市场拉动和技术推动共同作用的双向模式、将多项职能集于一体并行的整合模式。目前,创新模式正在进入系统一体化与扩展的网络化创新模式。企业创新网络的出现,是基于当今技术创新日益复杂和技术与市场的更加不确定性、各个创新企业对网络式创新这种模式日益迫切的需求而形成的。在网络化的技术创新过程中,企业不仅充分利用自身的技术创新能力和优势更好地实现各功能的平行作业和一体化,而且广泛同供应商、其他竞争者、竞争互补者、高校和科研单位等进行战略合作和外包,建立技术创新联盟,利用它们的创新资源和创新能力,更加灵活地进行持续不断的创新,更快、更灵活地满足用户的需求。由协同带来的整体创新能力大于个体创新能力之和,是创新网络能够形成和发展的最基本动因。创新网络密集程度越高,越有利于创新劳动的高水平分工和专业化以及知识的溢出和创新,创新网络的发达是一个高新区走向成熟、转型为创新型园区的重要标志。

二、明确创新型园区建设的重点任务

创新型园区要突出"创新"的特色,深入实施创新驱动发展战略,以培育和发展新兴产业为主要方向,当好排头兵,重点要做好以下三个方面的工作:

建立创新驱动的产业转型升级内生动力机制。突出体制机制创新和科技创新,提升从科技到经济和现实生产力的转换能力,围绕做实做好"高"和"新"两篇文章,加大体制机制改革和政策先行先试力度,促进科技、人才、政策等要素的优化配置,完善从技术研发、技术转移、企业孵化到产业集聚的创新服务和产业培育体系,增强产业核心竞争力。积极推广国家自主创新示范区的经验和做法,落实科技成果处置权、收益权等改革政策,鼓励符合条件的国有科技型企业实施股权和分红激励,落实金融、税收、户籍、住房、计划生育等方面的优惠政策,保障产业转型升级示范区和示范园区创新创业人员随迁子女平等就近入学,实施人才安居工程,为人才提供宜居宜业的创新创业环境。创新产业转型升级示范园区环评管理机制,鼓励以园区规划环评为基础,依法依规简化具体项目环评的程序和内容。支持符合条件的示范园区开展电力体制改革,降低园区内企业用电成本。更加注重运用市场化的办法,着力构建以企业为主体、市场为导向、产学研相结合的技术创新体系,加快培育形成推动产业转型升级的新供给新动力。

形成以园区为核心载体的创新平台支撑体系。发挥园区创新功能,通过体制机制创新激发市场活力,采用市场化方式促进产业集聚,完善扶持政策,加大扶持力度,培育特色鲜明、大中小企业协同发展的优势产业集群和特色产业链。明确园区功能定位和重点产业,创新园区市场化管理模式,突出发展若干特色主导产业和产业集群,形成集中布局、集聚发展、用地集约、特色鲜明的产业发展平台。支持在园区规划建设制造业创新中心,重点支持企业创新平台、企业实训中心、大学科技园、创业孵化中心,以及信息基础设施、公共检测、技术咨询等平台建设。支持地方政府与高等学校、中科院等研究院所、企业联合建设研发平台和创新平台,加快大学科技园、留学生创业园、大学生创业孵化基地、科技企业孵化器、双创基地等创新载体建设,孵化培育早期项目。调动全社会力量,支持创新工场、创客空间、社会实验室、智慧小企业创业基地等新型众创空间发展,完善科技创新创业中介服务体系。支持通过现有的科技引导基金、产业投资基金、知识产权质押融资等多种方式,积极构建覆盖企业全生命周期的支持科技创新的投融资体系,鼓励企业建设创新创业第三方公共服务平台。支持在园区内重点建设一所理工类应用型本科高校或职业技术学院、技师学院,培养急需人才。

构建特色鲜明竞争力强的现代产业集群。加快发展具有比较优势的战略性新兴产业,推动产学研用结合和技术成果转化,培育发展一批新技术、新产业、新模式、新业态,推动从"原"字头、"初"字号产业为主,向高科技、高质量、高增值、低能耗、低物耗、低排放的先进制造业、战略性新兴产业、现代服务业协同发展转型,促进产业向高端化、集聚化、智能化升级,全面优化经济结构。支持种子期、初创期成长型中小企业发展。引导企业专注核心业务,提高企业间配套协作水平,提高专业化生产、服务和协作配套的能力,培育形成一批专业化优势显著、竞争能力强的"单项冠军"企业。鼓励中小企业向"专、精、特、新"方向发展,形成一批"小巨人"企业。加大技术改造支持力度,支持地方政府加强创新能力建设,强化创新链和产业链、创新链和服务链、创新链和资金链对接,支持有实力的企业牵头组建产业与技术创新联盟推动协同创新,开展行业共性关键技术攻关,推进科技成果转化应用,促进创新链整合。整合国内外创新资源,深化企业主导的产学研合作,着力推动产业转型升级,提升产业竞争力,发挥其在创新发展中的引领示范和辐射带动作用。

专栏8-6:苏州工业园区聚力打造成为创新型园区

苏州工业园区是中国和新加坡两国政府间的重要合作项目,于1994年2月经国务院批准设立,同年5月启动实施,园区行政区划278平方千米,其中,中新合作区 80 平方千米,下辖四个街道,常住人口 80.4 万人。

回顾园区发展历程,可简要概括为三个阶段:第一阶段,1994—2000 年,是园区以基础设施建设为特征的工业化快速启动、城市化同步推进的重要发展阶段;第二阶段,2001—2005 年,是园区以产城互动并进为特征的先进制造业加速集聚、现代化城市形态初步展现的重要发展阶段;第三阶段,2006 年至今,是园区以实现内涵式增长为特征的产业转型升级、综合商务新城加快建设的重要发展阶段。经过 26 年的发展,制造业方面基本形成两个核心支柱产业和三个新兴主导产业的产业格局,制订了"2+3"产业发展计划,提出在重点提升方面发展电子信息制造业、装备制造两大支柱产业,在科技新兴产业方面重点加快发展纳米技术应用、生物医药、云计算三大主导产业,在服务型经济方面,重点发展金融、文化、物流、外包、总部经济等现代服务业,提出服务业培增计划。

园区按照"合作中有特色、学习中有发展、借鉴中有创新"的要求,结合自身发展实际,积极探索,勇于创新,在规划建设、招商引资、创新转型、产业发展等方面积累了一些有益做法,形成了以"借鉴、创新、圆融、共赢"为主要内涵的园区经验。概括起来,主要有以下几个方面:

1.坚持科学有序的开发建设。科学的建设规划是园区成功发展的重要经验,也是园区成为中国开发区示范品牌的关键所在。始终坚持规划引领,"无规划、不开发"是园区首要的开发原则。始终坚持规划设计超前于开发建设需要,按照"50 年不落后"的标准,加强规划的编制与设计。20 多年来,园区累计投入 2 亿多美元,先后编制完成了 300 多项专业规划,形成了从概念规划、总体规划到建设指导详细规划、建设控制详细规划等的完善的城市规划体系,并且每隔 5 年根据新的形势要求对全区总体规划进行全面调整。为确保规划得到有效实施,园区配套制定了一系列严格的规划管理制度,实行"规划一支笔",行政管理层不得干预,保证了规划的权威性。

目前,园区开发现状与总体规划蓝图基本一致,为投资者营造了可预见的、低风险的投资环境。适度超前建设基础设施,园区坚持"四先四后"顺序推进开发建设(即先规划后建设、先地下后地上、先二产后三产、先基础设施开发后商业地产开发),从基础设施建设起步,先启动工业区,再以二产促三产,以产业发展积累的资金用于城市建设,提升城市功能,使开发建设步入良性循环轨道。与此同时,园区按照"需求未到,基础设施先行"要求,对标国际先进标准,大规模集中建设了"九通一平"基础设施(即市政道路、供电、供水、排水、污水处理、燃气、供热、电信、有线电视和土地平整),所有建设项目全部进行环境影响评估,所有建设工程全部进行市场招投标,所有建设工地全部使用商品混凝土,避免了滚动开发的盲目性和随意性。高度重视生态环境保护,在经济社会保持快速发展的同时,牢固树立"环境立区、生态立区"理念,注重环境保护和生态建设,协调布局城市生产、生活和生态功能,实现了开发建设规划与环境保护规划的全覆盖。

2.构筑亲商富商的营商环境。园区紧密结合国情和发展实际,学习借鉴新加坡等发达国家和地区先进经验,建立了符合国际惯例和市场机制、具有中国特色、体现园区特点的管理体制和开发运行机制。构建了精简高效的行政管理体系。园区管委会作为苏州市政府的派出机构在行政辖区范围内全面行使主权和行政管理职能。园区坚持按照"小政府、大社会,小机构、大服务"的要求和扁平化管理模式,整合管理职能、减少管理层次、精简行政人员,建立了"精简、统一、效能"和区域一体的行政管理体制。为保证政府行政管理工作的廉洁、高效,园区建立了严格、健全的规章制度体系,全面规范行政行为和公务员个人行为,所有机关工作人员均面向社会公开竞聘、择优录取。积极营造与国际接轨的营商环境。园区始终把推动企业发展和帮助企业实现最佳投资回报作为政府工作的立足点,学习借鉴新加坡招商和企业服务经验,提出"亲商"服务理念,并建立了以"一站式服务"为核心的公共服务平台,切实帮助企业降低投资运行成本、赢得最佳投资效益。创新完善了更符合园区发展实际的新型海关监管体系,包括进出口陆路口岸以及出口加工区、保税物流中心、综合保税区等海关特殊监管区域和保税监管场所。近年来,园区主动对接复制上海等自由贸易试验区成功经验,全面开展开放创新综合试验,积极探索外商投资管理制度、贸易监管制度、行政审批制度等制度的改革创新,持续深化中新金融合作创新,稳步开展跨境电子商务、贸易多元化等试点,营造具有国际竞争力的营商环境。

3.推进驱动创新的转型模式。坚持以改革创新为抓手,持续增强发展动力活力。先行先试加快探索。坚持"合作中有特色、学习中有发展、借鉴中有创新",推动中新双方合作迈上新台阶。在物流通关、现代服务业、科技创新和生态环保等方面创造了多个全国"第一"和"唯一",较好地发挥了改革开放"试验田"功能作用。各项金融创新政策落地,中新金融合作创新加快推进,跨境人民币创新业务成效良好,初步构建了较为完善的区域金融体系。综合保税区贸易功能区封关运作,贸易多元化、跨境电子商务试点稳步推进。大力推动创新创业。抓住苏南国家自主创新示范区建设机遇,深入实施创新驱动战略,大力推动"大众创业、万众创新"。国际科技园、创意产业园、苏州纳米城等创新集群基本形成。中科院苏州纳米所、国家纳米技术国际创新园等国家级创新工程加快推进,苏州纳米科技协同创新中心入选全国首批"高等学校创新能力提升计划"。纳米真空互联实验站、医科院苏州系统所、中科院电子所苏州研究院、中科院上海药物所苏州研究院等开工建设,江苏省纳米产业技术创新中心启动筹建,生物产业园(桑田岛)建成投用。创新成果不断涌现。企业新增发明专利授权量增长80%,万人有效发明专利拥有量超过100件,保持全省第一。一批科技龙头企业呈现快速发展态势。目前主板上市企业、新三板挂牌企业已超过100家。

4.发展与时俱进的产城融合。与一般开发区不同,园区从一开始就摒弃单一发展工业的模式。早期,就明确提出了建设"具有国际竞争力的高科技工业园区和国际化、现代化、园林化的新城区"发展目标。近年来,根据苏州中心城市发展新格局和园区城市发展新变化,又将发展目标进一步提升为建设"国际先进现代化高科技产业新城区"。按照产城融合的发展理念,园区通过"一步规划、分步实施""以工业集聚带动人口集聚、以人口集聚促进商业繁荣",实现了生产、生活、生态有机结合。注重城市功能完善,规划建设了环金鸡湖金融商贸区、月亮湾商务区、阳澄湖国家级旅游度假区等功能区。借鉴新加坡社区商业模式,规划建设了一批社区邻里中心,完善居住小区配套商业,满足居民日常消费需求。注重社会事业协调发展,高度重视人的发展,促进人与自然和谐、人与社会和谐,大力发展教育、文化、卫生、体育等各项社会事业,构建均等公共服务体系,率先实现区镇教育一体化管理,新建了一批学校、医院、保障房等民生工程;不断加强社区建设,建立了以邻里中心、社区工作站、民众联络为依托的新型社区服务管理体系。

9

新时代推进创新驱动发展的建议

精准有效的政策体系和长效工作机制,是支撑创新驱动发展战略实施的重要保障。"十四五"时期,要重点围绕建立健全长效普惠性的扶持机制和精准有效的差别化支持机制,形成支持创新创业发展的良好生态,充分调动创新主体的积极性和创造性,更加深入地实施创新驱动发展战略。

第一节　构建支撑新时代创新驱动发展的规划体系

科技大业,规划先行。习近平总书记在 2016 年全国科技创新大会上强调要"抓战略、抓规划、抓政策、抓服务",并进一步指出"中国要强盛、要复兴,就一定要大力发展科学技术,努力成为世界主要科学中心和创新高地"。在构筑国家创新能力和优势方面,实施重大科技项目,构建具有国际竞争力的创新体系,必须完善国家创新规划体系,推进 2021—2035 年国家中长期科技发展规划研究编制工作。制定科技强国行动纲要,强化空间规划、专项规划、区域规划对创新驱动发展的支撑作用,以国家战略性需求为导向推进创新体系优化组合。研究制定《"十四五"国家科技创新规划》,聚焦科技创新、数字经济、实体经济、人才教育等领域,系统编制与创新紧密相关的"十四五"专项规划项目,对创新重点领域进行部署。

一是"一个体系"。一个体系就是建设国家创新体系。科技规划要从宏观战略、国计民生需求、国际前沿态势上统一把握,明确大方向、提出大问题、设立大指标。要将科技创新战略目标、战略对象和战略手段进行总体部署,要将科技创新总体规划、专项科技规划、行业科技发展规划、区域科技发展规划协调一致,作为强制性、约束性指标纳入区域、行业或企业的考核体系。建设各类创新主体协同互动和创新要素顺畅流动、高效配置的生态系统,形成创新驱动发展的实践载体、制度安排和环境保障。明确企业、科研院所、高校、社会组织等各类创新主体功能定位,构建开放高效的创新网络,建设国防科技协同创新平台;改进创新治理,进一步明确政府和市场分工,构建统筹配置创新资源的机制;完善激励创新的政策体系、保护创新的法律制度,构建鼓励创新的社会环境,激发全社会创新活力。

二是"双轮驱动"。双轮驱动就是科技创新和体制机制创新两个轮子相互协调、持续发力。科技创新:要明确支撑发展的方向和重点,加强科学探索和技术攻关,形成持续创新的系统能力;体制机制创新:要调整一切不适应创新驱动发展的生产关系,统筹推进科技、经济和政府治理等三方面体制机制改革,最大限度地释放创新活力。

三是"三步战略目标"。第一步,到2020年进入创新型国家行列,基本建成中国特色国家创新体系,有力支持全面建成小康社会目标的实现。第二步,到2030年跻身创新型国家前列,发展驱动力实现根本转换,经济社会发展水平和国际竞争力大幅提升,为建成经济强国和实现共同富裕奠定坚实基础。第三步,到2050年建成世界科技创新强国,成为世界主要科学中心和创新高地,为我国建成富强民主文明和谐的社会主义现代化国家、实现中华民族伟大复兴的中国梦提供强大支撑。

四是"四项原则"。①紧扣发展。坚持问题导向,面向世界科技前沿、面向国家重大需求、面向国民经济主战场,明确我国创新发展的主攻方向,在关键领域尽快实现突破,力争形成更多竞争优势。②深化改革。坚持科技体制改革和经济社会领域改革同步发力,强化科技与经济对接,遵循社会主义市场经济规律和科技创新规律,破除一切制约创新的思想障碍和制度藩篱,构建支撑创新驱动发展的良好环境。③强化激励。坚持创新驱动实质是坚持人才驱动,落实以人为本,尊重创新创造的价值,激发各类人才的积极性和创造性,加快汇聚一支规模宏大、结构合理、素质优良的创新型人才队伍。④扩大开放。坚持以全球视野谋划和推动创新,最大限度地用好全球创新资源,全面提升我国在全球创新格局中的位势,力争成为若干重要领域的引领者和重要规则制定的参与者。

五是"五类创新主体"。明确各类创新主体在创新链不同环节的功能定位,激发主体活力,系统提升各类主体创新能力,夯实创新发展的基础。①培育世界一流创新型企业。②建设世界一流大学和一流学科。③建设世界一流科研院所。④发展面向市场的新型研发机构。⑤构建专业化技术转移服务体系。

六是"六大转变"。发展方式从以规模扩张为主导的粗放式增长向以质量效益为主导的可持续发展转变;发展要素从传统要素主导发展向创新要素主导发展转变;产业分工从价值链中低端向价值链中高端转变;创新能力从"跟踪、并行、领跑"并存、"跟踪"为主向"并行""领跑"为主转变;资源配置从以研发环节为主向产业链、创新链、资金链统筹配置转变;创新群体从以科技人员的小众为主向小众与大众创新创业互动转变。

要着力强化规划实施保障,提高规划管理水平和实施效率。按照规划确定的目标和任务,坚持短期调控政策和长期发展战略相结合,打好产业、财税、金融、土地、投资等相关政策组合拳,注重定向施策、精准施策。加强财政预算与创新相关规划实施的衔接协调,强化公共财政对规划实施的保障作用,中期财政规划要根据本规划提出的目标任务合理安排支出规模和结构,滚动调整要充分考虑本规划实施的需要。年度预算安排要优先考虑本规划实施的年度需要。

第二节 健全创新驱动发展的财税金融政策

深入实施创新驱动发展战略,一方面要充分发挥市场配置资源的决定性作用,另一方面要更好地发挥政府作用,特别是财税金融政策对自主创新和科技成果转化的支撑作用。当前及今后一定时期,我国都应进一步完善激励科技成果转化的财税金融支持体系,疏通资金供给渠道,加大资金支持力度,破除创新发展的资金障碍。

一、改革高科技行业担保制度

科技型企业具备高风险特征,涉足的项目不确定性较大,特别是中小科技型企业,更加难以获得银行贷款,需要建立专门的机制以缓解银行等传统金融机构的担忧,吸引银行为更多的科技型企业服务,以科技型企业为主要服务对象的科技担保制度应运而生,在科技金融中的地位与作用日益凸显。随着我国全面深化改革的持续推进,金融体制方面的改革也取得重大进展,我国中小企业信用担保制度已基本形成,部分缓解了融资难问题,但目前我国的高科技行业担保制度还存在一些不容忽视的问题,由于企业数量众多,各地区发展水平不一,信用担保制度还无法全面覆盖;风险分散机制不全;代偿补偿机制不健全,管理考核机制不完善;担保的期限不长,无法适应科技型企业的长期资金需求;反担保条件严苛,担保实施难度大;很多担保机构的产权不明晰,导致担保资金的利用效率偏低;企业相互担保现象较多,增大潜在风险。

(一)完善相关的法律法规

研究科技担保法或中小企业促进法等,构建科技担保法律体系。明确政策性担保的地位、组织构建,将政府资金投入、经营、监管等流程合理化、规范化。对于商业性担保,一方面应坚持完善行业自治的各项规定,另一方面银监会要实施严格监管。对于互助性担保,应建立合理有序的市场规则,防范欺诈行为的发生。此外,在具体的操作层面也要加强科技担保的规范建设,以激励和监管为主,在税收、信用、风险补偿、反担保等方面为科技担保的发展创造良好的制度环境①。

(二)建立健全风险分散机制

首先,要采取反担保措施,出台反担保细则,根据企业的实际情况,担保公司应要求企业提供不同数额的反担保。在反担保完成后,企业还应与担保公司保持密切联系。反担保的抵押物不局限于房产,专利权、有价证券、股权、应收账款等均可用于反担保。其次,加大再担保机构的建设,制定合理的反担保条款,通过为担保机构提供再担保的方式来降低原担保机构的风险。与此同时,

---

① 袁碧华.广东科技担保创新发展的对策研究[J].广东科技,2017(10):67-70.

应大力提倡联保业务,制订相关实施办法,全国各地的科技担保机构可以成立联保小组,由多个担保机构为同一债权提供担保,联保小组的会员可以同贷款对象签订联保协议,会员互相联保,联保会员对组内成员的借款承担连带保证责任以分散风险①。最后,要统筹担保机构与银行的担保工作,加强合作,依照不同行业不同企业分别确定合理的担保机构与贷款银行间的担保比例,建立风险共担机制,降低贷款银行风险,增强银行的贷款意愿。

(三)打破政府担保行政壁垒

由政府牵头成立担保机构运作担保基金是解决中小科技型企业融资难的重要手段。对于政府担保机构,应坚持商业化运作,推行法人化管理,避免行政干预,疏通机制体制堵点。在日本,政府担保的资金源于政府,担保工作的具体事项由协会和基金等专门机构完成,同时政府相关管理部门对政府担保的运作进行监控。在美国,联邦政府的小企业贷款担保计划由联邦政府全额拨款,具体的执行和管理工作交由联邦政府的代理机构负责。我国的担保机构可借鉴这些发达国家的经验,由政府以财政收入为引导资金实施政府担保,吸引社会资金加入,从而扩大担保基金的规模。尽可能地服务更多的科技型企业和扩大贷款额度,将担保的具体工作委托给专业的金融机构,与受托机构签订委托协议,制定担保基金的运作规则,以市场化的方式推进担保基金的长效发展,政府出资部门原则上只负责监督和检查工作,不参加担保项目的决策过程。

(四)建立完善的信用体系

信用评级的服务对象主要包括担保机构和科技型企业。完善的信用评级体系可作为担保机构和科技型企业的"信用身份证",利于银行等金融机构了解担保机构,认识到与担保机构合作将资金提供给科技型企业的风险,这是开展担保业务的基础。信用评级机构对担保机构的信用评价等级影响着贷款银行

---

① 马秋君,邢菲菲.北京市科技担保问题研究[J].科学管理研究,2011(6):108-111.

的合作意愿,同时也是担保机构与贷款银行开展合作时双方协商各自承担潜在风险比例的重要参考。担保机构的信用评级越高,贷款银行合作意愿越强烈,愿意承担的风险越大,贷款额度越大。另外,科技型企业的信用评级高低也是影响银行等金融机构与担保机构合作的重要因素。由于科技型企业风险和不确定性较大,项目失败的可能性较大,资金投入大,为科技型企业提供担保,担保机构往往承担着巨大的资金损失风险,这也导致许多担保机构难以权衡是否为科技型企业提供担保服务。对科技型企业进行信用评级,根据科技型企业的评级报告,担保机构可以更好了解和把握企业的经营状况和前景,从而决定是否给企业提供担保。

二、完善各级资本市场支持创新功能

上海证券交易所创立于 1990 年 11 月 26 日,深圳证券交易所成立于 1990 年 12 月 1 日。近年来,我国资本市场的基础性制度建设逐步完善,改革的步伐有序推进,陆续推出了创业板、新三板等重要资本市场层次,2019 年更是推出了科创板。自 2019 年科创板开板以来,IPO 融资金额已占同期 A 股的近一半,要素资源正向科技创新领域集聚:2020 年科创板 IPO 数量为 145 家,创业板 IPO 数量为 107 家,均超过了沪市主板 IPO 89 家的数量。越来越多的创新企业得到资本市场赋能,资本市场促进科技、资本和产业高水平循环的枢纽作用明显增强,这对优化资源配置、促进经济结构调整具有重大意义。尽管我国的资本市场发展迅速,但总体来看,资本市场还不够成熟,对科技创新的支持力度还有待加强。2021 年是"十四五"开局之年,资本市场应聚焦全面实行股票发行注册制,建立常态化退市机制,提高直接融资比重等核心任务,提升资本市场基础制度的包容性和适应性,进一步加强支持科技创新的体制机制建设。

(一)坚守科创板定位,突出"硬科技"特色

科创板涉及的高新技术领域是需要政府弥补市场失灵的主要领域之一。

要通过制度安排,优化再融资、并购重组等政策,完善股权激励和员工持股制度,还要鼓励私募股权基金投早、投小、投科技,引导更多长期资金投资科创相关领域。首先要继续降低市场交易成本。2012 年以来,证监会已降低了交易经手费,但我国股民基数大、股票市场规模大,还可以进一步降低证券监管费率和交易经手费率;证券公司、会计师事务所、律师事务所等也要相应降低服务费率及交易佣金率,通过一系列措施减轻投资者的负担,激发投资者参与股票市场的积极性。其次要加大上市公司的分红力度。虽然上市公司分红可由公司自主决策,但是如果上市公司以公开的形式对分红水平做出承诺,这便是一种契约行为。虽然监管部门一直鼓励上市公司在经营稳定的情况下多分红,但很多上市公司并没有完全落实,因此后期应监督上市公司的分红情况,并定期以排名的方式公示上市公司的分红情况,从而促使上市公司响应号召。证券公司和交易所要积极承担社会职能,丰富普通投资者的股票知识,引导普通投资者关注上市公司的经营状况和分红水平,并畅通普通股民发表意见的渠道,从而督促上市公司履行分红的承诺。

(二)构建多层次多品种的资本市场

切实发挥好资本市场在促进创新资本形成、激发企业家精神和人才创新活力等方面的独特优势,支持沪深证券交易所加快建设成为优质创新资本中心和世界一流交易所,最大限度地调动创新发展的内生动力。一是充分发挥市场创新的源动力,引导各类融资、交易工具创新,进一步满足市场需求,商业银行要加强各类资产证券化产品的开发与推广。二是继续加强沪深两市交易所的市场建设:一方面要办好沪深交易所主板市场,扩大主板市场规模,提升服务能力和效率;另一方面要加强创业板和科创板建设,支持创新型企业和科技型企业发展壮大。三是发展多层次股权柜台交易市场,以非上市公众公司、中小企业等为服务对象,统筹发展全国性的股权柜台交易市场和区域性的股权柜台交易市场。

（三）进一步完善资本市场支持科创的机制体制

优化长期以来通过银行体系的传导支持实体经济发展的模式,大力提高直接融资比重,以高效、便捷的直接融资渠道助力中国企业创新创业。吸引国内外中长期资金进入国内资本市场,促使我国资本市场成为全球"资产避风港""增长发动机"。完善资本市场支持科创的基础制度是一系列的、连续的和系统性的顶层设计。一个基本逻辑是用市场的有效性倒逼上市公司提高质量。此外,制度和机制建设还有很长的路要走,要有激励相容原则,还要有试错、容错和纠错的机制。一是营造良好的证券行业的市场秩序,扩充证券行业的执法力量,丰富调查手段,提升证券行业犯罪的侦查水平,让各类犯罪行为无处遁形,构建证券行业监管部分和司法部分的协调机制,联合执法,加强证券行业立法立规,坚决打击游资、大股东等采取不正当手段套现获利的行为,并探索集体诉讼等机制,保护中小股民利益,逐步建立对口金融行业的专业诉讼部门,提高证券行业的诉讼效率。二是逐渐改变新股发行机制、退出机制和逐步放开涨跌幅限制。2020 年 6 月 12 日,我国开始创业板改革和注册制试点,改变了过去仅关注新股发行价格的现象,对于解决股市的根本问题意义深远,开启新股发行由核准制向注册制转换的新征程,涨跌幅由 10% 改为 20%,后期应加快将创业板的改革经验应用到科创板、主板,加快证券市场化改革步伐,以信息披露为核心,强化市场约束;同时要保障资本市场的流动性,提升不同层次板块的转板灵活度,对于不适合继续留存于股市的股票要按照相关程序严格进行退市操作,完善退市标准,畅通退市渠道。三是完善监督机制。要以保证上市公司披露信息的真实性、完整性和及时性为主要原则,相关机构各司其职,形成职责清晰、协调统一的有机整体。证监会制定规则并监督执行情况,维护市场公平、公正;地方政府辅助中央监管部门约束市场的不规范行为,以作为补充;交易所要提高管理水平,保证需要公开的信息及时披露,保障市场交易正常稳定运转;证券公司要提升服务上市公司和股民的能力,并加强自身能力及诚信建设,辅助发行人遴选会计师事务所、律师事务所,为股民推荐优质股票。会计师事务所及律师事务所等中介机构要保障上市公司的各类信息质量,特别是财务信息,抵制造假行为。上市公司要遵纪守法,确保源头信息的真实、完整,杜绝利用内幕消息等手段操纵股价的行为;各类行业协会要发挥组织自律性,促进优胜劣汰,推动市场诚信建设。

(四)加强市场主体建设

一是改善投资者结构。我国资本市场散户偏多,投资水平参差不齐,大部分散户亏损严重,应壮大机构投资者规模,调整投资门槛,平衡个人投资者和机构投资者的比例,同时为社会养老保险资金、住房公积金等大额资金长期入市创造投资机会。二是培养上市公司的责任意识。应加强上市公司管理,提升上市公司的盈利能力,并回馈投资者,保障投资者的投资收益。三是提倡金融产品、业务创新。在可以控制风险的情况下,鼓励金融机构推出各类创新型证券期货产品,丰富投资品种,改革资本市场交易流程,方便投资者交易。四是打造完整的资本市场服务体系。明确证券交易所和证监会的功能定位,发展壮大各类资本市场中介机构,提升证券公司的经营能力,打造会计师事务所、律师事务所和信用评级机构的核心竞争力。

三、完善支持创新的银行业体系

银行在金融体系中占据重要地位,它与证券市场相互补充,促进了资金的优化配置。但是目前中国银行业对科技创新的支持力度还不够,对建设创新型国家的贡献有待进一步扩大。要突出创新型国家建设中的金融的作用,就必须扩大银行贷款在社会融资规模中的规模,发挥支柱作用。

(一)采取多种手段支持创新型企业的发展

在各类高新技术产业园区设立支行,创新信贷方式,点对点服务高科技企业,满足不同行业、不同企业的个性化金融需求;成立专门的金融部门服务科技创新企业,引进、培养熟悉科技创新领域的金融人才,提升银行工作人员的专业素养和科学素养,打造复合型人才。

(二)转变科技信贷经营模式

加强银行与担保机构的合作,紧密联系信用评级机构和知识产权评估机构,共同为科技企业提供服务,降低信贷风险;转变经营理念,针对很多科技企业轻资产、高成长性的特点,制定适合科技企业信贷的规则,改变传统印象,实现科技信贷经营向科技偏好转变。

(三)完善金融支持科技创新的体制机制

鼓励银行业金融机构在风险可控、商业可持续的前提下,与外部投资机构加强合作,积极探索多样化的科技金融服务模式;支持积极发展绿色金融与金融科技,构建绿色技术市场导向创新体系;探索完善绿色金融组织体系、标准体系、信息化管理体系,推动金融科技和绿色金融融合发展。同时,推进金融人才签证便利化,优化科研机构技术转移机制等。

(四)加大对新型金融机构的监管力度,完善风险监控机制

探求更严格的风险评估方法及机制,建立基于大数据的实时风险监测系统,及时预警,主动防范系统性金融风险;把握金融产品的生命周期,全程掌握风险状况。通过发挥新型金融机构优势,防范化解金融风险,优化信贷资金的投向,助推实体经济发展和创新能力培育。

四、运用税收政策工具激励企业创新

纵观企业的发展历程,可以发现利用税收政策对企业进行激励对创新具有积极的促进作用。税收政策的优劣及有效性取决于税收政策的完善程度。从国际经验看,创新型国家的税收激励往往具备激励目标的战略性、激励环节的整体性、激励力度的高强度性和激励方式的综合性等特征。鉴于我国财税政策现状,应充分借鉴现有创新型国家的成功经验不断推进税收体制改革,建立健全促进自主创新的激励型税收政策。在税制设计上,处理好基础研究与高技术

成果产业化的关系、技术自主开发与技术引进的关系、高技术产业化与传统产业技术改造的关系。强化创新税收政策的执行力,制定完善的相关政策实施细则,清除不同政策文件相互掣肘的内容。要推进建立对所有创新企业适用的具有普惠性的税收激励政策。例如,针对科技型小企业的税收制度向税基统一、少税种、低税率的"简单税"转变,对初创科技型企业实行免税;进一步提高增值税和营业税的起征点,加快营业税改增值税的步伐,切实减轻科技型企业的税收负担;将对高新技术企业的优惠变为对高技术产品(服务)的优惠;进一步推广和落实高新技术企业认定、研发费用加计扣除、教育经费列支等方面的税收政策试点,放宽科技型企业费用列支标准等。

五、加大财政科技投入力度并优化资金配置结构

建立健全政府科技投入稳定增长机制,充分发挥财政科技投入的杠杆作用,有效引导社会资金对科技创新的投入,建立包括政府、社会、企业在内的多渠道的科技投入体系,完善中央、地方多层次的科技投入体系,并进行集成和整合,形成资金的集聚效应。财政科技资金投入必须强化各级、各部门科技投入的整合,统一规划、总体设计、分项实施,形成各有侧重、相互补充的科技投入结构和机制。要优化财政科技资金在不同研究类型、不同创新主体、不同地区之间的配置结构,明确资金投入重点。例如,加大对基础研究的支持力度,特别是重点领域前沿技术和关键技术的联合攻关、基础和共性技术研究等方面的科技投入。增强科技型企业技术创新基金的投入力度,吸引更多企业参与研究和创新,促进我国以国有科研机构和大学为研发主体向以企业为研发主体的创新体系转变,进一步加大企业承担国家科技计划、重大科技专项等国家财政资金计划的比例。合理调整各地区间的财政科技支出结构,促进区域间的协调发展。

六、运用财政政策激励培养和引进创新人才

科技竞争的关键是人才实力竞争,而人才实力竞争的核心是人才创新能力

的竞争。创新型国家建设必须要建立起完善的人才储备体系和有效的激励机制，保障人力资源的有效供给和合理优化配置，激发创新活力。一要加大对人才培养的财政投入，使国家财政性教育经费支出占国民生产总值的比例随国民经济发展和财政收入增长逐步提高，推动高等院校培养能满足市场需要、具有良好创业创新意识和创业创新能力的高端人才及企业家队伍。进一步加大人才发展资金投入力度，鼓励、支持企业和社会组织建立人才发展基金，保障人才发展重大项目的实施。二要加大引进海外高层次创新创业人才的财政投入。开辟人才引进的"绿色通道"，鼓励和支持建立国家创新人才培养示范基地、国家海外高层次人才创新创业基地、各类人才培训基地、人才储备中心、博士后培养和引智示范基地等人才集聚平台。同时，建立配套完善的人才服务机制，为高端领军人才的生活和工作提供全方位、人性化、专业化服务。三要研究制定和不断完善鼓励人才创业创新的税收政策。通过税收优惠政策，鼓励和引导社会、用人单位、个人投资人才资源开发和培训。对于企事业单位为引进高层次人才支付的一次性住房补贴、安家费、科研启动经费等费用，可允许其在计算企业所得税前据实扣除。不断完善科技人员股权激励、未分配利润转增投资免征个人所得税、财政补贴和奖励不计入纳税额等税收政策，通过免征和减征个人所得税，调动各类人才创新创业的积极性。

第三节　建立创新驱动发展的技术创新市场导向机制

　　建立技术创新市场导向机制是实施创新驱动发展战略、实现科技强国的关键。技术创新一方面体现为新技术及其带来的新成果，另一方面体现为市场商业价值的实现及其转化扩散为社会效益。市场发挥了技术创新全过程的"向导""桥梁"和"媒介"作用。健全技术创新的市场导向机制，确保市场调控的有效性及时效性，释放企业为主体的技术创新潜能，增强竞争优势，已成为各国对待技术创新的普遍做法。

一、强化企业创新主体地位

发挥大型企业创新骨干作用。大型企业是技术创新的骨干力量。大型企业的技术创新主体地位，一方面体现在企业自身要成为本行业的创新骨干，另一方面体现在大型企业能牵头带领中小企业和科研院所组建创新联合体，做好领头羊，推动产学研深度融合，形成良好的创新集群。继续做大做强一批行业龙头企业。支持有条件的创新型企业承担国家重大科技攻关任务，参与重点工程建设，鼓励企业加强先进技术收购引进、消化吸收和再创新。在研发实力较强的企业建设国家重点实验室和工程技术中心等技术研发机构，引导有条件的企业参与基础前沿研究，提高企业原始创新能力。

加强对中小微企业的创新支持。中小微企业具有独特的创新优势，是市场经济条件下应对技术路线多样、商业模式多变的重要力量。要营造公平竞争的市场环境，大力支持民营企业和中小微企业的创新活动，激发创新活力。以企业需求为导向，构建一批公共技术创新服务平台，为企业特别是中小微企业提供技术创新服务。积极引导和支持地方结合各自特色优势产业，建设工研院、产业技术研究院等区域公共科技服务平台。

促进各类创新要素向企业集聚。技术创新资源的配置方式主要有两种：一是计划，二是市场。在我国，政府长期占据着创新资源配置的主导地位，由于政府无法事先掌控经济发展趋势及技术创新动向，容易造成技术与生产脱节。因此，除了极少数关键核心技术创新以外的创新活动，当市场经济确立，市场化水平渐趋成熟，市场开放度达到相应水平，统一开放竞争有序的市场体系逐步完善时，市场决定创新资源配置则实属必然。技术创新资源包括资金、人才、物力、信息等，涉及要素市场及产品（服务）市场，创新资源的独特属性及其不当干预使得创新要素市场体系的成熟度明显滞后于创新产品市场，增加了市场配置技术创新资源的复杂程度，不确定性因素增多，实现效率最优的难度加大。这就需要在不断培育与完善要素市场的同时,遵循市场规则,消除各种壁垒,推进创新要素自由流动,在不断试错过程中推进研发机构运作的市场化、科研经费的市场化、科研过程的市场化及科技成果转化的市场化。一般地,市场以价格为信号,调节供求,通过竞争与风险实现优胜劣汰,即市场运用供求机制、价格机制、竞争机制和风险机制的交互作用调节着市场主体与客体,实现均衡与优化。

二、建立市场导向的技术创新项目经费分配和成果评价机制

积极落实鼓励企业创新的优惠政策,支持企业加大研发投入。进一步强化企业研发费加计扣除、高新技术企业税收优惠等政策的落实,提高对企业技术创新投入的回报,引导形成公平、普惠的政策环境。进一步加大国家自主创新示范区改革政策的试点力度,深化股权激励分期纳税、职工教育经费税前扣除等改革试点,总结完善后逐步推广。

建立由市场决定的技术创新立项、实施和评价的机制。企业是联系市场和创新的纽带,能够敏锐把握市场对创新的需求。在技术创新项目立项上,多听企业意见,在技术创新的经费投入上,以企业投入为主。完善政府支持企业技术创新方式,探索财政科技投入新渠道,由事前投入扩展为事中和事后补助,采用政府购买服务的方式支持社会公益技术推广应用。在成果评价上,注重科技创新实际贡献,应用研究由用户和专家等第三方评价,着重评价成果转化情况以及成果的突破性和带动性;产业化开发由市场和用户评价,着重评价对产业发展的实质性贡献。

三、健全技术转移机制,改善科技型中小企业融资条件,完善风险投资机制,鼓励商业模式创新

技术转移是实现科技成果产业化的基本途径。要进一步健全技术转移机

制,促进科技金融结合,加快推动创新成果产业化。加强知识产权运用和保护。知识产权制度是推进创新的根本制度。要完善实施知识产权战略的体制环境,构建知识产权创造、应用、保护体系,健全技术创新激励机制,引导和支持重点领域形成重大专利和标准。要探索建立知识产权法院,加强对涉及专利权、商标权、著作权、不正当竞争等知识产权类民事、刑事和行政案件的审理,协调整合现有各级法院知识产权庭的职能,进一步完善知识运用和保护的法治环境。

加强成果转化机制和平台建设。加快推进科技成果转化法修订,合理确定不同主体在成果转化中的定位,深化国有事业单位科技成果处置权和收益权改革,促进科技成果的资本化、产业化。加大技术交易平台建设,积极发展技术市场,鼓励技术开发、技术转让、集成化服务等技术交易,不断提高技术交易质量。

鼓励商业模式创新,加强对商业模式创新知识产权的保护,在部分地区和行业探索开展商业模式专利审查、授权等试点示范,完善商业模式专利的审查标准、工作规则。充分发挥资本市场对创新创业的支持作用。促进科技金融结合,引导金融机构综合运用买方信贷、卖方信贷、融资租赁等方式,加大对科技型中小企业的信贷支持,鼓励发展知识产权和股权质押贷款。加大科技型中小企业技术创新基金和创投引导基金工作力度,大力发展创业风险投资基金,促进中小企业板、创业板以及场外市场等多层次资本市场健康发展。加大对天使投资等的支持和引导,鼓励商业银行、保险机构等积极投资创投基金,带动民间资本更多地投向创新型企业。

第四节　加快完善创新驱动发展的要素配置机制

生产要素市场对提高资源配置效率意义重大,特别是土地、劳动力、资本等要素,是要素激励相容的框架和结构,是形成创新激励制度的前提,是解决制约创新全局深层次矛盾的重要突破口。

一、推进要素市场化改革，使市场在要素配置中起决定性作用

让市场机制成为配置要素的基本形式。一是在资本市场，要大力发展多层次资本市场，在继续完善主板、中小企业板和创业板市场的基础上，积极探索覆盖全国的各类产权交易市场。除此之外，改革金融业监管体系，加强不同监管部门的统一领导与相互协调，合理界定中央和地方金融监管职责，营造公平的竞争环境，构建规范有序的资本市场体系。二是在劳动力市场，一方面要因实因需地调整人口政策，深入挖掘人口潜力，提升人力资本质量；另一方面要完善与人口流动密切相关的户籍制度、社会保障制度、基本公共服务均等化制度等，尽快形成统一、开放、竞争、有序的劳动力市场[①]。三是在土地市场，长远谋划、审慎推进土地制度改革。第一，以农村土地改革为土地市场化改革的突破口，提升农村土地的使用效率，即明确集体经营性建设用地入市、农民承包地流转以及宅基地有偿使用等政策推行原则和方式，通过权责明晰、还权赋能来推进农村土地制度改革。第二，城市土地制度改革方向是以市场化改革为核心，逐步建立城乡统一的建设用地市场，建立不同产业用地类型合理转换机制，以精细化为特点，根本在于盘活土地存量资源，提升土地利用效率。第三，发展技术和数据要素市场，完善交易规则和服务体系，政府需要从生产活动参与者、具体行为人和利益分享者转变为服务者、监督者、引导者等角色，实现政府职能的转变，逐步体现市场参与者的主体性地位和政府的引导性地位。

二、破除行政垄断，激发各类市场主体活力

党的十九大报告提出："深化商事制度改革，打破行政性垄断。"行政性垄断是指滥用行政权力排除、限制竞争的行为，表现为行政强制交易、地方保护主义、不当干预企业生产经营等形式。破除行政垄断是纠正资源错配的关键，本

---

① 冯俏彬.论供给侧结构性改革的三大要义[EB/OL].新华网,2016-06-14.

质上是处理好政府和市场的关系。一方面需要将依法依规作为治本之策,健全相关法律制度并加大执法力度,为破除行政性垄断提供法律依据和准绳;另一方面需要强化竞争政策基础地位,落实公平竞争审查制度,逐步清理和废除妨碍市场公平竞争和统一市场建设的相关规定和做法。与此同时,促进政府职能的转变,改革行政审批制度,放权让利、放宽准入、公平竞争,允许各种资本在更多的行业中自由进出,切实做到"让利于民(企)"。其中对要素错配的纠正,关键在于打破垄断部门对要素的垄断定价权,特别是对垄断部门凭借垄断特权参与垄断收益分成要予以严厉打击和取缔,杜绝公共权力对要素收入分配的侵蚀,促进公平竞争,主动强化维护,加强监督监管,真正消除行政性垄断滋生的土壤。另外,持续推进平台经济监管,确保市场经济主体公平合理竞争,确保通过竞争等手段平等获得要素资源,优化资源在不同企业的配置。

三、重视数据作为新型生产要素的重要性,完善数据要素市场的形成机制和配置逻辑

中共中央、国务院印发《关于构建更加完善的要素市场化配置体制机制的意见》首次将数据纳入生产要素范围,这是顺应时代潮流,发挥数据对其他要素效率倍增作用的生动体现,培育发展数据要素市场,使大数据成为推动经济高质量发展的新动能,具有重要意义。一是要以开放共享和依法使用为导向,完善数据处理政策,切实发挥数据要素价值。充分发挥市场在配置要素资源中的决定性作用,畅通要素流动的渠道,保障不同市场主体平等获取生产要素,推动要素依据市场规则、市场价格、市场竞争配置,从而实现效益和效率的最大化。二是健全数据要素运行机制,完善政府监管体系。面对新型要素数据的特殊性,要健全数据要素运行的机制和体制,探索政府调节和监管的机制和体系,放活与管好相结合,提升监管和服务能力,引导各要素协同向先进生产力聚集,创新数字经济市场监管思路和方法,切实保护消费者和弱势企业合法权益,创新反垄断的分析工具和执法思路。三是加强数据安全保护制度,完善数据产权制

度。制定数据隐私保护制度和安全审查制度,并根据数据性质完善数据产权制度。在新时代,加快培育发展数据要素市场,让数据和其他要素一起融入经济价值创造过程,推动实体经济和数字经济融合发展,推动制造业加速向数字化、网络化、智能化发展,促进社会生产力快速发展。

四、构建全国统一的要素市场，减少区域间的封锁和同质竞争

减少要素在地区间的错配,关键在于尊重市场,促进区域协调,核心之义在于加快建设统一开放、竞争有序的市场体系,打破行政壁垒,消除地区封锁,推动各地区比较优势的发挥,从而形成分工有序的区域良性发展机制。随着国家区域发展重大战略的实施,在打破阻碍要素自由流动的行政壁垒时,需要统筹规划、加强顶层设计、科学谋划,减少区域之间的利益冲突,增加区域之间的利益分享,优化分工格局。西部地区需要转变思路,强化深度开发模式,支持落后地区、薄弱领域探索特色发展模式,强化内生开发模式。东北地区需要破解深层次体制机制问题,激发市场活力,营造以市场为导向的、健康的营商环境,促进政府职能转变,推动经济转型升级。中部地区应发挥承接东部、沟通西部的地缘优势,实施体制机制创新驱动战略以及内陆开放型经济战略,为中部崛起增加内源动力并提供外部驱动力。东部地区要继续发挥中国经济"头雁"的作用,通过结构升级和创新驱动,打造中国开放型经济和创新型经济升级版,发挥其促进结构调整和转型、带动中西部发展的引领和辐射作用。总之,各地区应在优势互补、互利共赢的基础上,形成分工有序、有所侧重、均衡协调的区域发展新格局,为全国统一市场的形成,公平竞争环境的建立以及地区行政壁垒的消除打下基础,在统一大市场的框架下,推进区域资本、人力资源、土地、技术、信用服务等市场建设,从而促进生产要素在区域间的顺畅流动和优化配置。

第五节　加快建立创新驱动发展的知识产权制度

现阶段是知识产权在多领域同时交叠变革的新时期,以信息技术、生物工程为代表的第三次科技革命方兴未艾,以人工智能为代表的第四次科技革命已扑面而来,为知识产权的创造、保护和运用带来了巨大冲击与挑战,也给我国推进知识产权战略建设提供了战略机遇。

一、完善知识产权法并强化知识产权保护

我国与知识产权密切相关的《中华人民共和国专利法》《中华人民共和国商标法》《中华人民共和国著作权法》和《中华人民共和国反不正当竞争法》等分别修正或颁布实施于 2008 年、2013 年、2010 年和 1993 年。由于信息网络技术的发展,知识产权侵权行为更加简单,成本更加低廉,但维权难、赔偿低,对产业创新,尤其是培育发展新兴产业的负面影响则更大。顺应当前国际经济竞争和技术发展的新趋势,应尽快完成知识产权相关法律法规的修订工作,加快新领域新业态知识产权立法,并加强对知识产权违法行为的打击和处罚力度,发挥知识产权激发创新的动能。

(一)扩大知识产权保护范围

最近 10 多年来,创新发展呈现出技术革新频率高、技术进步速度快、边缘科学发展迅速、新科学技术门类不断衍生、新的高技术产业不断形成的特点。因而,知识产权保护范围扩大成为各方重点关注的问题。应根据新一代信息网络通信技术和国际绿色发展趋势,逐步扩大知识产权保护范围,重点加大对物联网、云计算、人工智能等新领域新业态创新成果的知识产权保护力度。完善对计算机软件程序、产品整体保护与局部外观设计等专利认定,将动植物新品种生物技术诊断与治疗方法、新药品制备方法,以及互联网经营商业模式和金

融、保险、证券、广告等商业模式创新纳入专利保护范围。

（二）建立绿色专利审查制度

针对节能环保和循环经济等绿色技术国际趋势和创新特点，借鉴发达国家近年专利审查制度改革，尽快推出具有我国特色的绿色专利分类体系，扩大绿色专利技术认定范围。对绿色技术专利，根据其资源节约效益或环境效益，建立特别绿色通道，将现行适度性审查改为宽松型审查，缩短专利审查期，发挥专利制度对创新的激励作用，逐步形成促进绿色技术研发、推广和应用的一套特殊专利制度。

（三）完善对违法侵权行为处罚制度

进一步加强知识产权司法保护和行政执法，健全仲裁、调节、公证和维权援助体系，健全知识产权侵权惩罚性赔偿制度，逐步树立国家司法在保护知识产权方面的主导作用。结合司法制度改革，总结北京、上海、广州等知识产权法院试点经验，加快研究建立地方知识产权法庭和最高人民法院巡回法庭知识产权专门法庭，加快培养专业化知识产权法官队伍，尽快解决知识产权侵权审批标准不统一和赔偿标准不统一等问题。在存在明确侵权事实情况下，司法明确增加侵权人的举证责任。进一步明确知识产权司法诉讼和司法审批时限，减少诉讼时效。提高对违法侵权行为的处罚赔偿倍数，根据违法侵权规模、损害后果、群体侵权和重复侵权等行为，加重处罚，造成严重后果或造成权利人巨大损失的，可追究刑事责任。对违法侵权行为发生在互联网上的，司法明确规定互联网平台服务提供者的举证义务和连带赔偿责任。

二、优化知识产权行政管理体制

知识产权制度的设计应该避免"一刀切"，知识产权政策在制定时应该注重与其他产业政策的关联性。尤其是，在一些关键产业和领域，知识产权的政策细则特别是专利的范围、期限和标准等，应该被审慎地设计。知识产权制度与社会利益、个体利益的关系,必须予以全面考虑。对于某些常规创新,并不一定要授予长期专利。对于专利保护期,也应根据产业特点区别对待。对于对人的生命、安全有重大影响的产业,专利的强制许可等政策选项应该被积极考虑,甚至对某些领域的专利许可应该禁止。对一些关键创新的专利许可,也应该非常审慎甚至加以某种程度的限制。而一些对专利发明的奖励机制、对既有发明创造的补偿—责任机制(即对专利持有者给予补偿,但专利持有人不阻碍后续的创新)、基于开源的知识产权的知识共同体的建设、德国那样的专利开放许可制度、非专利非版权的机制等替代性方案,都是值得参考借鉴的。

科技创新的链条非常长,涉及基础研究、应用研究和开发应用多个环节。企业在技术开发应用环节比较积极,而政府需要在基础研究和应用研究方面发挥更积极的作用。尤其是在私人投资不足的基础研究和应用研究、涉及创新链条的通用技术研发等方面,政府的产业政策可以发挥积极的作用。政府资助的各类研究机构和研究项目(包括国有科研机构和政府资助的私人研究),都应该保持研究成果的公共属性(避免专利许可的"寻租"导向),发挥这些机构和项目对技术创新的带动作用。保持政府资助的研究成果的公共属性,也是美国《拜杜法案》一度坚持的原则。这意味着,政府资助的研究应该被授予非排他性专利。当然,除了政府资助的研究,多种形式的研究激励和资助的替代方案也是存在的,并不仅限于专利创造私人垄断这一种模式。

三、促进知识产权转化运用

知识经济时代,经济和社会的发展离不开知识的生产、扩散和应用。而通过知识产权保护,实施创新驱动型社会经济发展模式,首要的是加强知识产权资源的开发和利用,提升社会知识产权意识和能力,提升产品知识产权附加值,提升产业经济竞争力,进而推动经济社会健康快速发展。创新成果所有权人类型一定程度上决定了创新成果的转化效率。尤其是产学研合作创新活动中,创新成果的归属至关重要,要有专门的法律规定不同合作协议约定的产权归属。

如在职务创新成果的保护上,应对职务科技成果的自行实施、转让实施或许可实施进行法律约束。创新产学研合作形式,鼓励以企业为中心,与高等院校、科研机构建立以产权为纽带的各类技术创新合作组织。与科研院所、大专院校合作组建成新联盟,基于知识产权保护法律权属约定,可以提高产业的集成创新能力。对于一些重要领域的创新成果的商业化,应予以政策或法律支持,如高新技术的产业化、国防领域的成果转移和利用、自主创新成果的推广应用等。对依托高校和科研院所实施的国家科技重大专项和科技计划,应加强知识产权管理,促进它们的转移和转化,对这些创新活动实施全程管理,建立承担单位和各参与单位知识产权利益分享机制。对于一些应用性较强的科技攻关课题,则可以直接委托给相关行业的企业来承担,由它们自由选择创新合作方,相应的创新成果由它们优先获取,由于它们自身全程参与研究活动,可以更好地进行创新成果的商业转化。

第六节　健全创新驱动发展的科技人才政策

人是创新最关键的因素,《中共中央 国务院关于深化体制机制改革 加快实施创新驱动发展战略的若干意见》(以下简称《若干意见》)强调,要让人才、资本、技术、知识自由流动,企业、科研院所、高等学校协调创新,创新活力竞相迸发,创新成果得到充分保护,创新价值得到更大体现,创新资源配置效率大幅提高,创新人才合理分享创新收益,使创新驱动发展战略真正落地[①]。《若干意见》提出了建立完善"创新培养、用好和吸引人才机制"的明确要求,要从创新人才培养开发机制、健全人才评价发现机制、健全人才流动配置机制、健全人才激励保障机制以及健全和完善人才国际化机制等方面下功夫,为国家创新驱动战略打造人才支撑体系。

---

① 中共中央 国务院关于深化体制机制改革 加快实施创新驱动发展战略的若干意见[J].中国科技产业,2015(4):42-47.

一、创新人才培养开发机制

人才培养开发机制是创新驱动的人才机制的首要环节。从一定意义上讲，人才成长与发展过程就是接受教育与培训的过程。在这个过程中，人才培养要始终坚持如下原则。

第一，培养造就高水平人才队伍。注重依托重大科技人物和重大创新工程培养发现人才，人才培养应坚持以国家发展需要和社会需求为导向，要以增强创新能力和提高思想道德素质为核心，完善现代国民教育体系和终身教育体系[①]。同时，尊重人才成长规律和科研活动规律，建立人才培养结构与经济社会发展需求相适应的动态调控机制。立足培养全面发展的复合型人才，突出培养创新型人才，注重培养应用型人才，尤其是大力培养经济社会发展重点领域急需的紧缺人才、高端人才。

第二，全面改革和进一步完善高等教育以及招录制度，构建多层次的人才教育培养体系。十年树木，百年树人。为此，要全面推进素质教育，改革人才培养模式机制，夯实基础教育，发展特殊教育，建立健全高等院校拔尖人才选拔机制和重点人才特色培养机制，改革高考招录制度，形成多元化考试招录体制机制，全面提升高等教育质量。对此，我们必须依托国家重大教育工程和项目、国际学术合作交流项目来创新人才培养教育体系，把创新人才教育理念贯穿于人才培养教育的各个阶段，以创新意识为核心培养创新人才。

第三，建立健全多元化多层次人才培养体制机制，完善创新型人才培养模式。按照"工学结合、校企联合、岗位实习"的复合型人才培养理念，创新人才培养模式，实现高等教育与技师教育、成人教育与干部教育、职业教育与网络教育有机结合、相互衔接，形成网格化的开发式自主学习教育创新人才培养体系，并夯实职业教育的教育保障体系。

---

① 国家中长期人才发展规划纲要（2010—2020 年）［EB/OL］.中国政府网,2010-06-06.

二、健全人才评价激励机制

完善人才评价和激励机制，是选好人用好人的前提。科学的人才评价机制，既能使人才了解自我、认识自我、改善自我和激励自我，也能使用人单位和社会有效地选拔和使用人才。

第一，完善人才评价标准，培育创新型人才。健全科学的职业分类和职业标准体系，根据不同行业、不同职业、不同类型、不同岗位的特点，分类建立创新型人才评价标准，健全以创新能力、质量、实效、贡献为导向的科技人才评价体系，更加注重人才的创新能力、工作业绩、实际贡献、担当精神等指标。强化对高等学校和科研院所研究活动的分类考核。对基础和前沿技术研究实行同行评价，突出中长期目标导向，评价重点从研究成果数量转向研究质量、原创价值和实际贡献。[①] 同时要综合运用心理学、管理学、教育学、社会学、大数据等学科和技术，提高人才评价的科学性、针对性、有效性，推动人才评价由定性评价转向定性评价与定量评价相结合的方式。通过规范的测评过程、客观的评价标准、科学的评价方法，建立以岗位职责要求为基础，以工作业绩为依据，由品德、知识、能力、业绩等要素构成的多层次人才评价指标体系，不断提升我国创新型人才队伍的整体竞争能力。

第二，改进人才评价方法，实现业内认可与社会认可的有机统一。随着经济深入发展和人才队伍的不断壮大，人才评价的主体和方式要遵循市场规律，充分发挥市场机制在人才要素的识别、评价、筛选方面的主导作用。遵循人才成长发展规律，优化人才考评机制，克服人才评价中的急功近利倾向，改变重数量、轻质量的考评方式，适当延长评价周期，简化考评环节，健全创新项目和经费分配机制，把人才从跑项目、跑经费、跑官帽中解放出来，让人才甘心坐冷板凳，以"十年磨一剑"的精神干事创业。坚持群众路线，把评价人才和发现人才

---

① 中共中央 国务院关于深化体制机制改革 加快实施创新驱动发展战略的若干意见[J].中国科技产业,2015(4):42-47.

结合起来,健全举才荐才的社会化机制,建立健全在重大科研、工程项目实施和急难险重工作中发现、识别人才的机制,在实践和群众中识别人才、发现人才,把人才放到最恰当的岗位上。①

第三,强化创新创造业绩贡献评价,促进产学研、创新能力以及创新成果的结合。实现以增加知识价值为导向的分配政策,完善科技评价机制,优化科技奖励项目,建立一套完善的结构化制度,来衡量、评价与人才有关的特性、行为和结果,评估人才的实际绩效。人才项目绩效要素主要包括考核人才或团队的经济效益指标、社会效益指标、科技效益指标。建立健全全方位开放的职业认证体系,其中核心是建立健全人才的知识、劳动、技术、管理、技能等生产要素按贡献参与分配的机制,使人才充分发挥其应有的优势和才能。

三、健全人才流动配置机制

遵循市场规律,建立完善人才有序流动的机制,以利益驱动为导向,通过建立健全人才流动的竞争机制、激励机制、柔性流动机制等,引导人才资源的合理流动、优化配置,逐步解决大城市、中小城市人才面临的不同问题,实现人尽其才、人尽其用、各尽其能、各扬所长,实现区域之间、城市之间、城乡之间、产业之间、行业之间人才资源的合理均衡分布。

第一,打破人才流动的体制壁垒,建立人才市场化配置管理机制。一是进一步深化市场机制改革,深化劳动力等要素市场改革,建立以市场为导向的人才流动机制,减少人才流动的中间环节,通过市场机制充分激发人才要素的活力、动力和创造力。二是加快改革步伐以尽快消除人才流动的城乡、区域、部门、行业、机制等各种壁垒和限制,真正实现人尽其才、人尽其用。尤其是加快推进户籍制度改革,健全社会保障制度,完善人才社会化服务体系和中介服务机构,消除户籍、身份、单位、学历限制,营造人才自由流动环境。三是建立健全

---

① 沈小平.让人才评价发现的途径更宽阔[N].中国组织人事报,2013-03-18(6).

人才柔性使用机制,树立"不求所有,不求所在,但求所用"的人才理念,鼓励专业技术人才通过兼职、定期服务技术、引进科学咨询、开发项目等方式进行流动,对一些特殊人才应鼓励其解除与单位间的行政附属关系,使人才资源真正实现全社会的合理化配置。四是健全人才市场体系,加强人才要素市场建设,充分发挥市场机制在人才引进、培养、使用、评价等方面的主导作用。

第二,完善人才流动竞争机制。竞争是促进人才合理流动的有效手段,也是提高人才要素配置效率、激发创新发展活力、增强市场经济发展动力的关键所在。因此,应探索人才流动的价格机制,通过充分的市场竞争实现人才价格与人才价值相适应、相匹配,实现人才价值最大化,形成人才发挥作用和成长的良性机制。加快下放科技成果使用、处置和收益权,尽快将财政资金支持形成的,不涉及国防、国家安全、国家利益、重大社会公共利益的科技成果的使用权、处置权和收益权,全部下放给符合条件的项目承担单位。单位主管部门和财政部门对科技成果在境内的使用、处置不再审批或备案,科技成果转移转化所得收入全部留归单位。提高科研人员成果转化的收益比例(20%~50%),加大科研人员股权、期权、分红等激励力度。这是完善人才流动竞争机制的重大改革,也是加速科技成果资本化、商品化、产业化,实现创新驱动的"关键一招"。

第三,建立健全人才流动相关配套制度。一是建立健全人才产权制度。打破和清除人才流动体制性障碍、制度性壁垒的关键在于建立健全人才产权制度。建立人才产权制度,强化人才个体对人才资本的所有权,明确界定人力资本产权及其收益的归属,让人才真正成为人才市场的主体,通过市场交换,将人才的使用权交还给单位、社会,从而实现人才资源配置市场化,才能实现人才使用的社会化。因此,要研究制定和完善人才产权管理条例及人才产权保护法等人力资本产权法律制度体系,建立健全人才产权鉴定与公证制度,合理划分、鉴定人才产权的构成与权属,科学、公正、合理处理人才产权纠纷。二是建立健全人才信用制度。在市场经济条件下,人才流动越来越频繁,人才的信用已越来越受到用人单位的重视。为规范人才流动的秩序,改善企事业单位的用人环境,应着重建立健全全社会共享的电子化人才诚信档案库,实行人才信用登记、评估、跟踪制度。

四、健全人才激励保障机制

人才激励机制的核心作用是为了更好地发挥人才的积极性、主动性和创造性,要使激励机制的作用得到发挥,首先必须明确激励主体和激励客体,其次必须完善激励手段、激励理念、激励政策等要素。

第一,科学设计薪酬激励体系。要实现科技成果的产业化,必须调动和发挥科技人员的积极性,而建立合理的利益分配机制是激发科技人员的内在动力的关键。一是充分发挥市场机制对人才资源的要素定价和报酬分配功能,探索完善项目工资制、协议工资制、技术入股制、持股分红制等薪酬机制,构建多元化人才收入分配机制。二是深化科技成果产权制度改革,探索和创新人力资本要素参与财富收益分配的有效制度安排。采取下放科技成果使用权、处置权和收益权,强化科技成果转化评价指标,提高科技成果转化收益奖励比例等措施办法,切实解决科技人员"有权有钱"的问题。三是大力加强知识产权保护,完善知识产权制度。充分发挥知识资源的杠杆作用,加快建立健全以保护知识产权创造为目标的利益分配机制,在专利授权、专利实施、参与标准制定等方面要加大政策的引导和奖励的力度。

第二,完善过程激励,形成激励合力。实践表明,只有激励形式的多元化、激励机制的灵活化,才能达到激励效果的最大化。一是丰富和创新激励方式、激励手段。既要重视物质激励,也要重视精神激励、情感激励、荣誉激励。营造相互尊重、相互支持、团结融洽的同志氛围、朋友氛围、工作氛围,加强情感激励;加强人才的职业培训、脱产学习、出国深造等知识激励;通过创造良好的工作环境、提供职业和事业发展空间帮助其实现个人奋斗目标等都是行之有效的激励方式。二是建立健全高层次人才退出机制,一方面建立退出制度,这是对获评专家考核期内未完成考核目标者实施的退出机制;另一方面,建立"荣誉退休机制",这是指对已经到年龄的光荣退休的高层次专家人才,保留其荣誉及其相关待遇,但是不再享受高层次人才权利,不再承担相关义务。三是建立健全青年人才培养体制机制,为高层次人才培养构建完备的人才队伍培养梯队,夯实高层次人才储备。加大青年人才的培养、选拔、使用,加大在资金、项目、实践锻炼、培训、学习深造等方面的支持和投入,营造青年人才成长发展的良好环境。

第三,健全保障激励,解除后顾之忧。一是实施特殊人才投保计划,对关系国民经济命脉、重点行业、重大产业技术项目岗位上的高层次专业技术人才、特殊人才,有计划地建立健全重要人才保障制度。对于从事风险性较大工作的高层次人才、特殊人才,在国家提供的社会保障和单位福利保障之外还应实施政府或单位投保制度,切实解决其后顾之忧①。二是落实和完善各类人才的养老、失业、医疗、工伤、生育保险、子女教育、住房等方面的保障政策,推进社会保障制度和政策的有效衔接和有机整合。

第七节　健全支持创新驱动发展的产业发展政策

一、加强产业基础能力建设

加大重要产品和关键核心技术攻关力度,针对智能制造关键技术装备、智能产品、重大成套装备、数字化车间/智能工厂的开发和应用,突破先进感知与测量、高精度运动控制、高可靠智能控制、建模与仿真、工业互联网安全等一批关键共性技术,研发智能制造相关的核心支撑软件,布局和积累一批核心知识产权,为实现制造装备和制造过程的智能化提供技术支撑②。重点突破新型传

---

① 何凤秋.构建多层次、多元化事业单位高层次人才激励机制[J].劳动保障世界(理论版),2011:674-683.

② 智能制造发展规划(2016—2020年)正式发布[EB/OL].中国政府网,2016-12-08.

感技术、模块化/嵌入式控制系统设计技术、先进控制与优化技术、系统协同技术、故障诊断与健康维护技术、高可靠实时通信、功能安全技术、特种工艺与精密制造技术、识别技术、建模与仿真技术、工业互联网、人工智能等关键共性技术。加快研发智能制造支撑软件,突破计算机辅助类(CAX)软件、基于数据驱动的三维设计与建模软件、数值分析与可视化仿真软件等设计、工艺仿真软件,高安全高可信的嵌入式实时工业操作系统、嵌入式组态软件等工业控制软件,制造执行系统(MES)、企业资源管理软件(ERP)、供应链管理软件(SCM)等业务管理软件,嵌入式数据库系统与实时数据智能处理系统等数据管理软件。

二、加快工业互联网平台建设

突破数据集成、平台管理、开发工具、微服务框架、建模分析等关键技术瓶颈,形成有效支撑工业互联网平台发展的技术体系和产业体系。开展工业互联网平台适配性、可靠性、安全性等方面试验验证,推动平台功能不断完善。通过分类施策、同步推进、动态调整,形成多层次、系统化的平台发展体系。依托工业互联网平台形成服务大众创业、万众创新的多层次公共平台。强化工业互联网平台的资源集聚能力,有效整合产品设计、生产工艺、设备运行、运营管理等数据资源,汇聚共享设计能力、生产能力、软件资源、知识模型等制造资源。开展面向不同行业和场景的应用创新,为用户提供设备健康维护、生产管理优化、协同设计制造、制造资源租用等各类应用,提升服务能力。不断探索商业模式创新,通过资源出租、服务提供、产融合作等手段,不断拓展平台盈利空间,实现长期可持续运营。

加快工业互联网在工业现场的应用,强化复杂生产过程中设备联网与数据采集能力,实现企业各层级数据资源的端到端集成。依托工业互联网平台开展数据集成应用,形成基于数据分析与反馈的工艺优化、流程优化、设备维护与事故风险预警能力,实现企业生产与运营管理的智能决策和深度优化。鼓励企业通过工业互联网平台整合资源,构建设计、生产与供应链资源有效组织的协同制造体系,开展用户个性需求与产品设计、生产制造精准对接的规模化定制,推动面向质量追溯、设备健康管理、产品增值服务的服务化转型。

推动低成本、模块化工业互联网设备和系统在中小企业中的部署应用,提升中小企业数字化、网络化基础能力。鼓励中小企业充分利用工业互联网平台的云化研发设计、生产管理和运营优化软件,实现业务系统向云端迁移,降低数字化、智能化改造成本。引导中小企业开放专业知识、设计创意、制造技术,依托工业互联网平台开展供需对接、集成供应链、产业电商、众包众筹等创新型应用,提升社会制造资源配置效率。

面向关键基础设施、产业支撑能力等核心要素,形成中央地方联动、区域互补的协同发展机制。根据不同区域制造业发展水平,结合国家新型工业化产业示范基地建设,遴选一批产业特色鲜明、转型需求迫切、地方政府积极性高、在工业互联网应用部署方面已取得一定成效的地区,因地制宜开展产业示范基地建设,探索形成不同地区、不同层次的工业互联网发展路径和模式,并逐步形成各有特色、相互带动的区域发展格局①。

三、积极培育智能制造生态体系

面向企业智能制造发展需求,推动装备、自动化、软件、信息技术等不同领域企业紧密合作、协同创新,推动产业链各环节企业分工协作、共同发展,逐步形成以智能制造系统集成商为核心、各领域领先企业联合推进、一大批定位于细分领域的"专精特"企业深度参与的智能制造发展生态体系。加快培育一批有行业、专业特色的系统解决方案供应商;大力发展具有国际影响力的龙头企业、集团;做优做强一批传感器、智能仪表、控制系统、伺服装置、工业软件等"专精特"配套企业。支持以技术和资本为纽带,组建产学研用联合体或产业创新

---

① 国务院关于深化"互联网+先进制造业"发展工业互联网的指导意见[EB/OL].中国政府网,2017-11-27.

联盟,鼓励发展成为智能制造系统解决方案供应商。支持装备制造企业以装备智能化升级为突破口,加速向系统解决方案供应商转变。支持规划设计机构以车间/工厂的规划设计为基础,延伸业务链条。支持自动化、信息技术企业通过业务升级,逐步发展成为智能制造系统解决方案供应商。

开展基础共性标准、关键技术标准、行业应用标准研究,搭建标准试验验证平台(系统),开展全过程试验验证。加快标准制(修)订,在制造业各个领域全面推广。凝聚国内外标准化资源,扎实构建满足产业发展需求、先进适用的智能制造标准体系。组织开展参考模型、术语定义、标识解析、评价指标、安全等基础共性标准和数据格式、通信协议与接口等关键技术标准的研究和制(修)订,探索制定重点行业智能制造标准。推进智能制造标准国际交流与合作。顺应技术进步和产业升级趋势,鼓励基础条件好和需求迫切的重点地区、行业、骨干企业,围绕离散型智能制造、流程型智能制造、网络协同制造、大批量定制、远程运维服务、工业云平台、众包众创等方面,深入开展智能制造新模式试点示范。

建设工业互联网创新中心,有效整合高校、科研院所、企业创新资源,围绕重大共性需求和重点行业需要,开展工业互联网产学研协同创新,促进技术创新成果产业化。面向关键技术和平台需求,支持建设一批能够融入国际化发展的开源社区,提供良好开发环境,共享开源技术、代码和开发工具。规范和健全中介服务体系,支持技术咨询、知识产权分析预警和交易、投融资、人才培训等专业化服务发展,加快技术转移与应用推广。

支持平台企业面向不同行业智能化转型需求,通过开放平台功能与数据、提供开发环境与工具等方式,广泛汇聚第三方应用开发者,形成集体开发、合作创新、对等评估的研发机制。支持通过举办开发者大会、应用创新竞赛、专业培训及参与国际开源项目等方式,不断提升开发者的应用创新能力,形成良性互动的发展模式。

　　以产业联盟、技术标准、系统集成服务等为纽带,先进装备、自动化、软件、通信、互联网等不同领域企业深入合作,推动多领域融合型技术研发与产业化应用。依托工业互联网促进融通发展,推动一二三产业、大中小企业跨界融通,鼓励龙头工业企业利用工业互联网将业务流程与管理体系向上下游延伸,带动中小企业开展网络化改造和工业互联网应用,提升整体发展水平①。

---

① 国务院关于深化"互联网+先进制造业"发展工业互联网的指导意见[EB/OL].中国政府网,2017-11-27.

10

国外创新驱动发展的主要经验

美国、德国、日本等国家均是世界创新型国家,在推进创新驱动发展中不遗余力,开展了大量工作,有些经验值得我们学习借鉴。

第一节 美国

一、创新体系

美国早在20世纪初就已经认识到科技创新的重要作用,并逐步建立起以政府、企业、高校与科研机构为主体,三者各司其职又各具特色、相互联系、相互促进的国家创新体系。其中,政府主要关注与国防、国家安全以及国家发展相关的基础研究,通过政策、法规、投资等手段对创新网络产生影响;企业的科研创新主要以市场为导向,重视与用户需求相关的应用研究及产品开发,通过购买专利、合作研发等形式保持创新能力;高校与科研机构主要立足于基础研究,通过与企业开展合作来将科研成果商业化,科研创新受政府的资助较多。[1]

(一)政府是国家创新的积极引导者,通过建设政策法规体系引领和保障创新驱动

在第二次世界大战之前,美国是一个信奉市场万能的资本主义国家,认为基础研究属于公共产品,需要政府介入,而对基础研究成果的商业化开发和应用完全可以由市场机制调节,应该由产业界来完成。[2] 但是,受到第二次世界大战期间政府拨款促使科研项目取得成功并助力战争胜利的案例的启示,当时的总统顾问万尼瓦尔·布什向总统富兰克林·罗斯福呈交了具有历史性意义的研究报告《科学——无止境的前沿》。报告提出,政府需要加强基础研究、加大科技投入、发展教育,形成统一的国家科技政策,以满足国家发展对科技创新人

① 陈劲.科技创新:中国未来30年强国之路[M].北京:中国大百科全书出版社,2020.
② 王君.创新驱动发展:理论探索与实践[M].北京:北京理工大学出版社,2014.

才的需求,彻底改变了美国人的固有观念,奠定了如今"政府、企业、大学与科研机构协同创新"的格局。

随着美苏冷战的展开,美国大力投入科技竞赛中。这一时期成立的国家科学基金会、海军研究办公室、原子能委员会和国立卫生研究院等众多政府资助的研究部门一同构成了新的科技资助管理体系。同时在政府的慷慨资助下,大量研究型大学开始崛起。这一阶段美国政府在国防科技领域的投入不仅发展了国防力量,更奠定了美国坚实的研究基础,加强了实验室的建设和科研人才的培养,为未来技术军转民应用和在国际技术竞争中取得优势做了很好的铺垫。

随后,为了应对日本等国对美国国内市场销售份额的挤占,以及伴随石油危机而到来的经济衰退和高失业率,20世纪80年代初,美国出台了一系列法案,并大力调整科技政策,加大对农业、能源、交通和环保等领域内有明显公共产品特性的共性技术的研发支持。1980年的《史蒂文森—威德勒技术创新法》和《大学和小企业专利程序法》(《拜杜法案》)为这一时期的标志性法案,明确了政府在推动产业创新中的广泛作用,指出联邦政府对国家投入的研究与发展成果的转化负有责任,要求政府部门推动联邦政府支持的高新技术向地方政府和企业转移,开启了技术通过专有许可的方式授权给产业界的大门,促进了政府、企业与大学、科研机构之间的合作,促成了科技成果商业化的进程。1984年出台了《国家合作研究法》,该法案打破了联邦及大型研究机构的垄断,鼓励企业进行合作研发工作,促进技术转让,为私人部门参与合作研究打开了一扇窗,不仅从法律上保证了美国政府对共性技术研究的大力支持,更带动了产业结构的调整和经济增长方式的转型。

20世纪90年代初,冷战结束,全球政治、经济格局发生了重大变化。以跨国公司为先驱的生产全球化,促进了国际分工;高新技术被视为经济发展的制高点,使得竞争更加激烈;这时美国科技领先的地位日益受到日本和西欧国家的有力挑战。这一阶段,美国政府的创新政策制定更注重系统性,使市场经济和政府行为互相补充,政府、企业、高校与科研机构三大主体之间的联系更加紧密。1993 年,美国科学、工程与公共政策委员会向政府递交了《科学技术和联邦政府:新时代的国家目标》报告,建议联邦政府继续大力资助与支持科学研究,并建议美国在主要科技领域保持清晰的竞争优势。为此,克林顿政府组阁后对创新政策做了系统的说明。主要包括 1993 年的《技术为经济增长服务:增强经济实力的新方针》、1994 年的《科学与国家利益》、1996 年的《技术与国家政策》和 1999 年的《改变 21 世纪的科学与技术:致国会的报告》。①

　　"9·11"事件后,国家安全和持续的经济增长成为美国的目标。2005 年美国国家科学院发表呼吁政府加大对基础研究、应用研究与教育投入的力度,以保障美国经济赖以发展的基石——科学技术,不会受到他国的威胁和腐蚀。这段时期的财年预算中研发经费所占比例和金额达到历史最高水平。2008 年金融危机后,美国的经济陷入萎靡状态,联邦政府于 2009 年出台《复兴与再投资法案》《美国创新战略:推动可持续增长和高质量就业》等"一揽子计划",希望通过刺激创新产业的发展,带动整体经济的复苏,明确了"从投资基石,到刺激创业市场,再到突破国家重点方向"的三步走战略。此外,2011 年的新版本《美国创新战略:确保我们的经济增长与繁荣》和 2015 年的《美国国家创新战略》,致力于打造一个基石型创新政府,通过投资基础创新、基础设施建设以及放宽高素质移民政策,促进企业创造更高质量和更持续的创新成果与经济效益,推动先进制造、精密医疗、智慧城市、清洁能源等九大国家重点领域的突破。

(二)企业是创新驱动的主力军,通过研发投入和需求导向推动应用研究

　　美国企业能紧紧抓住每次创新的主流,每次的技术革命和商业模式创新中都有新崛起的企业。除了具备物质投入的"硬实力",美国能保持其创新强国地位必然也有其难以被人效法的"软实力"。从长远看,企业生存的关键是保持持久的研发与创新,美国一流的高科技公司在研发方面的投资始终领先于世界上

---

① 刘那日苏.资源型地区创新驱动发展研究[M].北京:经济管理出版社,2019.

的其他地区,此外,一批批中小创业主体也不断实现着原始创新能力的商业化。

从创新资金的投入和使用来看,1995 年开始,企业的研发投入逐渐占据主导地位并稳定在 60% 以上。领先全球的大型科技企业不仅在应用研发的投入方面遥遥领先于同行,而且更注重原创性研究。这些大企业大多建立了各自的"中央"研究试验机构,投入大量资金开展一些可能 10 年甚至 20 年后才能被应用的研究,紧紧把握该领域技术的垄断权。同时,这些基础研究的开展都基于很强的应用导向,这使得产出成果能够被最高效地转化和应用。

另一方面,在数次技术革命中,美国企业能够牢牢抓住用户需求,以市场为导向发展创新。美国的第一批领军企业诞生在第一次工业革命后的金融服务和奢侈品行业,金融服务业的崛起为美国商业贸易的发展奠定了良好的基础。此后,在第二次科技革命时期,大量品牌企业出现在与当时的新兴科技有关的领域,如汽车运输、电力电信、石油等行业。在信息革命中,美国又一次抓住了新一波 IT 和互联网技术浪潮中的机会,该领域中位列福布斯百强榜中的 11 家品牌企业全部为美国企业。可见,美国企业十分善于把握市场动向并挖掘客户的潜在需求,最终落脚到创新的方式上进行满足。

(三)高校与科研机构是创新的根基,通过开放体系和产学研合作实现基础研究商业化

高校和科研机构承担着基础研究的重任,托起了创新的根基。广义上来说,参与国家创新体系并主要开展原始创新的机构十分多元,既包括国立的、地方性的、非营利性的科研机构,也包括高校和相关企业的实验室等。

一个多世纪以来,美国之所以能够一直保持着世界领先的高科技实力和高效的科技成果商业化、产业化,得益于其研究体系的开放性。首先是科研人员的开放;其次是科研设备的开放,即美国大型科研机构的科研设备是向美国以及全世界的科研同行开放的;最后是科研成果和科研信息的开放,除部分涉及商业机密和国家安全的科研成果外,美国科研成果和信息是相当公开透明的。

另一方面还得益于其完善的产学研合作机制。政府通过政策的制定与经费的引导,刺激和鼓励科研机构履行文化传播、教育与研究等传统功能,同时对"社会创造财富"做出更直接的贡献。在政府强大的科技政策激励下,学术界的基础研究与应用研究规模不断扩大,其所需的资金需求也进一步增加。基于政府对科学研究者将自身成果实施产业转化以及成果收益的自主权提升主张,科学研究者开始通过专利申请与转让、产学合作项目等方式增加价值回报。根据世界经济论坛发布的《2017—2018年全球竞争力报告》,美国的产学研合作评分位列前茅,显现出美国具备远优于其他国家的完备、高效的产学研合作框架和体系。其中,壮大且强有力的企业科研人员队伍保障了美国的创新能力,是其能够后来居上、超越欧洲等国成为世界创新强国的秘诀所在。

二、美国匹兹堡的转型经验

(一)基本情况

匹兹堡位于美国东海岸的宾夕法尼亚州西南部,是宾州第二大城市,是连接美国中西部的重要水陆交通枢纽。匹兹堡共有446座桥梁,被誉为"桥城",市区面积约144平方千米,都会区约13 800平方千米,市区人口约33万人,都会区约240万人,是美国第21大都会区。① 匹兹堡的公路、铁路和水路运输非常发达,匹兹堡国际机场是美国东部著名的大型空港。便利的交通再加上附近丰富的煤、铁矿,为匹兹堡钢铁工业的大规模发展提供了良好的条件,使其不仅成为美国钢铁工业的中心,而且是"世界钢铁之都"。

(二)转型历程

19世纪:钢铁基地诞生。匹兹堡在17世纪以皮毛贸易起家,18世纪20年代时已成为生产钢铁、黄铜、锌和玻璃的重要工业基地。在1850年铁路大规模铺设及重工业发展的推动下,钢铁工业成为匹兹堡的支柱产业,在随后的一百年中,匹兹堡的钢铁工业在美国独占鳌头,成为典型的"煤铁复合体"式的工业

---

① 资料来源:维基百科。

城市。19世纪60年代,美国南北战争为匹兹堡的重工业提供了难得的发展机遇,武器制造业的突出表现使得匹兹堡成为"联邦军械库",后来石油开采和冶炼工业也开始壮大起来。20世纪70年代,第二次工业革命席卷匹兹堡,机器大工业蓬勃发展。到了20世纪80年代,匹兹堡已发展成为美国最大的钢铁工业基地,钢铁产值将近占到全美国的2/3。

20世纪上半叶:重工业迅速发展的同时污染日益严重。20世纪初,工业企业规模不断扩大,钢铁、焦炭、黄铜、锌、铝、电器、火车机车头和车厢等是当时匹兹堡的重要行业,诞生了一大批工业革命的先驱,如钢铁大王安德鲁·卡内基、安德鲁·梅隆和乔治·威斯汀豪斯等。与此同时,重化工业的迅速发展加重了匹兹堡的环境污染,空气中浮尘过多,炼钢炉滚滚浓烟为其带来了"烟城"的称号,甚至白天都需要点亮路灯照明。1948年,匹兹堡市南部发生"多诺拉工业烟雾事件",造成6 000多人二氧化硫中毒。①

20世纪下半叶:污染治理与新兴产业发展。匹兹堡决定从环境着手推动"钢都"的转型,侧重于建设市中心商业区,迁出大量钢铁厂,环境得到改善,实现了第一次的复兴。20世纪60年代在外国产品的强势竞争下,匹兹堡出现了钢铁厂倒闭潮,制造业所提供的就业机会急剧减少。20世纪70年代后,为了应对去工业化及世界经济萧条导致的重工业颓势与城市人口严重流失,匹兹堡发起了第二次复兴计划,逐步建起现代民宅社区和商业大楼,并更加重视文化和社区建设。进入20世纪80年代,随着世界制造业从发达国家向发展中国家大规模转移,匹兹堡市区人口进一步流失,公共财政入不敷出,种族关系紧张,犯罪猖獗。当地政府意识到,需要从经济多元化、发展新产业着手来推行第三次复兴,遂与非营利组织、社区、居民积极合作,对匹兹堡实行了大规模的城市改造,旧工厂建筑被逐步清除,出现了新的办公楼群、豪华公寓、运动场馆与会议中心等,并开始大力发展高新技术、教育医疗和文化产业,尤其是以医疗和机器

---

① 自然之友.20世纪环境警示录[M].北京:华夏出版社,2001.

人制造为代表的高技术产业。第三次复兴运动成效显著,匹兹堡的非制造业飞速发展起来,医疗保健、教育和金融服务业突飞猛进,重工业比重下降。[1] 20 世纪 90 年代,匹兹堡向世界城市迈进,建成了全美第四大国际机场,进一步兴建了大批的饭店、文化体育设施及大量的高品质社区和商业中心。

21 世纪:现代化工商业城市。匹兹堡现已转型成为以生物技术、计算机技术、机器人制造、医疗健康、金融和教育闻名的工商业城市,[2]2009 年匹兹堡以其独特的城市魅力获选主办世界 20 国集团峰会。

(三)创新驱动特点

一是清洁宜居。匹兹堡在全美绿化率、高尔夫球场方面居于领先地位,连续多年被《福布斯》杂志评为全美最清洁的城市,干净、美丽、生活成本低、经济稳定、犯罪率低的匹兹堡在 2009 年被《经济学人》周刊评为美国最适宜居住的城市。[3]

二是智力引领。匹兹堡大学和卡内基-梅隆大学在匹兹堡产业转型过程中起到了重要的作用,众多高科技公司和相关人才近年来纷纷搬迁到匹兹堡南区,并形成了一个新兴的科研城中城。[4] 长期以来,匹兹堡大学和卡内基-梅隆大学所集聚的人才和创新能力引领了匹兹堡的产业发展,其中匹兹堡大学医疗中心作为一个领导者和孵化中心,引领大学和近 20 家医院发展医疗制药行业,使匹兹堡成为国际医学研究和临床治疗的中心以及全美数字化医疗中心;[5]卡内基-梅隆大学的计算机与自动化研究引领了匹兹堡的机器人制造业,其计算机安全应急响应组协调中心在应对互联网安全威胁方面发挥着重要的作用。

三是文化艺术兴盛。匹兹堡有不少著名的文化艺术设施,卡内基自然历史

① 李振营.美国钢都匹兹堡兴衰初探[J].泉州师范学院学报(社会科学),2007(9):122-127.
② 徐启生,余晓葵.20 国集团峰会举办城市匹兹堡的今昔[N].光明日报,2009-09-20(8).
③ 刘丽娜.匹兹堡:从"人间地狱"到"绿色天堂"[N].新华每日电讯,2010-03-04(11).
④ 曾万平.我国资源型城市转型政策研究[D].北京:财政部财政科学研究所,2013.
⑤ 姜立杰.匹兹堡——成功的转型城市[J].前沿,2005(6):152-156.

博物馆是全美最大的自然历史博物馆之一,现代派艺术家安迪·沃霍尔的安迪·沃霍尔美术馆是全美最大的个人作品美术馆。拥有百年历史的匹兹堡交响乐团是美国著名的交响乐团之一,世界一流的指挥家与演奏家聚集在此,话剧团全美驰名[①]。

四是医疗产业壮大。匹兹堡医疗健康服务规模已增长到 1979 年时的 3 倍,创造了 10 万个就业机会,其中总资产 80 亿美元的匹兹堡大学医疗中心管理着 20 家医院、400 多个门诊地点,拥有 5 万多名雇员,是匹兹堡最大的雇主。[②]

三、创新文化

(一)"多元性文化"特色

创新文化是实施创新驱动发展战略的土壤。自 20 世纪 60 年代的民权运动和《移民改革法》实施开始,美国从主要接纳欧洲移民转变为面向全世界所有族裔的移民,"文化多元性"逐渐上升为一种国家意识形态,也成为美国精神的基础性特征。因此,冒险和创新精神根植于美国的组织内部和个人内心,形成了理性自觉和共同的习惯。

个人主义文化使得美国企业人员的流动率相对较高,美国企业文化逐渐形成了注重专业化、职责明确的特征。这不仅有助于社会人力资本效率的最大化,能够最大限度地发挥每个人自身的特长,也加速了不同背景的人才之间的碰撞和交流。因此,美国人重视通过自身奋斗实现人生价值,鼓励探索创新。

(二)硅谷的创新创业精神

硅谷精神的独特性在于其能最高效地整合多方创新主体,在尊重和诚信的基础上形成互信合作的网络,从此,崇尚个人主义的美国人不再是一盘散沙,而

① 李正信.匹兹堡成功转型:从"钢城"到高科技研发中心[N].经济日报,2009-09-30(15).
② 刘莉.城市产业结构转型:匹兹堡标本[N].东方早报,2009-09-24(12).

是能兼顾竞争与合作,打造出具有活力的创新生态系统的创新主体。① 此外,硅谷精神还在于给予员工充分的自主权,鼓励和包容员工创业。同世界上很多其他地方一样,在硅谷公司,职务发明的所有权虽然属于发明者所属的公司或单位,虽然很多企业的聘用合同上也规定了员工不得利用企业资源做自己的事情,但是企业却并不会限制员工利用自己的职务发明去新创公司并从中获利,甚至成为很多员工新创公司的投资方,甲骨文、思科、英特尔、雅虎和谷歌等在某种程度上都可以算"母公司"孵化出的员工创业项目。这样的文化氛围正深刻彰显着硅谷对创造和发明的极度尊重。②

第二节 德国

一、创新体系

德国作为欧洲最强大、最稳定的经济体,从第二次世界大战结束至今实现了产业变革和经济创新升级,"德国制造"已从落后的象征蜕变为高质量、全服务、精密化的代名词。不同于美国硅谷模式偏重于产品设计的创新,德国工业的优势主要体现在持续的技术和工艺创新等方面,其创新体系也有所不同。

德国的创新体系以政治联邦制和市场经济为基础,形成了世界闻名的弗朗霍夫协会模式,主要由政府、公共科研体系、企业和社会中介机构四大主体组成,覆盖了基础研究、应用开发和产品开发。各主体之间高度连接、定位清晰、分工明确:高等院校、马普学会、亥姆霍兹联合会及莱布尼茨科学联合会是德国基础研究的主力军,其职能定位、研究领域互为补充,有效避免了重复研究;弗

① 李钟文,等.硅谷优势:创新与创业精神的栖息地[M].北京:人民出版社,2002.
② 阿伦·拉奥,皮埃罗·斯加鲁菲.硅谷百年史:伟大的科技创新与创业历程(1900—2013)[M].闫景立,侯爱华,译.北京:人民邮电出版社,2014.

朗霍夫协会和企业则主要从事应用和开发研究,致力于科研成果转化,其中企业是研究与开发成果向产品转移的成型阵地。

(一)政府:引领协调

德国政府高度重视战略规划对科技创新的引领作用,为此特别设立了德国联邦教研部作为专门的科技管理机构,负责制定科技政策和跨部门的创新战略,管理科研经费,对国家的科技发展和创新活动进行引导和调控。在新的历史阶段,德国政府在联邦教研部的协助下,汇集了德国联邦政府各部门的科研和创新政策举措,立足未来科技创新目标和方向,通过了两个跨部门的开创性创新战略。

首先是2010年的《思路·创新·增长——德国2020高科技战略》(下文简称"2020高科技战略")。该战略重点关注5个领域:气候/能源、保健/营养、机动性、安全性和通信。针对各重点领域内最重要的挑战,推出11项"未来规划",重点提出营造创新友好环境的8个方面,力求实现未来10年至15年内科学、技术和社会发展目标,应对全球化挑战。

2014年,为了进一步顺应全球化趋势,推进德国创新进程,德国政府出台了新的高科技战略(下文简称"新战略")。新战略的开创性在于,德国政府将创新理念从以往的技术创新扩大到社会创新,将社会作为中心角色包括进来。具体来说,可以分为以下五个方面:

优先解决关乎国家繁荣和人民生活质量的问题。主要为六大优先任务:解决数字经济和社会的固有挑战;可持续的经济和能源;创新工作场所;健康生活;综合运输中的智能移动性;基础设施民用安全。

巩固资源,促进知识和创新成果转移。联邦政府采取措施,战略性地扩大大学与行业和社会合作的选择,缩小商业化差距,推进先进集群、核心项目和其他类似网络的国际化。

加强行业创新的活力。德国计划采用关键技术的潜力——如微电子和电池技术的巨大潜力增强工业增加值和竞争力;希望通过改进现有工具,将初创企业与全球增长和价值创造中心联系起来,增加德国创新企业的数量。

为创新创造有利条件。德国政府承诺计划进一步协调技术法规和标准,制定一项开放获取策略,以改进有效、持续获取公共出版物的框架;通过创新的公共采购,为行业创新提供新的激励。

加强对话和参与。通过扩大和改进科学传播工作,加强对社会和技术创新与变化的开放度;开发如公民对话和公众参与研究的新参与形式,帮助形成创新政策过程。

(二)公共科研体系：基础创新的制度保障

德国公共科研体系定位清晰、权责明确,在政府的协调与支持下,与民间科研体系保持了良好的分工合作,为德国各行业持续的基础研发创新提供了制度保障。主要包括科研机构、科研院所、大学、企业相关研究院等,涉及领域十分广泛,涵盖各个学科。马普学会、亥姆霍兹联合会、弗朗霍夫协会、莱布尼茨科学联合会为代表的四大科研机构在推动科研体制改革方面发挥了决定性的作用。

马普学会拥有 80 个研究所、700 多位科学家,主要从事基础研究,其中包括自然科学、生命科学和人文科学。亥姆霍兹联合会拥有 16 个研究中心、1 000 多名科学家和管理人员,主要面向前瞻性的高新技术基础研究,如能源、地球与环境、生命科学、关键技术、物质结构、交通与航天等对人类生存环境有重大影响的领域。国际交流合作及实际工程问题的基础性研究在莱布尼茨科学联合会开展。莱布尼茨科学联合会拥有 86 个研究所、6 500 位科学家,主要在经济学、空间与生命科学、人类与社会科学、数学、自然与工程科学及环境等领域开展战略性研究。弗朗霍夫协会拥有 57 个研究所、7 500 多位科学家,是德国最大的应用科学研究机构,面向实际应用研究及将科研成果转化为实际生产力,在环保、能源、健康等对社会发展有重大意义的领域开展战略性研究,为企业有偿提供必要的技术开发和转让。

(三)企业:"德国制造"的技术保障

企业在德国的创新体系中处于中心地位,不仅有西门子、保时捷、宝马和奔驰这样的大公司作为"领头羊",更有数量众多富有活力的中小企业作为创新的主力军。此外,德国长期以来实行严谨的工业标准和质量认证体系,为德国制造业确立在世界上的领先地位做出了重要贡献。

德国企业从事的科学研究在国家科研领域中的比重高达30%,大型企业和中小企业都设立了自己的实验室,拥有一流的实验设备、高素质的研发人员和充足的研究经费。其中,绝大部分大型企业根据市场和自身发展目标制定了科研和开发目标,并从每年的销售收入中拿出5%~10%用于科研资助。德国注册的专利数量在全世界仅次于美国和日本。

相对于机构复杂的大型企业,中小企业更加灵活,对市场动态反应更灵敏,因而更具有创新意识和创新需求。中小企业也因创造了德国71%的就业机会、57%的德国总产值和47%的经济净增加值而被视为德国经济发展创新的主力军。为了解决中小企业受自身规模、资金和人才制约的难题,德国政府积极提供资助,鼓励和支持中小企业联合起来开展研发工作。目前全国有100多个行业或跨行业的合作研究机构,主要从事新产品、新技术的研发和服务。

此外,德国标准化学会建立了完善、统一的行业标准,涵盖建筑、采矿、冶金、化工、电工、安全技术、环境保护、卫生、消防、运输和家政等几乎所有领域,每年发布的上千个行业标准中,90%被欧洲及世界各国采用。同时,客观、公正的质量认证和监督体系,则有效地协调了本土企业间的竞争,既保证了"德国制造"的质量,还提升了"德国制造"的整体竞争力。

(四)社会中介机构:沟通桥梁

在德国,社会中介机构是众多企业的桥梁,业务范围覆盖广泛,主要包括评估和监管政府立项的科技项目,为企业提供咨询和培训服务等。德国成立专门的计划管理机构,负责监督管理公共基金支持的科研项目。这些机构均独立运营,人员工资和运行开支从项目经费中提取,主要任务是为联邦政府各部资助的项目提供前期准备、申请、实施、项目评估、成果转化等咨询和管理服务。

以技术转移为例,负责该项服务的机构主要有 3 个:一是德国技术转移中心,属于全国性非营利公共组织,无偿向企业提供技术交易服务、咨询服务和专利及信息服务;二是史太白技术转移中心,隶属于民间机构史太白基金会,完全采用市场化运作;三是弗朗霍夫协会,具有半官方、半企业背景,致力于应用研究领域的技术开发,为中小企业及政府部门提供合同式的科研服务。

二、德国鲁尔区的转型经验

(一)基本情况

鲁尔工业区位于德国西部的北莱茵-威斯特法伦州,面积约 4 400 平方千米,人口约 570 万。鲁尔区的地理位置优越,地处欧洲的交通十字路口,与欧洲的其他多个工业区距离很近,水陆交通十分发达,纵贯全区南北的莱茵河可直抵杜伊斯堡港,河口的鹿特丹港则是欧洲第一大港。此外,还有沟通莱茵河、鲁尔河、利珀河和埃姆斯河的运河网,大小河港 74 个。①

(二)转型历程

1950 年以前:重工业迅速发展。德国的工业化起步于鲁尔区,鲁尔区经历了德国的三次崛起历程,是德国 150 多年经济繁荣的象征。鲁尔区富有煤炭、铁矿等资源,20 世纪 50 年代以后,鲁尔区的炼油业、石油化工工业和机械制造业迅速发展。第二次世界大战之后,鲁尔区又在欧洲重建和西德经济的恢复起飞中发挥了重大的作用,工业产值曾高达全德国的 40%,同时服装、纺织、啤酒等轻工业也逐步壮大起来。

1950—1968 年:煤炭和钢铁危机。随着 20 世纪 60 年代世界石油和天然气工业的兴起,煤炭开采成本提高、环保压力加大,鲁尔区爆发了历时十年之久的

---

① 资料来源:百度百科。

煤炭和钢铁危机,失业率高、人口外流、环境污染严重、负债增加。

1968年至20世纪末:实现转型。为了渡过危机,德国政府采取因地制宜的经济政策,通过对传统工业进行全面改造、调整产业结构等对矿区进行重点清理整顿,将采煤集中到盈利多、机械化水平高的大矿井,同时大力发展电气、电子工业。此外,政府还通过改善当地交通基础设施、兴建和扩建高校及科研机构、集中整治土地等措施为鲁尔区的下一步发展奠定基础。[①] 鲁尔区在产业结构调整中实现了50多万人的转行,由鲁尔煤炭公司发展而来的鲁尔集团,位居世界500强企业之列,除承担全德国的烟煤生产外,还开拓了国际采矿、面向全球的采矿技术服务、采矿设备生产、国际煤炭贸易等业务,并实现了房地产、电力、电子化工等领域的多元化发展。[②]

(三)创新驱动特点

一是产学研相结合。鲁尔区现已发展成为欧洲大学与科研机构最密集的工业区,先后建立了波鸿大学、多特蒙德大学、杜伊斯堡大学、埃森大学等,每个大学都设有"技术转化中心"。区内还有4个国家级的技术应用研究所以及众多的科研院所,从而形成了一个从技术到市场应用的产学研体系。政府鼓励并资助企业之间以及企业与科研机构之间的合作,全区成立了30个技术中心、600个致力于发展新技术的公司。[③]

二是物流中心功能凸显。鲁尔区的河道与港口均已标准化,可通行1 350吨的欧洲标准货轮,内河及运河航运的吞吐量每年在9 500万吨以上;铁路网密度很高,营运里程达9 850千米,占全德国近1/5;公路和高速路四通八达,从德国西部通往柏林、荷兰的高速公路均从区内通过,公路汽车行驶密度比全德国平均密度多1倍。凭借突出的地理优势与物流基础设施,再加上政府推动、国际物流企业参与以及科研成果转化,鲁尔区迅速成为欧洲的物流中心之一,目

① 王志成.德国鲁尔区:旧工业区整体改造的范本[J].乡音,2014(7):52.
② 胡晓晶,喻继军,李江风.资源型城市转型中旅游业地位与作用研究[J].资源与产业,2007(2):5-8.
③ 刘学敏,赵辉.德国鲁尔工业区产业转型的经验[N].中国经济时报,2015-11-24(5).

前已有 3 000 个物流企业在此驻扎,就业人数达 18 万人。其中废弃矿区所改造成的艾林豪森-宜家物流中心占地 200 公顷,拥有世界上最稠密最完善的海陆空立体交通运输网络,负责向欧洲配送互联网订购的瑞典宜家家居公司的商品。

三是成为"欧洲文化之都"。发展旅游与文化产业是鲁尔区成功实现经济转型发展的创新之举。鲁尔区在建设公园城市时保留了工业历史和文化,把巨型井架塔等厚重的机械设备改造成地标建筑物,被联合国教科文组织列为世界文化遗产;将工业锅炉房改造为设计中心;把工厂、车间变成艺术馆、电影院、餐厅等,①从而让鲁尔区独具"工业园区"特色,成为"欧洲文化之都"。

三、创新文化

德国人"理性严谨"的民族性格,是其精神文化的焦点和结晶,更是"德国制造"的核心文化。"德国制造"文化可归纳为五个方面。

(一)专注精神

在德国,"专注"是其"理性严谨"民族性格的行为方式。德国的制造业者"小事大做,小企大业",不求规模大,但求实力强,几十年、几百年专注于一项产品领域。"大"并不是目的,而是"强"的自然结果。

(二)标准主义

德国人"理性严谨"民族性格必然演化为其生活和工作中的标准主义。他们是一个离开标准寸步难行的民族,全球 2/3 的国际机械制造标准超过 3 万项来自德国标准化学会,这些标准都是"德国制造"的基础。

(三)精确主义

无论是工作上还是生活上,德国人做事都讲究精确。精确主义直接给"德国制造"带来了精密的特性。

---

① 魏爱苗.德国鲁尔:经济转型中再放异彩[N].经济日报,2006-07-19(16).

（四）完美主义

将专注精神、标准主义、精确主义综合在一起就表现为完美主义，"完美至臻"是"德国制造"的根本特征。追求完美的工作行为表现是一丝不苟、做事彻底，也就是认真，这已经是德国人深入骨髓的性格特征。

（五）秩序主义

标准主义的时间维度表现是程序主义，空间表现则是秩序主义。德国有一句谚语："秩序是生命的一半。"程序感主要体现在时间管理上，德国人的一切日程都会提前规划好而不是临时决定。而秩序主义在具体工作中则主要表现为流程主义，生活上表现为物品放置的条理性。有这样的文化自觉，德国人在企业中都无需刻意推行 5S（整理、整顿、清扫、清洁、素养）。

第三节　日本

一、创新体系

日本是全世界公认的经济强国和创新型国家，卓越的创新能力和创新质量一直备受各国政府和学者的关注。第二次世界大战以来，日本走出了一条不同于欧美国家的创新发展之路。从 20 世纪 80 年代开始，日本制造业已经全面超过欧洲，赶上美国，注册的第三方专利数量也一直位于世界前列。显著的创新成效与日本独特的创新体系是分不开的，与欧美不同，日本对于其创新体系中的基础研究、应用研究和产品开发各部分在不同时期各有侧重，经历了较长的演变过程。

（一）政府：创新驱动的引导者和参与者

日本现代意义上的创新政策起步于第二次世界大战之后。二战后，日本根据国家发展情势变化进行了适时、大幅度调整。在能源资源极度匮乏的战后，知识产权保护意识和保护力度较弱,日本政府制定了"技术引进—消化吸收—改进提高—国产化—出口"的创新战略,依靠大量引进国外技术,以贸易立国,经济获得了高速增长。① 这一时期出台了1949年的《外汇及外贸管理法》、1950年的《外资法》和1956年的《机械工业振兴临时措施法》等,从税收、财政等方面加大对技术引进以及再创新的支持力度。②

20世纪70年代中期开始,日本开始重视尖端技术和自主创新。先是将尖端技术划分为当期的和未来的两个层次:当期的尖端技术主要用于20世纪80年代的推广,包括超大规模集成电路、光导纤维、新陶瓷等;未来的尖端技术着眼于20世纪90年代之后,包括人工智能计算机、生物工程、航空航海等。之后在1980年,日本产业结构审议会发表了里程碑式的报告《80年代的通商产业政策》,首次以官方的形式提出"科技立国"战略。③ 自此,日本的创新战略由战后的"吸收型"转向"自主研究和创造型",但仅仅形成了一个雏形。

随着20世纪80年代末日本的资产泡沫破灭,在20世纪90年代陷入"追赶模式锁定效应",优势技术主要体现在成熟期的产业领域,在新兴产业中的技术含量并不是很高。面对美国在引导全球新一轮信息革命中取得的巨大成功,日本政府深刻地认识到创新已成为经济持续发展的根本要素,而创新需要强化基础研究实力作为支撑。因此,日本政府在1995年通过了《科学技术基本法》,正式提出了"科学技术创造立国"战略,强调要告别模仿与改良的时代,科学技术终于在政府决策中占有了重要的一席之地。④ 在《科学技术基本法》的基础上,日本政府还规定以后每五年制定一期"科学技术基本计划"。

进入21世纪,在完成第一期"科学技术基本计划"后,日本的国情发生了很大变化,其金融环境、企业经营能力、劳动环境等的评价排位在国际上明显下降,但同期的科技实力,如研发经费总额、研究人员数量、国际专利取得的数量

① 李福鹏.科技与社会的良性互动——以战后日本为例[J].中国科技信息,2016(24):103-104.
② 王玲.日本依靠科技创新促进产业结构调整的经验借鉴[J].全球科技经济瞭望,2014,29(2):70-76.
③ 智瑞芝,袁瑞娟,肖秀丽.日本技术创新的发展动态及政策分析[J].现代日本经济,2016(5):83-94.
④ 角南笃,黑川清,方陵生.日本"失去十年"的科技发展之路[J].世界科学,2009(4):3-4.

等,位居世界第二。[1] 之后的各期"科学技术基本计划"继续将基础研究放在重要的战略位置。其中,2010 年的第四期计划明确提出推进"科学、技术和创新政策科学"(Science of Science,Technology and Innovation Policy)的发展,简称 STI 政策科学,以促进创新政策制定的客观化与合理化。

此外,日本政府高度重视科技成果尤其是专利技术的转化,直接干预转化过程。一种方式为官企合作,通过日本各个省所设置的促进科技成果转化的专门机构,广泛收集科技成果,并从中遴选出适应国家发展战略需要的具有应用开发价值的科技成果,由机构出资委托企业进行开发转化。项目遴选与企业招标工作由机构的专家们负责审议,企业实施专利转化后取得的销售额需按一定比例向机构缴纳技术使用费。

另一种是官产学研合作,即对于一些重大技术项目,由政府出面谋划,高校、独立研究机构和企业共同参加,组成技术联合开发小组,并直接由企业将技术成果投入试样和批量生产。在官产学研合作中,日本政府帮助企业获得大量的专利或科技成果,并通过补贴、无息或低息贷款、税收优惠等政策给予企业研发转化和技术创新以大力支持。

(二)大学与科研机构:创新驱动的助推器

与欧美发达国家相比,日本前期的高等学校与科研机构在基础研究中的地位相对较弱。高等教育的侧重点为工程、制造和建筑专业,是应用性创新研究的基础,高校推崇与生产实践的结合。日本大学招收的学生在经过基础理论训练后,可以进入合作企业参与相关领域的研究开发工作,"工业实验室"已经成为日本理工科研究生的必修课。本科生和研究生就读工程、制造和建筑专业的学生占比超过一半,[2]毕业后是行业内进行创新和研发最重要的人力资源。同时,日本高等教育对适应创新驱动的科技人才的培养,一直都以国际化标准严

---

[1] 胡明晖.从《科学技术基本计划》看日本科技发展战略[J].科学管理研究,2012,30(2):117-120.

[2] 资料来源:G20 创新报告,2016;OECD 教育数据库,2016-08。

格要求。后期随着日本政府对基础研究的重视度大幅提升,高等院校成为创新体系中的重要主体,获取到的科研经费大幅增加,加强了学术研究信息网和学校校园网的建设。①

日本的科研机构主要为研究所,类别包括国立研究所、公立研究所、特殊法人研究所以及财团法人和社团法人研究所,主要从事产业基础、发展经济、特殊领域和特定主体委托的研究。2007 年起日本文部科学省开始实施"世界顶级水平研究所"计划,由政府每年投入 700 亿日元,在生命科学、化学、材料科学、电子工学、信息学、精密机械工学、物理学和数学等领域构建跨领域融合的世界顶级水平研究所。这些顶级研究所为吸引世界顶级专家来日本从事研究工作提供优越的条件,并支持极具魅力的高水准科研项目,形成了切实可见的人才吸引和技术创新的双重引擎。②

(三)企业：创新驱动的主导者

日本创新体系是典型的企业主导型。日本企业对研发创新非常重视,无论市场波动还是企业利润波动,日本企业始终将创新与研发视为摆脱经济萧条劣势、获得市场竞争力的关键,从而开展持续不断的创新。充足的研发资金也是企业成为创新主力军的动力来源,根据日本总务省 2014 年 12 月发布的本国研发经费统计数据,③2013 年度全国 90% 的研发经费来自企业自筹,7% 来自私立大学和非营利性组织等民间渠道,余下的少部分经费来源于政府拨款、国外大学和企业的资助。

日本的大型企业经历了由追赶转向基础研究的历程。第二次世界大战后到 20 世纪 70 年代为追赶期,日本大企业由战前旧的垄断企业拆分而来,在已经积累的原始创新能力和技术基础上,实现了丰田精益生产模式、小松质量闭环管理等生产方式的重大创新,完成了造船、铁道、汽车、建筑机械、家电等重点

① 吴忠魁.论知识经济与九十年代日本大学的科研[J].比较教育研究,1999(5):7-12.
② 王学睿.日本科技创新体系建设的新动向[J].全球科技经济瞭望,2015,30(5):1-4.
③ 甄子健.日本大企业开展基础研究情况调查[J].全球科技经济瞭望,2015,30(8):53-59.

行业的迅速追赶。泡沫经济前后,日本一直在探索应该进行何种程度的基础研究,由于此前的应用研究和开发研究成果显著,业界普遍认为追赶期已结束,应该重视企业而不是大学的基础研究,此时大企业纷纷建立中央研究院,效仿欧美。自 20 世纪 90 年代开始,随着泡沫经济的崩溃和"科学技术创造立国"政策的提出,大企业在自身强大的开发研究和应用研究能力的基础上,开始更加注重参与国家组织的官产学研联合的基础研究行动。

而一众小企业的发展模式则从模仿转向了合作,非常重视对于引进技术的消化吸收是日本企业的显著特征。20 世纪 80 年代前,小企业处于模仿创新阶段,在引进外国先进技术后花费大量的时间、经费去消化吸收,在原有科学技术的基础上进行改造及创新,改造后的技术效率超过原有技术的 30%,有时甚至可以达到几倍或几十倍之多。这一时期日本中小企业的技术水平和生产水平上升速度很快,仅 1960—1978 年的中小企业工业产值就增加了 13 倍,使日本快速实现了现代化和工业化。20 世纪 80 年代后,日本为积极促进企业间技术转移、实现知识共享和企业间研发合作,建立了日本企业合作组织 CIGs(Cross-industry Groups)。科研机构、政府组织、企业合作组织 CIGs 等外部资源在日本政府的引导下,逐渐引起日本中小企业家们的关注。受全球金融危机、欧债危机与日本大地震等因素影响,日本中小企业出现了集群式全球化经营的新趋势,意在通过集群创新掌控新技术,牢牢占据全球产业链高端,获取丰厚的经济利益。[①]

(四)社会中介机构:技术转化转移的中间人

日本的社会中介机构分为早期孵化器机构、科学城和新型科技成果转化机构三类。

企业孵化器的目的之一是为创业初期的中小企业提供较为低廉的运营成本,因此大部分日本企业孵化器的租赁费用较市价低廉。此外,由于创业企业

---

① 李俊江,彭越.日本中小企业技术创新模式的演变分析[J].现代日本经济,2015(1):86-94.

大都只有自己的一门技术,企业孵化器还有促进初创企业间、孵化企业与外部企业间沟通交流的职能。DMM.make AKIBA 是日本规模最大、设备最完善的硬件创新孵化器。

科学城常常根据本地优势及国内外环境条件,选取化工、机械、电子、高能物理等部门进行多学科多行业的优势集成,研究具有综合性,也更容易开展前瞻性技术的研发。日本知名的科学城有筑波科学城和横须贺科技园。

新型科技成果转化机构主要承担高校科技成果转化前的前期准备和转化后的后续工作,即在专利申请前对科技成果进行筛选、挖掘、评估;开展专利保护、寻求专利买方市场,负责转化后的利益分配等。日本东京大学尖端科学技术孵化株式会社就是其中的代表,为大学科技成果回馈社会功能的正常发挥起到了重要的作用。①

二、日本川崎的转型经验

(一)基本情况

川崎拥有约 152 万人口,是日本重要的工业城市之一,对第二次世界大战后的日本经济发展起到过强大的推动作用。川崎的制造业发达,有不少著名的企业在此成长起来,比如临海地区的原料加工型制造业企业——日本钢管(NKK)、昭和电工等,内陆地区的机电企业——东芝、富士通等。

(二)转型历程

1960 年以前:重化学工业迅速发展。贫穷的村庄川崎町在 1889 年诞生,1912 年町议会提出"发展工业百年不变"的长远政策目标,实施扇町(530 公顷)填海造地、扩大工业用地的计划,推进了道路、治水、水道三大基础设施建设。1924 年川崎町改为川崎市,1935 年池上町(93 公顷)填海造地计划开始实施,后来一些日本的大企业开始聚集于川崎,第二次世界大战前逐步形成以钢铁、

---

① 张玉琴.日本高校科技成果转化新举措[J].中国高校科技,2011(6):67-69.

化学、石油、造船、金属加工、电器机械等为中心的日本重化学工业生产基地。①
20 世纪 60 年代,日本经济大发展,1960 年日本石油化学和 1963 年东亚燃料工业两大石化基地相继建成并投产,使得制造业的事业所数、从业人数和制造产品的价值额等指标持续上升,川崎便抓住机遇进一步发展成为日本工业中枢京浜工业地带的大都市。但在工业生产急剧扩张的同时,空气污染、光化学烟雾、地盘下沉(过度使用地下水)等环境问题越发严重。

1960—1980 年:限制工厂扩张,保护环境。第二次世界大战后,川崎进入经济快速增长期,临海地区的钢铁、化学、石油化工以及内陆地区的金属、机械等行业扩张显著。1959 年,为防止人口、产业过度向大都市集中,日本政府出台了《工业等限制法》与《工厂立地法》,对都市中的大学和工厂的扩张等进行了严格的限制,于 1965 年对川崎实施。为保护环境,川崎在 1960 年率先制定了《环境保护条例》,对产业"公害"的发生源进行了规制。1970 年,川崎政府与日本钢管等大企业缔结了大气污染防治协定,环境污染最终在 20 世纪 70 年代末基本得到了控制。1972 年,川崎被指定为日本的政令指定都市,成为东京大都市群的有机组成部分。同年,东芝、富士通、NEC 等大型机电企业的生产基地也开始向日本其他地区转移,20 世纪 80 年代又通过直接投资向欧美及东南亚地区转移。1974—1975 年的第一次石油危机后,日本经济进入低增长时代,经济发展理念从注重产量转为注重质量,川崎率先对这一发展理念进行实践。

20 世纪 80 年代至 21 世纪:以政策推进转型。1981 年 3 月,川崎公布了《川崎市产业结构的课题与展望》(产恳提案),提出了从"量"的追求向"质"的提升的转型观点以及"产业政策与都市政策融合"的观点。20 世纪 90 年代初,川崎已累计向外迁移了 56 家占地面积 1 公顷以上的工厂,迁移面积达 261 公顷,工厂迁移后的用地大部分转为学校、物流、办公等设施用地。随着 20 世纪 90 年代大型电气机械企业从制造领域的退出,原有的转包、外发关系也随之崩

---

① 刘昌荣.川崎产业转型路[J].上海国资,2012(4):24-25.

溃,小规模制造企业的发展环境急剧恶化,很多制造企业在激烈的竞争中被淘汰,信息通信、医疗福利、专业服务、环境、房地产、教育等领域的创新型企业开始涌现。由于川崎在就业规模 300 人以下的企业实施特别融资,从事新兴行业的中小企业逐步自立起来。随着企业全球战略的展开,川崎市内的大企业在日本全国以及全球分工体系中开始演化为研究开发和服务中心。在这段调整的时期,川崎的经济发展虽陷入停滞和衰退,但产业结构却出现了巨大的变化,服务经济化趋势十分明显。进入 21 世纪,川崎相继制定了《新川崎、创造园区基本构想》《川崎临海部再生计划》《川崎市新综合计划》《川崎产业振兴计划》《川崎市科学技术振兴指南》等政策,信息和研究开发快速发展,新的创业活动高涨,资源回收利用、文化等产业作为新兴产业受到了高度关注,同时积极推动新能源的大规模运作,逐步完成了从以制造业为中心向以服务业为中心的产业结构转型。

(三)创新驱动特点

一是新型产业集聚发展。在 21 世纪"全球经济一体化——知识经济时代"的大背景下,川崎通过制定一系列政策,举办产业研讨会和设备展销会等,设立了新川崎先端研究教育协作广场,发展医疗福利产业创新网络,大幅推进医疗福利设备开发以及医疗福利体系建设;建成了川崎新产业创造中心、国际环境特区、非营利组织(NPO)法人产业环境创造联络中心、亚洲创业者之家等,有效促进了教育、环保、医疗、智能制造等新型产业集聚发展。

二是节能减排绿色发展。在环保产业领域,川崎积极推进对市内企业的环境技术以及环保产品的调查研究,加快与新环境、节能技术有关的研发设施建设,并于 2005 年创办了"环境产业论坛"。该论坛吸引了包括 77 家环保技术企业在内的许多企业、大学和科研机构参加,成为企业信息交流、共同研究、技术开发以及"绿色采购"的重要场所。

三、创新文化

（一）匠人精神

精耕细作的"匠人精神"是日本"精益创新"的最好体现。尊重匠人的传统展现在日本的各行各业，表现为对待工作严谨认真，注重细节，追求完美和极致，这不仅带来经济收入的富足和稳定，也使人从工作的细节中体会工作的价值和人生的意义。

"匠人精神"对日本创新理念的影响有两种方式：一方面，日本企业擅长"改良式"创新，执着于对功能的细化，在很多细分领域都保持着精良的制造能力，很多专利属于公司独有。另一方面，"匠人精神"注入制造业则表现为精益生产方式，它是衍生于丰田汽车生产的一种生产方式和理念，日本企业的发展在很大程度上得益于此。"精益"的精髓就是精简，减少产品在设计、生产、管理、服务、售后全过程中的浪费，因此能提高创新活动的投入—产出效果，实现客户增值和企业内部增值。[①]

（二）家内和合

日本企业强调"家内和合"的理念，[②]，表现为企业普遍实行的"终身雇佣制""年功序列工资制"和"企业内工会制度"。这一理念极大地淡化了企业所有者与从业人员的雇佣与被雇佣的关系，使企业经营者与员工之间形成"命运共同体""利益共同体"，增强了员工对企业的责任感和归属感，为企业凝聚力的培育和人力资源的有效配置提供了坚实的基础。日本企业界有识之士认为，传统文化中所具有的道德观、秩序观为企业提供了全部活动的思想基础。[③]

但是，这样的价值观沿袭至今也逐步显现出反作用，即年轻人不愿冒险，组

---

① 冯云翔.精益生产方式[M].北京：企业管理出版社，1995.
② 杨月坤.企业文化对技术创新的内在影响分析——以20世纪60年代至80年代日本为例[J].科技管理研究，2010，30（14）：294-298.
③ 谭一夫.日本式管理[M].北京：西苑出版社，2000：45.

织中论资排辈现象严重,从而阻碍了日本创新速度的提升。20 世纪六七十年代,日本曾涌现出如松下幸之助等一批杰出的企业家,但是目前日本企业家在国际上的影响力逐渐减弱;在经济高速发展期为留住熟练工人实行的"终身雇佣制"和"年功序列工资制",也意味着工龄越长工资越高,使年轻人更愿意在大公司里安稳度日而不愿冒风险创业。如今,日本企业也正在积极向美国创新文化学习,鼓励更多的企业家精神和勇于冒险的态度,将创新精神与合作精神紧密结合在一起。

(三)一期一会

"一期一会"与"匠人精神"一样,也是日本文化中独有的概念,来自日本茶道的开山祖师千利休。该理念所要表达的核心思想是:人生有很多机会一生可能只有一次,所以要真心诚意地去对待。这让日本匠人倍加珍惜每一次工艺制作或创新过程中的细节和机会。无论何时,都要事先做好充分的准备,才能在机会来临时紧紧抓住,用最好的状态和最认真的态度来对待事物。这种思想在很大程度上影响着日本工匠在创新质量上的精益求精,也是日本学术界和企业界人士最根本、最持久的竞争优势。

第四节　美欧国家的主要经验

发达国家如美国、德国一直都是工业革命的引领者,从手工业时代到机械化时代,再到信息化时代,美国、德国一直引领创新的方向,并依靠强大的技术、资金、人才优势推动着产业技术的升级换代。

一、以科技创新为引领和支撑

在历次产业技术革命以及经济从危机到复苏的周期中,科技创新都扮演了推动发达国家经济企稳回升、转型升级的重要角色。从第一次工业革命到第二次工业革命,到电气化工业时代,再到信息化时代,科学技术都无一例外地成为发达国家占领产业竞争优势的首要抓手,每次经济危机、周期调整之后,科技创新都是发达国家经济重新走向复苏、发展的核心动力。

从研发投入力度上看,美国、欧盟、日本、韩国都是世界上重要的研发大国和强国。根据欧盟发布的一份研究报告显示,2013 年美国企业研发投入达 1 937 亿欧元,占全球研发投资总额的 36%;欧盟企业研发投入规模次之,为 1 624 亿欧元,占全球的比重为 30.1%;日本 856 亿欧元,占比 15.9%,而中国企业研发投入仅为 203 亿欧元,仅占 3.8%。发达国家历史上对科技研发的重视始终保持较高的程度,在 1996 年美国、德国、日本和韩国的研发投入占 GDP 的比重就都已经突破 2%,分别为 2.4%、2.2%、2.7% 和 2.4%,并随着时间的推移不断增加,到 2011 年这四个国家的研发投入强度分别达到 2.7%、2.9%、3.4% 和 4.0%。发达国家在尖端科技领域不断取得技术突破,并加强技术成果的产业化推广,推动了产业技术升级,增强了经济增长动力。发达国家的科技成果转化率已经达到 80% 以上的水平,而中国目前只有 25% 左右。

领先的科技创新能力和创新成果转化能力,使得发达国家能够控制产业技术的制高点。据统计,第二次世界大战后发达国家的重大科技发明有 65% 在美国率先研发成功,并有 75% 在美国率先得到应用,特别是 20 世纪 50 年代以来以电子信息、航空航天和核能利用等为代表的第三次技术革命促进美国制造业结构由重化工业结构向高附加值深加工结构转变。20 世纪八九十年代美国制造业成功地完成了钢铁、汽车等生产技术的智能化改造,并大力支持高新技术产业的发展,使得 20 世纪 90 年代初期美国高新技术产品的出口占制造业出口的份额接近 40%,制造业工业增加值中高新技术产业占比接近四分之一,经过 20 世纪 80 年代政府对高新技术产业的资金投入和大力扶持,科学技术成为美国经济 20 世纪 90 年代发展的核心驱动力。

科技创新领先,并以此优势加强对技术标准的控制和知识产权的保护,进一步增强了发达国家制造业企业品牌的价值和影响力。如美国高通公司拥有所有 3 000 多项 CDMA 及相关技术的专利,这些标准已经被全球标准制定机构普遍采纳或建议采纳。高通公司已经向包括中国企业在内的全球 125 家以上电信设备制造商发放了 CDMA 专利许可,为其赚取了巨额利润;同样,以微软、苹果、波音等为代表的美国企业牢牢处在产品创造和品牌设计的金字塔顶端。品牌和技术标准已经成为发达国家保持产业竞争优势,在全球范围内占据产业价值链高端的重要手段。因此,尽管随着新兴经济体的崛起,发达国家制造业占全球的比重有一定程度下降,但发达国家制造业的核心优势仍然是产品的科技与创新,仍然掌控着高科技产业的核心竞争力,在高端制造业的优势仍远远强于后发制造业大国。

二、人才培养体系科学完备

发达国家科技创新能力强劲的根本在于先进的人才培养体系及全社会对科技创新教育的高度重视,为产业技术升级和经济发展提供了优秀的高端技术人才,使得发达国家在科技创新上能够始终保持旺盛的活力。在 1996 年,美国每百万人拥有的研究人员数量为 3 100 人,到 2011 年这一数字已经上升到 4 000 人;同期,德国每百万人中的研究人员数量则从 2 700 人上升到 4 100 人;韩国的研究人员比重上升最快,从 2 200 人上升到 5 500 人;日本则始终保持 5 000人/百万人左右的研究人员比重。

美国的科技硬实力是建立在发达的教育体系和人才培养模式基础上的。美国高等教育十分重视创新和创造,以斯坦福、哈佛、麻省理工为代表的著名高校聚集了全球的精英人才,鼓励自由创意,并支持从创意到实现市场价值的全链条创新,形成了"创新梦工场""CEO 的摇篮""知识资本再造"的人才培养和科技创新模式。同时,在政府、企业和大学的全面合作下,美国已经形成了遍布全国的工业实验室,为美国产业发展培育了一系列重要的技术和研发人才。1913 年,美国全国大约只有 50 个工业实验室;但到 1931 年,几乎稍大一些的公司都开始建立自己的工业实验室,其数目超过了 1 600 家;1940 年达 3 450 家,

1956 年为 4 838 家。到 20 世纪 70 年代末,大约有 15 500 家公司拥有自己的工业实验室,工业实验室拥有的科技人员数量占美国科技人员总量的 70% 以上。

德国在鼓励高端研发人员培养的基础上,也十分重视职业技术教育在产业发展中的推动作用。德国的《职业技术培训法》规定青年人必须参加技术培训,企业有义务为青年工人提供技术培训岗位,使得德国在生产一线的技术人员能够参加到技术创新活动之中,通过学校和企业的密切合作,德国能够培养出大批高素质的产业技术工人,从而保障了德国制造业在全球始终保持高强的竞争力。德国非常注重职业技术培训,其中参加制造业培训的人才占比达到 35% 以上。在高等教育中,德国通过建立学生实验室等方式鼓励学生进入技术工程师行业发展。同时,为弥补国内人才短缺的状况,德国通过人才迁移计划来吸引国际专业人才。

三、融资体系完善健全

产业技术创新是高风险活动,发达国家为鼓励技术创新建立了高效的投融资支持机制,实现了风险分担,降低了全社会的创新风险和成本。从产业组织的角度来看,发达国家如美国、日本、德国等都是以企业作为技术创新的主体,但政府给予大量的资金扶植,引导并形成主导产业的企业整合资源,进行行业整体的合作研发,以组织化、系统化的创新模式与其他国家展开产业竞争,产业集中度高的同时,企业的合作度也很高。美国崇尚自由市场经济,但在新一轮产业技术革命中还是由联邦政府主导建立了制造业创新网络,计划建立 45 个制造业创新研究中心,政府提供初始资金,在竞争环境下由企业、高校、科研机构等合作进行创新研究,并基本上是分别设在 45 个不同的州,根据各州的资源禀赋和产业技术优势来安排。

同时,风险投资的高度发达为创新活动提供了重要的资金支持。美国的工业创新实验室一方面受到企业的高度支持,同时风险投资也高度关注并且能够提前介入,使得工业创新实验室保持充裕的经费。经过 20 世纪八九十年代的发展,美国已经形成了一套完备的风险投资机制,尤其是向高新技术产业的中小公司的投资,使这些公司在发展高新技术的过程中得以迅速腾飞,如苹果公司正是依靠风险资本的模式建立起来的。核心技术加上风险资本的投入,推动了美国的产业格局由传统的钢铁、汽车、建筑工业向高新技术的制造产业转变。

目前,美国发达的资本市场为科技创新和产业发展提供了充足的资本来源,美国软件行业的93.6%、半导体行业的84.8%、计算机及外围设备的84.5%、通信行业的81.7%的上市公司都在纳斯达克上市,微软、英特尔、雅虎、苹果、戴尔等著名的高科技企业的发展壮大,也都离不开美国灵活、快捷的融资市场机制的支持。

在支持企业创新创业的融资体系中,对中小企业的支持是美国和德国都特别注重的,因为中小企业的创新活力是制造业转型升级的重要动力源泉,中小企业的成长壮大将直接改变制造业的产业结构,完成对传统产业的升级换代。

为支持中小企业的发展,美国在1953年成立了中小企业管理局,这是由美国政府发起设立的为中小企业提供资金支持、推动公私合作、提供咨询和培训服务的专门机构。中小企业管理局的设立和运营,直接帮助中小企业获得多元融资来源,包括提供创新研发资金、商业贷款担保、风险资金以及和联邦政府部门合作进行研发等,通过政府对中小企业的扶植和培养,大大提高了创业创新活动的成功率,促进了万众创业的展开,对激发民间的创新创造活力发挥了重要作用。在美国的制造业转型升级过程中,中小企业发挥了较高效率,在技术创新、创造就业等方面为美国经济增长做出了积极贡献。美国的统计数据表明,美国中小企业的创新成果占全国总量的50%以上。

虽然德国资本市场发达程度不如美国,但德国建立了由政府、商业银行、担保银行和行业协会等这些主体共同参与、风险共担、收益共享的中小企业社会化融资体系,为中小企业进行技术创新、市场拓展提供了有效的融资支持。德国政府的作用是通过《德国复兴信贷银行法》保障开发性银行在中小企业融资体系中的引导和带动作用,建立了以开发性金融机构为核心的中小企业融资体系,政府为开发性金融机构和担保银行提供一定的政府担保和长期低息贷款,并通过减免税收等办法,降低了金融机构和担保银行的融资风险和成本。商业银行和行业协会以及其他中介机构共同服务于中小企业的融资需求,通过建立长期的合作关系,形成了信息共享、风险共控的融资模式。特别是在中小企业的技术研发方面,德国政府可以通过财政补助、税收优惠、低息贷款等方式直接提供支持,为德国中小企业的创新活动建立了良好的融资环境。据德国政府的调查,在本次金融危机发生后,有81%的中小企业认为自身信贷融资环境没有受到金融危机影响;19%受到金融危机影响的企业最终也有16%得到了贷款,不能获得银行信贷的仅占3%。可见德国多方主体共同参与的社会化融资体系为德国中小企业的创新经营活动提供了充足的融资保证,是德国企业能够长期保持旺盛的创新活力和市场竞争力的重要保障。

第五节　亚洲发达国家的经验

日本、韩国、新加坡等亚洲发达国家,都是从战后重建起步快速实现了产业升级,并进入高收入国家行列的国家。它们依靠强有力的国家战略实现了从进口替代到出口导向,再到发展高新技术产业及现代服务业的产业升级过程。作为创新型经济体的代表,日本、韩国、新加坡的经验同样值得我国学习借鉴。

一、政策明确,科学发展

日本是第二次世界大战后第一个实现经济赶超战略的工业化国家,通过产业政策体系提高资源配置效率,重点依靠主导产业部门的快速发展带动日本经济起飞。产业政策发挥作用和市场机制有效结合,加快了日本的产业结构调整步伐。20世纪50年代日本重点发展钢铁、电力和造船等产业,奠定了工业化的基础;20世纪60年代开始,日本确立了"贸易立国"战略,重点通过提高重化工业的国际竞争力带动产业结构的升级,并实现了国民生产总值"超英赶美",成为世界第二大经济体;20世纪70—80年代,日本政府将知识密集型产业作为产业结构升级的重点,提出了"创造性知识密集型"的产业政策。政府大幅增加了科技研发的投资,政府主持或参与重点科技领域的科研项目,建立了产学研政府等多位一体的科研体制,促进了知识密集型产业的发展。20世纪90年代之后日本倡导"环境、经济、社会可持续发展"的产业政策,由单一以增长为目标,转向以"生活大国"为目标,经济增长方式由出口主导型向内需主导型转变。21世纪以来,日本在产业结构中注重技术革新与国际竞争力的提高,产业技术政策成为这一时期的主要特征。第二次世界大战后几十年是日本产业发展最快、产业结构变动最大的时期,日本的制造业快速实现赶超,是日本政府审时度势正确制定产业发展战略的结果,合理制定并实施产业政策无疑是日本产业迅速发展和产业结构迅速趋向高级化的重要推动力。

　　韩国的市场经济体制政府的主导作用很强,在20世纪80年代之前,韩国的国家指导性计划对经济的干预程度较高。韩国的产业政策直接由政府作出并执行,每一项产业政策都有明确的发展计划和政府优惠政策支持。第二次世界大战后初期,为稳定经济和社会,满足居民消费需要,韩国产业政策的重点放在了消费品工业,实施了进口替代战略。20世纪60—70年代韩国开始实施出口导向战略,采取了一系列支持出口的贸易和金融政策,产业政策的重点放在了轻纺工业。20世纪70年代,韩国产业政策转向了重化工业,先后制定了七个重化工业优先发展的《特别工业振兴法》,如造船、钢铁、汽车、有色、化学、机械、电子等,在政策措施上建立了国家投资基金,为大型项目投资提供优惠利率贷款,并对国内产业进行了贸易保护。20世纪80年代以后,韩国发展战略转向了"科技立国",产业政策的重点是发展技术密集型产业,在对传统产业进行技术改造和升级的同时,重点发展信息产业、新材料、精密仪器及生物工程等,推动了韩国制造业的转型升级。亚洲金融危机之后,韩国政府确立了产业结构高技术化的发展方向,推动大企业集团的产业结构调整,并注重对中小企业自主创新能力的培育,在资金、税收、土地等方面给予积极的帮助和支持,增强了韩国产业的技术创新能力。21世纪以来,韩国的产业政策继续注重产业的升级换代,推出了一些产业振兴计划,加快了传统优势产业的改造升级,并重点扶持精密机械、信息通信、环保和生物工程等新兴产业,努力向知识密集型产业结构升级。

新加坡同样经历了从进口替代向出口导向转变。在发展重化工业基础上继续向高新技术产业升级的过程,新加坡政府在推动制造业转型升级方面发挥了重要的作用,在每一个发展阶段,新加坡政府都会结合新的经济环境和国际环境制定合理的产业政策来指导产业结构的转型与发展。20世纪80年代,新加坡政府主动推行"第二次工业革命"的经济充足计划,积极利用外资,推动新加坡产业结构从劳动密集、技术低端环节向资本密集、高技术和高附加值领域转变。政府积极引导,推动发展了电子信息、生物工程、高端装备制造等资本和技术密集型产业。20世纪90年代后,新加坡政府制定并实施了制造业M2000计划,重点支持发展电子信息、航空航天、生物技术、精密制造业等高附加值制造业。21世纪以来,新加坡政府又制定了"二十一世纪工业计划",重点促进高新技术产业及现代服务业的融合发展,打造知识主导型产业结构。

二、弥补短板,高效发展

由于资源匮乏,日本十分重视技术创新在经济发展中的作用,在工业化发展的初期,作为追赶型经济体,日本确立了积极引进国外先进技术的技术创新策略,根据本国的生产要素现状、吸收创新能力等,突出重点、多渠道、多形式引进适用的先进技术,并通过鼓励企业在应用中进行消化、吸收等二次创新,逐步建立起自主的技术创新体系,在较短时间内成功缩小了与欧美等先进国家的技术差距。据统计,1950—1975年日本共引进了26 000项左右的先进技术,为此支付的外汇总额不到60亿美元,仅为先进国家这些技术研发成本的1/30。据日本自己的研究推算,通过直接引进利用国外的先进技术,使得日本节约了2/3的时间和9/10的研发费用,就成功实现了赶超英美的目标。为了实现经济增长,日本还加强了政府、企业、高校、科技机构紧密结合,通力合作,快速提升了本国的自主创新能力。目前,日本全国有 400 多所大专院校的科研机构和实验室主要从事尖端技术的理论研究,700 多个国家或地方科研机构主要从事投资多、风险大、对社会经济发展和科技进步影响深远的重大课题的研究,17 000 多家企业机构主要从事生产技术的应用研究,日本政府则从全局的角度进行规制与指导,运用法律、经济、行政等手段促进科技与产业紧密结合,促进了日本经济的高速增长。

韩国为鼓励和支持企业技术创新,在财税政策上给予了大量的优惠待遇,为此韩国政府制定了多项支持技术创新的政策立法。从 20 世纪 60 年代开始,韩国提出了"技术立国"的方针,从 1962 到 1985 年,韩国共引进技术 35 272 次,节约了技术研发的时间和费用,促进了产业技术升级。1982—1988 年,韩国把电子电器技术作为引进的重点,引进总量占全部技术引进的 32.1%。同时,韩国政府先后制定并颁布了《科学技术振兴法》《新技术产业化投资税金扣除制度》《科研设备投资税金扣除制度》《技术转让减免所得税制度》《技术研究开发促进法》等法律、制度,主要通过减免税收、设备折旧、投资抵免税收等方面鼓励企业的技术创新。减免的税收涉及设备进口税、土地税、技术转让的流转税和所得税等,并通过加速研发设备折旧、新技术产业化投资抵免税收等方式,有效地降低了企业的技术研发成本,分担了部分创新风险,增强了财税政策对科技进步和经济增长的支持作用。韩国政府还专门成立了由总统直接管理的"技术振兴审议会",研究全球科技动向,审议和调整国内科技政策,解决重大问题。

新加坡在发展理念上就十分注重产业创新,如 1998 年提出《创意新加坡计划》,2002 年提出《创意产业的全面发展规划》,2005 年发布《智慧国 2015》蓝图等,对新加坡产业升级起到了积极的引导和帮助作用。同时新加坡专门成立了"研究、创新及企业理事会",通过政府和企业的高效合作,不断增加科技创新投入;在利用外资方面,新加坡以优厚的条件吸引世界一流企业到新加坡设立地区总部,重点吸引跨国公司的核心技术产品、研发部门落地新加坡,并以此为龙头促进新加坡产业的集群化发展。

三、优化组织，特色发展

日本的产业组织的最大特点是利用国际分工,通过产业转移,发展雁阵模式,促进本土产业结构的升级换代。在雁阵模式理论中,日本把失去比较优势的产业逐步向四小龙、东南亚、中国沿海等地区转移,日本则作为雁阵的雁首,重点发展产业链的核心环节,保持制造业的核心竞争优势。20世纪70年代开始,日本产业结构向重化工业转变的同时,日本的纺织业首先开始向国外转移,国内逐步建立了资本密集型产业体系;20世纪80年代后,由于两次石油危机的冲击,推动日本将高耗能的钢铁、造船、石化等产业产能逐步转移出去,在国内确立了技术密集型的产业发展战略和目标,将机械、汽车、半导体等产业作为重点发展领域。通过产业转移,日本充分利用了国际分工的优势,促进了本国的产业结构升级。

韩国的产业组织形式的特点是组建了大型企业集团,为快速实现经济的转型发展,20世纪70年代开始韩国政府通过国家建立投资基金、提供优惠利率、财政和贸易政策的积极支持等方式,扶持建立了一批大型企业集团,并不断巩固和提升韩国龙头企业的全球竞争力。这些大型企业集团在韩国经济中的地位十分重要,据统计,三星、现代、SK、LG和KT(韩国电信)等大企业集团创造的产值在韩国的国民经济中所占比重已超过60%。以大型企业集团为龙头,带动了韩国整个制造业部门的快速发展。韩国的大企业集团战略,适应了韩国工业基础薄弱、国内市场较小、出口导向发展战略等国情特点,能够有效提高韩国产业集中度,减少国内竞争,集中资源促进出口,增强国际竞争力。同时政府和大企业集团的密切合作,能够有效落实国家的各项产业政策,提高创新效率,降低创新风险,推动产业转型升级顺利进行。

新加坡最有特点的产业组织形式是建立了以淡马锡为代表的国有企业集团,通过政府、国有企业和其他企业合作的形式,积极推动政府的鼓励创新政策

的落实,有效克服了产业创新存在的投资大、周期长、风险高等困难;而且通过
公私合作伙伴模式(PPP 模式),政府能够有效引领产业发展升级的方向,提高
资源配置效率,为新加坡经济实现快速赶超发挥了重要作用。

第六节 对我国的启示

一、促进政产学研协同创新

政产学研协作直接有效地将政府、产业界和科研界的活动联结起来,能够
有效发挥创新体系各主体的作用,形成科研—生产—销售一体化模式。纵观欧
美和日本等国的创新历程可以发现,一流的创新能力离不开完整成熟的政产学
研体制。中国在分析以上国家的基础上可以得到一些有益的启示。

(一)发挥政府主导作用

目前,科技协同创新已经上升为一种国家行为,政府在创新政策的制定以
及实施,再到科研成果的产业化等过程,要积极发挥主导作用。一方面,政府通
过科研经费投入力度的引导,带动企业、社会的多元化投入,引入和吸引多渠道
资本;另一方面,政府组织挑选符合我国重大急需、具有市场前沿和重要价值的
高技术协同创新项目,予以重点培育和稳定支持,主动分担创新成本和风险并
培育创新主体和市场,建立协同创新资源优化配置的新机制;此外,政府推动科
技中介服务网络的建设,形成多样化技术转移对接渠道,架构科技成果和产业
需求沟通联动桥梁,加快区域协同创新和成果转化,进一步优化创新体系。

(二)明晰需求导向作用

以需求为导向的理念认为是市场需求推动了科技创新。根据市场和客户
需求选择发展的重点技术领域,能够促使创新以更加务实、更加稳健的步伐不
断驱动发展。我国的协同创新中心建设也提出以需求为导向的建设原则,支持

高校紧密围绕区域发展中的重大科技需求,着力研究和解决制约产业行业发展的关键技术和科学问题,但其实施效果却有较大的差别。其主要原因还是在于评价机制的问题。

以德国为例,德国拥有较为成熟的市场机制,其对创新价值的评判更主要的是考核其市场化应用成效、对创新链整体价值的贡献以及有效协同度等,没有对论文、专利、获奖等显性定量成果的评估要求。与德国相比,中国的市场机制尚不完善,依据市场判断创新价值的环境和条件尚不成熟,对协同创新绩效的检验和评估虽然也强调协同创新的成效,但在实际操作过程中关注论文、专利、获奖等能够定量化的显性指标较多且占有较大比重。因此有必要借鉴德国经验,更加明晰和把握需求导向内涵,深化协同创新的新理解和新认知,更加注重业内和市场的认可,促进高校、企业等创新要素通过长期、多层次的协同来孕育未来的发展,而不是仅仅追求短暂的利益增长①。

(三)加强国际交流与合作

随着全球经济和市场的国际化,科技创新竞争也日趋国际化,要以国际化视野谋划推动科技创新。加强国际交流与合作,一方面,需要走出去主动了解国际协同创新;另一方面,要以协同创新中心为载体,培养和引进一大批具有国际视野、能够参与国际竞争的创新人才,进一步提升协同创新水平。②

二、高度重视基础研究

国际经验证明,国家创新发展"长周期"依赖于繁荣的基础研究催生出的重大科学发现和重大技术创新。经济社会发展到一定的"瓶颈"时期,会对某些领域的基础研究提出强烈需求。在成熟的市场机制和严格的知识产权保护环境下,这些基础性、前瞻性研究往往会吸引科学家和企业家的关注,导致社会投资显著性增加,进而带动广泛领域的科学技术进步。我国可以从以下几点着力完

---

①② 薛万新.德国产学研协同创新驱动机制及其对我国的启示[J].创新科技,2017(1):4-8.

善基础研究创新体系的建设。

（一）健全科技政策咨询机制

发挥好科学家、企业家在科技决策咨询体系中的作用，更好地选准优先方向。全面布局基础研究和技术研究，动态部署前沿探索、颠覆性创新等重大研究，突出科学、技术、产业交叉融合。依托战略科技力量，聚集国内外一流人才，稳定支持一批基础性、挑战性强的攻坚任务。

（二）夯实基础研究实力储备

建立相对稳定的学科布局和灵活柔性的调节机制，在重点、前沿、新兴、交叉、边缘、薄弱学科，多渠道提高投入，促进优势学科、潜力学科、短板学科和新兴学科协调发展。健全科研基础设施建设和仪器设备研发供给等支撑体系，培养造就一大批卓越的科学家和工程师。

（三）构建高效的知识生产和应用体系

优化知识生产和应用的基础结构，增进科学、技术与创新的"双向互动"关系，有针对性地促进知识生产与转化应用形成良性循环。密切知识生产供需对接，促进以国防、民生为标志的重大项目和重大工程匹配定向基础研究任务，强化知识的"累积效应"和"组合效应"。

（四）保证基础研究人才队伍源头供给

着力推进科教融合、产教融合，促进基础研究教育与科学、技术、创新实践相结合。扩大理工科教师和学生规模，提高本科生生源质量。改革研究生培养机制，改进博士后制度，切实提高研究生和博士后培养质量。

（五）培育尊崇科学的文化氛围

先进生产力产生于公众理解和支持科学的社会文化氛围中。伟大的科学家影响一个时代。更多地宣扬科学家热爱祖国、献身科学、追求真理、淡泊名利的科学精神，引导学风转变。加强科学教育，促进全民提升科学素质、养成科学兴趣,形成热爱科学、尊崇科学的社会文化风尚。①

三、不断完善市场机制

国际经验表明,无论是建立以需求为导向的评价机制,还是大力发展基础研究,都离不开市场机制的作用。政府要尊重市场机制在激励创新、配置创新资源方面的决定性作用,尊重市场运行规律与市场参与主体意愿,弥补市场机制在公共领域运行所存在的不足,为市场主体进行创新活动以及创新主体之间进行协调与合作营造良好的外部环境。具体措施有以下几个方面。

(一)建立知识产权保护的长效机制

对知识产权的合理有效保护,不仅能保障投资者的利益,也能够保护相关产业的健康发展。建立知识产权保护的长效机制。以典型创新型国家为例,日本的《知识产权基本法》中明确提出立法的目的就是有关知识财产创造、保护和利用的基本理念和实现方法进行基本规定。我国应该敦促相关法律的制定,修改职务发明相关的法律规定,理顺职务发明人及其所属机构之间的责任、义务及利益分配关系,增强对职务发明人创新活动的激励。

(二)建立公平竞争的市场环境

一方面,政务流程简化审批流程,促进不同类型企业公平进入市场,充分释放企业的投资潜力和发展活力;另一方面要发挥法律的规范作用。制定系统的公平竞争法,旨在形成有效、有序竞争的法律制度环境,以切实保障"各种所有制经济依法平等使用生产要素,公平参与市场竞争,同等受法律保护",禁止大企业限制市场竞争的行为或者其他不利于公平竞争的行为。

(三)推进结构性改革

既要推进要素市场化改革,加快转变政府主导的资源配置方式,充分发挥

① 万劲波,赵兰香.加强对基础研究是创新源头的认知[N].光明日报,2018-09-06(14).

市场在资源配置中的决定性作用。又要加快金融体制改革,放松准入管制,严格监管,建立多层次的市场金融体系,提升金融市场配置科技资源与促进科技创新的能力。

(四)调整产业政策取向

目前我国产业政策模式习惯挑选特定产业与特定企业给予优惠或补贴的政策。要加大力度调整产业政策取向,向以完善和规范市场秩序、维护公平的竞争环境为特征的功能型产业政策转变,为企业创新能力与竞争力提升创造良好的市场与制度环境。

四、创新人才培养与激励机制

国际经验表明,只有保证创新人才的储备和参与、发挥智力资本的作用,才能确保丰富的创新来源。否则,创新活动只能成为无源之水、无本之木。我国应进一步完善创新人才特别是高水平留学人才的培养和激励机制,吸引更多高科技人才服务于实体经济并开展创新创业活动。

(一)进一步推动教育改革

当前,我国创新型科技人才的质量和规模远不能满足建设创新型国家的需求。要进一步加强创新教育体系设计和人才培养。首先,在基础教育阶段,要加强创新思维的培养,在中小学设置创新课堂,引导创新理念形成潜移默化的效果。其次,强化大学教育的创新导向,鼓励各类研发组织发挥教育和人才培养功能,加强培养适应新科技变革和产业革命的知识型技能型人才,并注重与产业需求的结合。再次,鼓励高校和科研机构建立和完善科技人员学术休假制度,鼓励科学家和技术人员在此期间进行成果完善和创意提炼。[①] 最后,应推进实施领军人才培养计划,注重顶尖创新科技人才的选拔和培养。

---

① 封颖,吴家喜,李恩敬.印度政府科技创新管理重大战略转型与政策趋势及对中国的启示[J].中国科技论坛,2014(2):140-144.

（二）增加吸引优秀人才的举措

通过完善外籍人才居留、签证等法规政策,加大优秀人才引进力度,广泛吸引海外科技顶尖人才;改革创新人才评价机制,取消年龄、学历、职称等不合理的限制,建立起更注重核心能力的人才评价新机制。

（三）健全人才流动机制

要释放创新活力,就要打破人才在不同地域、行业、企业间的流动壁垒,降低流动成本;提高社会整体的流动性,更好地发挥人才价值,创造更多的思维碰撞机会,激发创新潜力。

（四）建立健全创新激励和风险分担机制

重视治理劳动成果的市场价值,遵循按"智"分配导向,适当允许科研人员参加企业商业化、产业化环节,明确股权、激励、分红等激励机制;建立起政府、创新企业、投资人和社会共担风险的架构,鼓励并支持企业采取更加大胆的创新举措。

五、完善金融体系

国际经验表明,技术创新具有高产出、高投入、高风险的特性,因此十分需要金融体系通过信息披露、分散风险等手段来提供更加匹配的资金保障和支持。发达国家在支持本国高科技产业的过程中,逐步建立和完善了科技创新的金融支持体系。以下经验适用于我国,值得借鉴。

（一）深化银行体制改革

第一,鼓励商业银行丰富科技信贷产品体系,创新科技金融服务模式。开发和完善适合科技企业融资需求特点的授信模式,积极向科技企业提供开户、结算、融资、理财、现金管理和科技保险等在内的一揽子综合金融服务。第二,稳步推进投贷联动试点。投贷联动是国家创新驱动发展战略的重要实践和创新,不仅能够提升银行业对科技创新的金融供给能力,而且也有利于促进银行自身实现转型发展。第三,加快完善现有科技银行体系。第四,探索设立专门支持科技创新的政策性银行。一方面,政策性银行可以灵活地通过低息贷款、次级贷款、股权融资等多种形式,为科技创新企业提供低成本融资支持;另一方面,政策性银行可以有效发挥引导作用,通过向商业银行提供低成本资金,鼓励商业银行加大对企业创新活动的融资支持力度。[①]

(二)创业风险投资

我国重视发展风险投资与科技企业创新,从扶持中小科技企业发展、积极引导社会资金进入风险投资机构、改善现有风险投资机构管理模式、健全多层次资本市场、完善风险资本的退出机制等方面促进风险投资发展,规范地引导更多资金流向科技创新型企业。

六、建立本国特色的创新文化

创新文化是实施创新驱动发展战略的根基和土壤,是创新行为和绩效的重要决定因素,是根植于组织内部和个人内心的特定创新理念、创新意识、创新思维、创新精神,能够让组织和个人形成理性自觉和共同习惯。[②] 迈克尔·波特曾经说过:"基于文化的优势是最根本的、最难模仿的、最持久的竞争优势。"

(一)从中华传统文化中挖掘价值

要塑造我国的创新文化,就要将其作为一种文化精神融入民族或群体的文化中,[③]并营造出创新文化氛围和文化环境,形成鼓励创新实践者进行自由探索的氛围、鼓励创新并宽容失败的环境。中华五千年文化中,春秋战国时期的"百家争鸣"就是典型的崇尚创新和宽容失败的文化氛围。另外,还可以推崇科技创新的"君子文化",强调科技创新的内外一致、表里如一,培养创新者的文化精

---

① 李艳.金融支持科技创新的国际经验与政策建议[J].西南金融,2017(4):3-7.
② 刘那日苏.资源型地区创新驱动发展研究[M].北京:经济管理出版社,2019:116.
③ 许玉乾.创新文化:建设创新型国家的新课题[J].探索,2006(3):138-142.

神和人文情怀,不断深化创新人力资源的内涵,成为创新的人文典范。

(二)开展文化活动营造创新氛围

文化的功能在于它是信息载体,在于生长于同一文化土壤的人们共享着它所承载的信息。要形成科技创新的文化氛围,就要开展具有一定规模、一定频次、受众广泛的文化活动,日本的经验值得学习。近年来,日本积极举办面向民众的科技兴趣活动,在全社会营造创新的文化氛围,比较著名的有 2010 年开始的东京科技文化节,现已发展成为日本科技交流与创新科普的盛会。我国可以开展面向不同受众水平、不同行业的多层次、分领域文化活动,既帮助普通民众学习创新科普,又鼓励学术探讨、行业交流,进而形成创新驱动。

参考文献

[1] JAFFE A B, PALMER J K. Environmental Regulation and Innovation：A Panel Data Study[J]. Review of Economics and Statistics，1997，79(4)：610-619.

[2] JOSEPH A Schumpeter. The Theory of Economic Development：An Inquiry Into Profits，Capital，Credit，Interest，and the Business Cycle [M]. Cambridge，Mass.：Harvard University Press，1934.

[3] Paul Triolo，李开复.中国的人工智能革命:理解中国的结构性优势[J].机器人产业,2018(1):83-95.

[4] 阿伦·拉奥,皮埃罗·斯加鲁菲.硅谷百年史[M].闫景立,侯爱华,译.北京:人民邮电出版社,2014.

[5] 卞志村,王宇琨,笪哲.加快构建支持创新型国家建设的现代金融体系[J].东北财经大学学报,2018(5):74-80.

[6] 曹宇雯.试论我国生物医药产业发展现状及对策[J].经济师,2017(6):82-83.

[7] 曾万平.我国资源型城市转型政策研究[D].北京:财政部财政科学研究所,2013.

[8] 查英青.科技创新与中国现代化[M].北京:中共中央党校出版社,2004.

[9] 查英青.新中国自主创新道路的探索与发展特色[J].党史研究与教学,2009(6):47-52.

[10] 陈斌开,陈琳,谭安邦.理解中国消费不足:基于文献的评述[J].世界经济,2014,37(7):3-22.

[11] 陈劲,尹西明,梅亮.整合式创新:基于东方智慧的新兴创新范式[J].技

术经济,2017,36(12):1-10,29.

[12] 陈劲,尹西明.建设新型国家创新生态系统 加速国企创新发展[J].科学学与科学技术管理,2018,39(11):19-30.

[13] 陈劲.关于构建新型国家创新体系的思考[J].中国科学院院刊,2018,33(5):479-483.

[14] 陈劲.科技创新:中国未来30年强国之路[M].北京:中国大百科全书出版社,2020.

[15] 陈劲.企业创新生态系统论[M].北京:科学出版社,2017.

[16] 陈劲.协同创新[M].杭州:浙江大学出版社,2012.

[17] 第四届世界互联网大会.世界互联网大会蓝皮书:数字经济成为中国经济新引擎[N].人民日报,2017-12-22.

[18] 董丽丽.北京科技创新中心建设研究[J].创新创业,2020(11):166-167.

[19] 杜宏巍.我国知识产权战略面临的挑战与对策[J].宏观经济管理,2020(3):61-66,79.

[20] 封颖,吴家喜,李恩敬.印度政府科技创新管理重大战略转型与政策趋势及对中国的启示[J].中国科技论坛,2014(2):140-144.

[21] 冯俏彬.论供给侧结构性改革的三大要义[EB/OL].新华网,2016-06-14.

[22] 冯云翔.精益生产方式[M].北京:企业管理出版社,1995.

[23] 傅小随.先行示范区要加快构建更具弹性的审慎包容监管制度[J].特区实践与理论,2020(1):74-79.

[24] 辜胜阻,王敏.支持创新型国家建设的财税政策体系研究[J].财政研究,2012(10):19-22.

[25] 广东省社会科学院经济研究所课题组.广东产业转型升级指数评价研究报告(2019)[R/OL].南方网,2020-01-21.

[26] 郭春丽,王蕴,易信,等.正确认识和有效推动高质量发展[J].宏观经济

管理,2018(4):18-25.

[27] 郭春丽,易信,何明洋.推动高质量发展面临的难题及破解之策[J].宏观经济管理,2019(1):7-14.

[28] 郭瑞东.着力推进产学研用一体化[N].河北日报,2018-08-22(7).

[29] 国研智库与江苏省商务厅研究项目组.以开放创新助推高质量发展——以江苏开放创新为例:上[J].中国发展观察,2020,9(10):107-113.

[30] 何凤秋,常虹.构建多层次、多元化事业单位高层次人才激励机制[J].劳动保障世界(理论版),2011(6):4-9.

[31] 洪慧民.推动实体经济与数字经济融合发展[J].中国政协,2019(12):17.

[32] 洪银兴.论创新驱动经济发展战略[J].经济学家,2013(1):5-11.

[33] 胡翠平.以知识产权保护来促进创新驱动发展战略实施对策的研究[J].河南科技,2017(24):39-42.

[34] 胡明晖.从《科学技术基本计划》看日本科技发展战略[J].科学管理研究,2012,30(2):117-120.

[35] 胡晓晶,喻继军,李江风.资源型城市转型中旅游业地位与作用研究[J].资源与产业,2007(2):5-8.

[36] 湖南大学经贸学院,刘建民,吴静静.产业创新体系的建构机理[N].光明日报,2008-08-26(10).

[37] 黄露.自主创新对企业价值的影响研究[D].南昌:江西师范大学,2018.

[38] 黄瑶.高校科技产业财务管理与风险控制研究[D].昆明:昆明理工大学,2007.

[39] 江胜蓝.数字化转型的浙江实践[J].政策瞭望,2019(12):34-36.

[40] 江泽民.在全国科学技术大会上的讲话[N].人民日报,1995-05-26.

[41] 姜立杰.匹兹堡——成功的转型城市[J].前沿,2005(6):152-156.

［42］角南笃,黑川清,方陵生.日本"失去十年"的科技发展之路［J］.世界科学,2009(4):3-4.

［43］教育部.加快推进线上优质教育资源建设与共享［EB/OL］.央广网,2020-05-14.

［44］李成霞.数字经济与数字农业理论综述［J］.经济管理(全文版),2018(11):9.

［45］李福鹏.科技与社会的良性互动——以战后日本为例［J］.中国科技信息,2016(24):103-104.

［46］李洪文.我国创新驱动发展面临的问题与对策研究［J］.科学管理研究,2013,31(3):26-29.

［47］李俊江,彭越.日本中小企业技术创新模式的演变分析［J］.现代日本经济,2015(1):86-94.

［48］李凌.创新驱动高质量发展［M］.上海:上海社会科学院出版社,2018.

［49］李明杰.创新驱动发展面临的问题与对策［J］.经贸实践,2017(14):63.

［50］李文军,齐建国,等.创新驱动发展理论、问题与对策［M］.北京:社会科学文献出版社,2018.

［51］李艳.金融支持科技创新的国际经验与政策建议［J］.西南金融,2017(4):3-7.

［52］李振营.美国钢都匹兹堡兴衰初探［J］.泉州师范学院学报(社会科学),2007(9):122-127.

［53］李正信.匹兹堡成功转型:从"钢城"到高科技研发中心［N］.经济日报,2009-09-30(15).

［54］李钟文,等.硅谷优势——创新与创业精神的栖息地［M］.北京:人民出版社,2002.

［55］林涵."两弹一星"工程对新中国科学传统的影响研究［D］.长沙:国防科学技术大学,2011.

[56] 刘昌荣.川崎产业转型路[J].上海国资,2012(4):24-25.

[57] 刘方."十三五"时期提升创新能力的思路[J].宏观经济管理,2015(5):23-25.

[58] 刘佳佳,徐紫若,崔晓.创新驱动对企业发展自主品牌的影响因素分析——以徐州地区为例[J].辽宁农业职业技术学院学报,2016,18(5):52-54.

[59] 刘克崮,王瑛,李敏波.深化改革 建设投融资并重的资本市场[J].管理世界,2013(8):1-5.

[60] 刘丽娜.匹兹堡:从"人间地狱"到"绿色天堂"[N].新华每日电讯,2010-03-04(11).

[61] 刘莉.城市产业结构转型:匹兹堡标本[N].东方早报,2009-09-24(12).

[62] 刘那日苏.资源型地区创新驱动发展研究[M].北京:经济管理出版社,2019.

[63] 刘学敏,赵辉.德国鲁尔工业区产业转型的经验[N].中国经济时报,2015-11-24(5).

[64] 刘艳,张光宇,刘贻新,等.广东改革开放四十年创新发展的实践与启示[J].社会工作与管理,2019,19(4):95-101.

[65] 刘悦,张嵋喆.新形势下中国特色自主创新道路的选择[J].中国经贸导刊,2015(9):17-18,25.

[66] 刘志彪.从后发到先发:关于实施创新驱动战略的理论思考[J].产业经济研究,2011(4):1-7.

[67] 柳卸林,王曦,周聪.中国创新驱动发展模式的分析:基于创新前沿地区的考察[M].北京:科学出版社,2018.

[68] 柳卸林,徐晓丹,高太山.广东区域创新能力分析——基于《中国区域创新能力评价报告2019》的解读[J].广东科技,2019(12):15-19.

[69] 罗晓梅,陈纯柱,等.增强中国创新驱动发展的动力机制研究[M].北京:

中国社会科学出版社,2017.

[70] 罗长远,张军.经济发展中的劳动收入占比:基于中国产业数据的实证研究[J].中国社会科学,2009(4):65-79.

[71] 马秋君,邢菲菲.北京市科技担保问题研究[J].科学管理研究,2011(6):108-111.

[72] 马艳艳,刘凤朝,孙玉涛.中国大学-企业专利申请合作网络研究[J].科学学研究,2011,29(3):390-395,332.

[73] 迈克尔·波特.国家竞争优势[M].李明轩,邱如美,译.台北:天下远见出版公司,1996.

[74] 邱丹逸,袁永,胡海鹏,等.我国科研院所改革发展政策措施研究[J].科学管理研究,2018,36(2):28-31.

[75] 阮小雪.智能制造对中国制造业劳动力就业影响研究[D].福州:福建师范大学,2018.

[76] 沈小平.让人才评价发现的途径更宽阔[N].中国组织人事报,2013-03-18(6).

[77] 盛朝迅.从三个维度构建支撑战略性新兴产业发展的"四梁八柱"[J].中国发展观察,2020(Z5):41-43.

[78] 孙春蕾.国家创新驱动发展战略的学术渊源与政策体系探析[J].现代商贸工业,2019,40(13):63-65.

[79] 孙欣沛,汪萍.江苏产学研合作模式选择与实践探索[J].江苏科技信息,2019(33):1-3.

[80] 谭一夫.日本式管理[M].北京:西苑出版社,2000.

[81] 万劲波,赵兰香.加强对基础研究是创新源头的认知[N].光明日报,2018-09-06(14).

[82] 汪建成,毛蕴诗.技术引进、消化吸收与自主创新机制[J].经济管理,2007,29(3):22-27.

［83］王君.创新驱动发展:理论探索与实践［M］.北京:北京理工大学出版社,2014.

［84］王玲.日本依靠科技创新促进产业结构调整的经验借鉴［J］.全球科技经济瞭望,2014,29(2):70-76.

［85］王涛,邱国栋.创新驱动战略的"双向驱动"效用研究［J］.技术经济与管理研究,2014(6):33-38.

［86］王蔚然.经济新常态下构建环大学产业带的实践意义［J］.住宅与房地产,2018(33):247.

［87］王学睿.日本科技创新体系建设的新动向［J］.全球科技经济瞭望,2015,30(5):1-4.

［88］王珍珍.创新驱动发展:效率评价与路径选择［M］.北京:社会科学文献出版社,2018:17.

［89］王志成.德国鲁尔区:旧工业区整体改造的范本［J］.乡音,2014(7):52.

［90］王竹君,任保平.中国高质量发展中效率变革的制约因素与路径分析［J］.财经问题研究,2019(6):25-32.

［91］魏爱苗.德国鲁尔:经济转型中再放异彩［N］.经济日报,2006-07-19(16).

［92］魏江,李拓宇,赵雨菡.创新驱动发展的总体格局、现实困境与政策走向［J］.中国软科学,2015(5):21-30.

［93］魏江.多层次开放式区域创新体系建构研究［J］.管理工程学报,2010(S1):31-37.

［94］魏婕.完善新时代要素市场化配置的体制机制［J］.长安大学学报(社会科学版),2020,22(3):15-19.

［95］吴忠魁.论知识经济与九十年代日本大学的科研［J］.比较教育研究,1999(5):7-12.

［96］习近平.在中国科学院第十七次院士大会、中国工程院第十二次院士大

会上的讲话[N].人民日报,2014-06-10(1).

[97] 习近平.坚定改革开放再出发信心和决心 加快提升城市能级和核心竞争力[N].人民日报,2018-11-08.

[98] 习近平.面向世界科技前沿面向经济主战场 面向国家重大需求面向人民生命健康 不断向科学技术广度和深度进军[N].人民日报,2020-09-11.

[99] 习近平.为建设世界科技强国而奋斗——在全国科技创新大会、两院院士大会、中国科协第九次全国代表大会上的讲话强调[N].人民日报,2016-05-31.

[100] 习近平.在参加十二届全国人大三次会议上海代表团审议时的讲话[N].人民日报,2015-03-05.

[101] 习近平.在经济社会领域专家座谈会上的讲话[N].人民日报,2020-08-24.

[102] 席睿德.亚洲数字革命:新的经济增长引擎[J].债券,2018(11):7-11.

[103] 夏琰,赵敏.供给侧改革背景下中国生物医药产业的发展路径[J].湖北农业科学,2016,55(21):5686-5689,5693.

[104] 肖文圣. 我国创新驱动战略及驱动力研究[J]. 改革与战略,2014,30(3):35-38.

[105] 谢伏瞻.论新工业革命加速拓展与全球治理变革方向[J].经济研究,2019,54(7):4-13.

[106] 熊鸿儒.抓住全球科技创新中心建设机遇[J].新经济导刊,2015(6):83-85.

[107] 徐剑锋.创新驱动:经济转型发展的路径探索[J].江西行政学院学报,2013(4):40-42.

[108] 徐启生,余晓葵.20国集团峰会举办城市匹兹堡的今昔[N].光明日报,2009-09-20(8).

［109］许玉乾.创新文化:建设创新型国家的新课题［J］.探索,2006(3):
138-142.

［110］薛万新.德国产学研协同创新驱动机制及其对我国的启示［J］.创新科
技,2017(1):4-8.

［111］杨月坤.企业文化对技术创新的内在影响分析——以20世纪60年代
至80年代日本为例［J］.科技管理研究,2010,30(14):294-298.

［112］杨振权,毕岩.浅谈东北老工业基地振兴中的人力资源优化配置［J］.
人力资源管理(学术版),2009(11):158.

［113］亦鄞.给新技术以应用机会［N］.经济参考报,2006-02-21.

［114］于新东. 浙江科技创新的市场化基因［N］. 浙江日报,2018-04-25(5).

［115］袁碧华.广东科技担保创新发展的对策研究［J］.广东科技,2017(10):
67-70.

［116］张彬,方家喜,刘旸晖,等.21部委合推创新驱动发展战略［N］.经济参
考报,2013-10-09(2).

［117］张杰.努力建设全球科技创新中心(大家手笔)［N］.人民日报,2015-
07-20(7).

［118］张景安.深圳创新评价［M］.北京:科学出版社,2011.

［119］张科.人口老龄化对劳动力供求的影响及对策——以广东省为例［J］.
经济新视野,2018(1):85-90.

［120］张克俊.国家高新区提高自主创新能力建设创新型园区研究［D］.成
都:西南财经大学,2010.

［121］张铭慎.因势利导用好数字经济四大趋势［J］.中国经贸导刊,2018
(18):57-59.

［122］张其仔,许明.中国参与全球价值链与创新链、产业链的协同升级
［J/OL］.改革,2020(6):1-13.

［123］张玉琴.日本高校科技成果转化新举措［J］.中国高校科技,2011(6):

67-69.

[124] 张煜柠.创新潜力:中国超过印度[N].中国社会科学报,2009-06-11(3).

[125] 张在群.政府引导下的产学研协同创新机制研究[D].大连:大连理工大学,2013.

[126] 张长春,徐文舸,杜月.我国生产率研究:现状、问题与对策[J].宏观经济研究,2018(1):28-41,56.

[127] 赵黎明,冷晓明.城市创新生态系统[M].天津:天津大学出版社,2002.

[128] 甄子健.日本大企业开展基础研究情况调查[J].全球科技经济瞭望,2015,30(8):53-59.

[129] 智瑞芝,袁瑞娟,肖秀丽.日本技术创新的发展动态及政策分析[J].现代日本经济,2016(5):83-94.

[130] 国家创新驱动发展战略纲要[EB/OL].中国政府网,2016-05-19.

[131] 国家中长期人才发展规划纲要(2010—2020年)[EB/OL].中国政府网,2010-06-06.

[132] 中共中央国务院关于深化体制机制改革加快实施创新驱动发展战略的若干意见[J].中国科技产业,2015(4):42-47.

[133] 智能制造发展规划(2016—2020年)正式发布[EB/OL].中国政府网,2016-12-08.

[134] 国务院关于深化"互联网+先进制造业"发展工业互联网的指导意见[EB/OL].中国政府网,2017-11-27.

[135] 中商产业研究院.深圳特区40周年之制造业回顾及前景展望:实现跨越式发展[EB/OL].中商情报网,2020-08-24.

[136] 钟荣丙,欧阳一漪.创新驱动发展战略:研究综述与历史演进[J].科技和产业,2016,16(7):40-46.

[137] 周建军.构建"发展"导向的知识产权制度[J].上海对外经贸大学学

报,2019,26(6):5-13.

[138] 周静,郑闽红,吴玮晨.数字经济:浙江经济高质量发展新引擎[N].浙江日报,2019-09-06(10).

[139] 产学研为广东创新注入强大动力[N].南方日报,2018-11-04.

[140] 2019 年江苏省国民经济和社会发展统计公报[EB/OL].江苏省统计局网站,2020-03-03.

[141] 2019 年浙江省国民经济和社会发展统计公报[EB/OL].浙江省统计局网站,2020-03-05.

[142] 国务院关于加快培育和发展战略性新兴产业的决定[EB/OL].中国政府网,2010-10-18.